Ursula Bruns / Elisabeth Weiland · Zauber der Pferde

Ursula Bruns
Elisabeth Weiland

Zauber der Pferde

Müller Rüschlikon
spezial

Inhalt

Die fettgedruckten Ziffern im Text verweisen auf die Bildnummern.

Einbandgestaltung: Andreas Pflaum

ISBN 3-275-01301-7

Spezialausgabe: 1. Auflage 1999

Druck und Bindung: Fotolito Longo, I- 39100 Bozen

Printed in Italy

Frontispiz:
Ein Berberhengst im staatlichen Gestüt von Maroua in Kamerun

Bildnachweis:
Titelbild: Monika und Hans D. Dossenbach – Rückseite: Sabine Stuewer – Abb. 8, 21, 50, 59, 60, 61, 62, 63, 64, 66, 67, 68, 69, 112, 113, 114, 115, 142, 145, 146, 147, 148, 149, 150, 151, 169, 170, 172, 175, 176, 177, 178, 181: Ursula Bruns – Abb. 10, 43, 159, 165, 168, 171, 173, 179, 182: Ewald Isenbügel – Abb. 51, 130, 143, 144, 152 und Frontispitz: Dirk Schwager – Abb. 164: Karl Schütz – Abb. 9, 13: Hans W. Silvester – Abb. 76, 77: H. Sting – Abb. 79: Werner Ernst – Abb. 88: Erich Baumann – Alle übrigen Aufnahmen: Elisabeth Weiland

Zauber der Pferde

Vor nicht allzu langer Zeit schien das Pferd in der zivilisierten Welt zum Aussterben bestimmt zu sein. Innerhalb weniger Jahrzehnte brachten Technisierung und Mechanisierung der Armeen, des Transportwesens und schließlich sogar der Landwirtschaft es um seine Daseinsberechtigung. Was immer das Pferd leisten konnte, schien nun ein Motor besser und bequemer zu leisten. Über 6000 Jahre lang war das Pferd der Menschheit unentbehrlich gewesen – nun war der Tag abzusehen, da man es nur noch im Zoo würde betrachten können.
Und dann kam alles ganz anders: Beinahe über Nacht war das Pferd wieder da! War plötzlich heißbegehrt von Menschen, die früher nie mit ihm zu tun gehabt hatten. Überall in der westlichen Welt wurden mehr Stuten zum Hengst gebracht, wurden mehr Fohlen geboren, mehr Pferde gekauft. Veränderte und andere Pferde freilich – leichtere, kleinere, handlichere, temperamentvollere. Denn nicht dem Pferd der harten Alltagsarbeit, das der Motor ersetzte, widerfuhr diese spektakuläre Wiedergeburt, sondern dem Pferd, das nur Freude schenkte, das andere Schichten im Menschen berührte als Alltag und Arbeit. Dem Pferd, das des Menschen freie Zeit, seine Freizeit, teilt.
Ehe wir fragen, wie das geschehen konnte, wollen wir näher eingehen auf das, was das Pferd dem Menschen während der 6000 Jahre engen Zusammenlebens bedeutet hat, was es ihm so wertvoll und wichtig machte. Und wir werden sehen, daß in all diesen Jahrtausenden die immense Nützlichkeit des Pferdes begleitet war von einem tiefen Zauber, den es – vielschichtig und auf vielerlei Weise – ausübte auf alle, die mit ihm zu tun hatten. Und daß dieser Zauber auch den Menschen unserer Tage gefangen hält.

Das Pferd ist ein Zug-, Trag- und Packtier: wie Kamel, Esel, Maultier, Ochs und Kuh. Im Vergleich zu ihnen erkennen wir am ehesten seine auffälligen Vorzüge. Das Pferd ist schneller als sie alle und ließ Jahrtausende vor dem Flugzeug seinen Reiter glauben, daß er fliege. Es ist anpassungsfähiger in bezug auf Klima und Futter: Nahezu überall auf der Welt kann das Pferd, auf sich selbst gestellt, leben. Es erträgt die arktische Kälte Sibiriens und die feuchtheiße Schwüle Indonesiens, es ist in den Wüstengürteln des Sudan und Arabiens, der Gobi und Australiens zu Hause; Wind und klirrender Frost asiatischer Steppen machen ihm ebensowenig aus wie die rauhe Unwirtlichkeit Feuerlands; es arbeitet in der dünnen Luft 4000 Meter hoher Berge in den Anden, im Kaukasus, im Bergland von Lesotho, wie auch tief unter der Erde in Kohlebergwerken oder Silberminen. Es verträgt nicht nur extreme Hitze und Kälte, sondern auch Temperaturschwankungen von 50 Grad innerhalb eines einzigen Tages; es gewöhnt sich an hohe Luftfeuchtigkeit wie an äußerste Trockenheit und an den ständigen Regen Islands. Den Schneestürmen in Alaska kehrt es ebenso gleichmütig die Kruppe zu wie den Sandstürmen der Sahara. Es ernährt sich von salzigem oder fettem, dürrem oder süßem Gras, scharrt Wurzeln aus der Erde und Futter unter fußhohem Schnee hervor, zerkaut Zweige von Buschwerk und jungen Bäumen, verdaut Rinde und das Stroh alter Dächer, ißt die bitteren und die stachligen Kräuter der Steppen, das scharfe Schilf der Salzseen in der Camargue. Unter allen Tieren, die sich der Mensch zu seinem Nutzen herangezogen hat, ist das natur- oder naturnah-belassene Pferd in der Haltung am anspruchslosesten.
Es ist zudem mit der Fähigkeit ausgestattet, seinen Körper den Bedingungen der Umwelt anzupassen; seine Größe variiert nach Futter und Klima. Fettes Futter läßt es wachsen; Hitze und Kälte im Übermaß, spärliches oder schlechtes Futter, Nässe und große Höhen lassen es schrumpfen – bis hinunter zum Zwergwuchs der Shettys, die auf den windigen, regenreichen, baumlosen Shetlandinseln im Nordatlantik zur kleinsten Rasse der Welt wurden und dennoch, im Verhältnis zur Größe, die stärksten der Pferde blieben. Die Natur ließ sie nicht verkümmern, sondern sich gesund den Gegebenheiten ihrer Welt anpassen. Die meisten naturnah lebenden Pferde haben Mittelmaß: In allen abgeschiedenen, kargen Regionen der Erde sind die Pferde zwischen 125 und 145 cm groß, dieses Maß ist das gesündeste – Pferde dieser Größe sind robust, widerstandsfähig, langlebig, zäh und stark. Sie machen etwa zwei Drittel des gesamten Welt-Pferdebestandes aus; zu ihnen gehören auch jene Mittelgroßen aus Island, Irland, den Mooren von England und Wales, den Bergen Skandinaviens, Österreichs und des Balkan, den Ebenen der Ostländer, die an der Renaissance des Pferdes in den letzten Jahrzehnten unverhältnismäßig stark beteiligt waren. In den USA nahmen besonders die Zahlen der Quarter Horses und der Morgans zu, in Lateinamerika die der Paso Finos – alle zwischen 135 und 148 cm hoch. Wir werden ihnen in diesem Buch noch häufig begegnen.

Der Mensch hat sich die Variabilität des Wuchses die Jahrtausende hindurch nutzbar gemacht. Da sich zudem die verschiedenen Schläge der Pferde leicht miteinander mischen lassen und ein weiterer Vorzug des Pferdes seine Fruchtbarkeit ist, schuf er sich nach Bedarf die Kolosse der Ritterzeit und die leichten Renner der Galoppbahnen, das muskulöse Packpferd, den stattlichen Karossier, den sehnigen Araber für die Wüstenkriege. Er züchtete sich die Arten, die zum jeweiligen Klima paßten, wie auch jene, die seine Traumvorstellungen erfüllten.
Dieses anpassungsfähige, anspruchslose, wandelbare Pferd nun läßt sich zu weit mehr abrichten als irgendein anderes Haustier. Es trägt Lasten und zieht Wagen – leichte Wagen sehr geschwind, schwere Wagen mit viel Kraft –, es läßt sich vor jegliches Ackergerät spannen, bringt den Menschen auf seinem Rücken nicht nur sicher und flink ans Ziel, sondern überwindet dabei auch noch alle erdenkbaren Geländeschwierigkeiten und paßt sich den ausgefallensten Wünschen und Forderungen an: springt über gewaltige Hindernisse, holt das Letzte aus sich heraus beim Wettkampf der Schnellsten, macht die wildesten Spiele mit, hilft beim Hüten der Herden, trägt seinen Reiter auf die Löwenjagd und in die Schrecken des Krieges, folgt ihm willig in die Hohe Schule der Dressur, tanzt kühn mit ihm vor den Hörnern des Stieres, springt in Wasser, dessen Grund es nicht sieht – und tut das meiste davon gegen seine ängstliche Natur.
Denn vom Wesen her ist es – ein weiterer Vorzug – sanft und fügsam und sich seiner Kraft nicht bewußt; es wächst als Herdentier auf in strenger Rangordnung und erkennt deswegen den Menschen leicht als Ranghöheren an, dem es sich unterordnet. Ein Kind kann es lenken. Die Bilder dieses Buches sind farbig-lebendiger Beweis dafür.
Sehr reale Qualitäten haben dem Menschen also jahrtausendelang das Pferd wichtig gemacht. Doch der Zauber, von dem wir sprachen, geht tiefer, reicht weiter.

Das Pferd spricht in hohem Maße die *Sinne* des Menschen an: Geruchssinn, Tastsinn, seinen Sinn für Schönheit und Harmonie. Fasziniert folgt das Auge den Linien seines Körpers, der Grazie seiner Bewegungen. Wie es die Füße setzt, den Kopf wirft, den Schweif trägt – der Mensch findet es schön. Die frühesten Pferdedarstellungen auf asiatischen Vasen, Bildern, Reliefs zeigen diese Faszination schon, und auch kein moderner Künstler, der ein Pferd malt oder formt, kann sich ihr entziehen. Dabei ist es gleichgültig, ob es sich um Pferde kleiner oder großer, leichter oder schwerer Rassen handelt. Sie alle fanden ihre Dichter – und sagen die Dichter nicht eben das, was die Menge gerne sagen möchte? »Schweife wie Fahnen, die Nüstern gebläht« – das bezaubert am flüchtigen Lauf arabischer Stuten (**15**); am langsam-erhaben ausschreitenden Andalusier (**152**) entzückt das Gegenteil: »Sie galoppieren nicht wie andere Pferde, sie bewegen sich mit absolut ästhetischem Genuß, setzen die Füße mit unglaublichem Sinn für Stil und Eleganz. Sie wissen, daß die Menschen sie beobachten. Das gibt ihnen Sicherheit und Selbstbewußtsein.« (Cimaro) Ihr Gesicht hat es dem Betrachter angetan, die feinen Linien der Stirn und der Nase, vor allem aber die Augen (**21**). Von Bukephalos, dem Pferd Alexanders des Großen, heißt es: »Das große Auge,

voll und hell, es blickt so treu, so rein, so gut, strahlt feurig klar in stolzem Mut.«
Lauter menschliche Eigenschaften sprechen die Dichter den Pferden zu. Und damit sind wir gleich bei einem Zauber eigener Art angelangt, den das Pferd seit Urzeiten auf den Menschen ausübte und der ganz sicherlich nicht dem friedfertigen Wesen des Pferdes, sondern eben dieser Vermenschlichung durch den Reiter entsprang: Er sah Eigenschaften des Kriegerischen in ihm, die Jahrtausende hindurch der Pferde meist besungene und gewiß unerfreulichste Aufgabe bestimmten. Der Mensch konnte mit dem Pferd und zu Pferd effektvoller kämpfen; so ernannte er es kurzerhand zum Kampfgenossen und sah sogleich auch alles Erforderliche in es hinein: »Erschreckend ist sein mächtig Wiehern; voll Kraft stürzt es den Harnischen entgegen; des Schreckens lacht's, hat keine Angst und macht nicht kehrt vorm Schwerte; bei dem Trompetenklang ruft's Hui!« (Hiob 39) Dazu kann man in der Tat nur »Hui!« rufen und die Millionen Pferde beklagen, die – als »Kriegskameraden«, als »tapfere Kämpen«, als »Helden« gefeiert – völlig gegen ihren Willen Instrumente menschlicher Machtgier und Habsucht wurden: schwadronenweise gegen Kanonen, heerweise gegen Pfeilehagel geritten, von Schwertern zerstückelt, auf endlosen Märschen elend verhungert ...
Die merkwürdige Tatsache, daß ein so tief friedfertiger Pflanzenfresser wie das Pferd zum Sinnbild kriegerischen Heldentums werden konnte, ist größtenteils in seiner Gestik, zum anderen in seinem fatalen Gehorsam begründet. Ochse, Esel, Maultier, Kamel – sie alle haben auch geholfen, Kriege zu gewinnen, doch den entscheidenden Anteil am unfreiwilligen Heldentum hatte das Pferd. Es scharrt ungeduldig mit den Hufen, schlägt verängstigt mit dem Kopf, wobei die Mähne wild hochflattert, peitscht unwillig mit dem Schweif, wiehert schrill, schlägt erschrocken mit den Hinterbeinen aus, springt entsetzt zur Seite – und alles das sieht in den Augen des menschlichen Betrachters schön aus: wild, hochgemut, beherzt, ohne es im geringsten zu sein. Der Mensch ist überwältigt von einem Zauber, der dem Pferd ausschließlich zum Verhängnis wurde. Kein Denkender kann bedauern, daß heute Kriege ohne Pferde geführt werden.

Aber nicht nur Auge und Vorstellungskraft sind angesprochen, auch die Hand ist entzückt. Pferde fühlen sich ungemein gut an. Die Körperhaare sind fein und weich und schmiegen sich seinen Formen glatt und gleichmäßig an; am Kopf sind sie besonders dünn, und das Maul ist von seidiger Zartheit, die Nüstern vibrieren sacht unter den streichelnden Fingern; fest und glatt springen die Muskeln an Hals und Brust hervor. Wohlverpackt unterm Fleisch liegen die Knochen: sichtbar, aber nicht vorstechend; die Formen sind angenehm gerundet. Das Langhaar von Mähne und Schweif kann dicht und dick, üppig fallend, oder fein und dünn und glänzend sein – auch das spricht Auge und Hand und die Kraft der Phantasie an: Mit dem hochaufschäumenden Gischt der Meereswoge vergleichen die irischen Barden in ihren Liedern die Mähnen irischer Pferde; *Gulltoppr*, Goldhaar, hieß das Pferd des nordischen Gottes Heimdall, *Hrimfaxi*, Reifmähne, das Pferd der Nacht.
Und auch das ist schön: Das Pferd hat viele Farben – weiß und schwarz können Jacke und Langhaar sein, fuchsfarben, goldfarben, grau, gelb in allen Schattierungen, braun und dunkelbraun. Und oft sind Körper- und Langhaar farblich verschieden: Der *Palomino* etwa (**175**) ist golden mit weißer Mähne, weißem Schweif, der *Falbe* hat gelblich-graues Kurz- und schwarzes Langhaar. Zwei- und dreifarbige Schecken gibt es und einfarbige Pferde mit dreifarbiger Mähne. Manche Pferde sind gesprenkelt, gefleckt, mit Punkten besät; manche haben im Sommer eine andere Fellfarbe als im Winter: Liebhaber finden sie alle.
Nicht genug damit: Das Pferd ist unter den Reittieren am angenehmsten zu benutzen. Seine Bewegungen sprechen den menschlichen Körper am unmittelbarsten an: ganz gleich, ob er es im Schritt, Trab, Galopp oder einer der weiteren Bewegungsmöglichkeiten – Paß und Tölt – reitet, ob er schnell oder langsam von der Stelle kommen, Rennen gewinnen oder einen Spazierritt machen will. Die Bewegungsskala des Pferdes paßt sich nahtlos Stimmungen, Körpermaßen, sportlichem Ehrgeiz oder Mußebestreben an. Kein anderes Tier beschert dem Menschen einen lässig-gemächlichen Abendritt an einem schönen Sommertag, prustet so wohlig, fühlt sich so gut an, nickt, wenn man mit ihm spricht – und trägt ihn am andern Tag über 1,60 m im Parcours oder über einen 4-m-Graben bei der Jagd und ist dabei so leicht zu lenken, gehorcht so schnell, tut so willig mit! Die Art, wie es sich bewegt, tut dem Menschen wohl, und die Art, wie es die ihm eigene Bewegungsvielfalt in seine Dienste stellt, befriedigt ihn tief.

Höchster Zauber ist aber wohl dies: Der Umgang mit dem Pferd bewirkt überaus angenehme Veränderungen im Menschen selbst. Wo und wie immer der Mensch das Pferd nutzt, muß er über sich selbst hinauswachsen. Um wirksam seine Herden zu hüten, Nachrichten schnell und überallhin zu überbringen, Kriege führen zu können, muß er es reiten oder fahren können. Muß er Mut haben, Geschicklichkeit erwerben und anwenden, das Wesen des Pferdes verstehen lernen und es seinem Willen fügsam machen. Vor Jahrtausenden lernte er, Wagen und Geschirre herzustellen, ersann er Methoden, es mit eigens entwickelten Hilfsmitteln zu lenken, schützte er die empfindlichen Hufe durch Schuhe und später durch Eisen, erleichterte er dem empfindlichen Rücken das Tragen der Last durch richtig gebaute Pack- und Reitsättel. Je mehr er es seiner natürlichen Umgebung entfremdete, um so mehr mußte er lernen, es richtig zu versorgen. Mehr lernen aber macht den Menschen wacher und kenntnisreicher.
Gewiß ist das Pferd von Natur aus sanft, aber es ist auch überaus schreckhaft und heftig in seinen Reaktionen. Es ist größer als der Mensch, schneller, stärker; es kann beißen, schlagen, durchgehen – hauptsächlich dann, wenn es falsch behandelt wird. So ist die Verbindung zwischen Mensch und Pferd auch von Respekt geprägt, wenn nicht gar von unterschwelliger Angst. Bezwingt er sie und gelingt es ihm, vom Pferd die gewünschten Dienste zu erlangen, so ist er stolz – auf sich!
Und das Pferd erhöht den Reiter. Ein Mensch zu Pferde sitzt nicht nur höher, er fühlt sich auch über den Menschen zu Fuß erhaben. Je besser sein Pferd ist, um so größer sein Selbstvertrauen. Je besser er es reiten kann, um so größer sein Stolz – auf sich! Lief es im Wagen den Freunden davon, sprang das Pferd auf der Jagd am kühnsten über Graben und Hecke, trieb es die Herden am geschicktesten heim, vollbrachte es im Kampf die wagemutigsten Taten, hielt es das Kalb am straffsten am Lasso, tanzte es die Figuren der Hohen Schule mit der berückendsten Grazie, so hatte der Reiter Höhen der Selbstbestätigung vor sich selbst und der Bestätigung vor der Umgebung erreicht, wie sie in einer Welt, in der das Pferd im Mittelpunkt des Lebens stand, durch nichts anderes erreicht werden konnten. Womit auch immer das Pferd brillierte – es war ein Kompliment an den Reiter! (Und daran hat sich bis zum heutigen Tag nichts geändert.)
Nicht von ungefähr war der Mensch zu Pferde sehr früh ein arroganter Mensch, der auf den Menschen zu Fuß hinunterblickte ... Unter den Völkern waren die Reiter den Nicht-Reitern immer überlegen: Das Pferd erfüllte Träume von Raumbewältigung, von Macht und kriegerischer Eroberung, die andere gar nicht zu träumen wagten. Völker ohne Pferde wirkten jahrhundertelang salzlos, fad – sie griffen nicht über sich selbst hinaus, sondern beschieden sich. Reiter aber waren Phantasten – sie eroberten Reiche, machten sich Welten untertan und riefen Furcht hervor bei denen, die den Umgang mit dem Pferd nicht kannten. Furcht und Stolz übertrugen sich bald schon auf das Pferd selbst: Es wurde Göttern und Dämonen zum Freund und Gefährten gegeben, in den Sagen vieler Völker ist es himmlischer Herkunft.
Sechs Jahrtausende lang gab es buchstäblich nichts, was den Menschen nachdrücklicher aus der Schar seiner Mitmenschen hervorhob als ein hervorragendes Pferd. Der Barock schließlich machte es zum Thron für Heldenrollen – Gott und König bedienten sich seiner gleichermaßen:
»Im Himmel, auf der Erd, zieret der Ehren Spitzen,
Wenn Gott, ein Potentat, ihr Pferd und Thron besitzen.«
(Pinter von der Au, 1688)
Wer fühlte sich nicht angerührt von so viel echtem Zauber?
Mehr als jedes andere Tier hat das Pferd geholfen, die Welt zu verändern und die Menschen zu verändern. Unbestritten ist dieser tätige Anteil am Geschick der Völker.

Wir aber gehen den geschichtlichen Tatsachen hier nur sporadisch nach: interessiert uns doch vor allem der Zauber, den die Pferde unserer Tage

auf die Menschen unserer Tage ausüben. Dazu geben wir uns einer Beschäftigung hin, die schon zu den allerersten Bildern, Schnitzereien, Amuletten und Schmuckstücken mit Pferden Voraussetzung war: dem genauen Beobachten ihrer vielfältigen Regungen und Bewegungen.
So weltumfassend wie heute war eine solche Beobachtung in der langen gemeinsamen Geschichte von Mensch und Pferd noch niemals möglich: Die Bilder dieses Buches wurden innerhalb von fünf Jahren aufgenommen, und zwar in vier Erdteilen – zum beträchtlichen Teil in deren entlegensten Gegenden. Sie zeigen, wo und wie das Pferd heute noch gebraucht wird zu Arbeit und Spiel und Sport, sie zeigen, wie es weiterlebt in Herden oder als gehütetes Einzeltier, wie es des Menschen Leben reicher macht und füllt, welche ausgefallenen Rassen noch unter uns leben und wie der Mensch sie einfallsreich für seine Zwecke schuf, welche unterschiedlichen Gangarten sie gehen können, welche sportlichen Höchstleistungen sie vollbringen.
Vor allem aber erfahren wir das für uns Wichtigste: in welcher Weise das Pferd, das mehr als 6000 Jahre für den Alltag des Menschen unentbehrlich war, nun weiterlebt als Gefährte seiner Freizeit.

Von den Anfängen

Schwarze Silhouetten vor blutrotem Abendhimmel – ein Mann, zwei Frauen, *Reiter*, die wattierten Mäntel in der Mitte geschnürt, hoch über den kleinen Pferden hockend, die Zügel hingegeben, gesichtslos unter dunklen Wolken davonreitend in die fernen Berge, über die Berge – wohin? Schon vor Jahrtausenden brachen von hier Hunnen, Skythen, Tataren nach Westen auf, fegten aus dem Herzland Asiens Gewitterstürmen gleich hinunter in die Ebenen und überfielen gewaltige Reiche und zerstörten sie und schleppten unermeßliche Beute heim in die Mongolei. Das ganze westliche Asien eroberten sie, verwüsteten Vorderasien, zogen nach Mitteleuropa und lehrten die Heere aller Völker das Fürchten. Auf kleinen, kräftigen, muskulösen Pferden mit kurzem, geradem Hals und sehnigen Beinen ritten sie, die mit dem Wind um die Wette über die Steppen liefen, Flüsse durchschwammen wie die Otter, Berge erklommen wie die Gemsen, Hitze und Kälte und die unvorstellbarsten Strapazen ertrugen, mit den Truppen in den Krieg zogen, Nachrichten pfeilschnell in die Heimat brachten, die Krieger mit Nachschub versorgten. Immer schwebten die Reiter unbeweglich, in lockerer Balance, über dem Pferd, stellten sich zum Bogenschuß in den Bügeln auf und schossen so, sich geschwind umdrehend, auch nach rückwärts ihre Pfeile ab. Unzertrennlich waren der Mongole und sein Pferd, Männer und Frauen ritten gleich sicher und leicht – wie heute noch, verwachsen mit ihrem Pferd, das ihr engster Partner war die Jahrtausende hindurch und außerdem alles lieferte, was sie zum Leben brauchten: Fleisch, Milch, Leder, Knochen für Gerätschaften und Pfeilspitzen, Haare für den Filz der Jurten. Sie sind die letzten Erben uralter Reitervölker. Wie lange sie *noch* reiten werden – wer kann das sagen? Weiß man doch nicht einmal, wie lange sie *schon* reiten ...
Hier im Herzland, in den sanft rollenden, endlosen Grassteppen der Mongolei mit dem kiesigen, murben Grund und dem bitteren Bewuchs, begegneten in grauer Vorzeit die schweifenden Stämme der Menschen und die schweifenden Herden der Urpferde einander, hier begann ihre gemeinsame Geschichte. Als Jäger und Gejagte erlitten sie jahrzehntausendelang die Unbill der Umwelt, durchhungerten sie die gleichen entbehrungsreichen, langen und furchtbaren Winter, genossen sie gleichermaßen jeden neuen Frühling, den kurzen üppigen Sommer. Ganz sicher war dem frühen Jäger das Wild vertraut, ganz sicher auch erforschte er jede kleinste Eigentümlichkeit der Pferde, die ihm die Jagd erleichtern konnte. Wußte er, wie stark der Zusammenhalt der Herden war, bemerkte er, daß sich ein versprengtes Junges fangen ließ und sich aus Herdendrang auch anderen Lebewesen anschloß ...
Zog er solch ein verlassenes Fohlen auf, um Fleisch zu haben, das er nicht erst jagen mußte? Wiederholte er den Vorgang, tötete er gar bewußt Stuten, die Fohlen führten? Irgendwann jedenfalls begleiteten Herden von Pferden die wandernden Nomaden und *gehörten* ihnen. Wie viele Generationen es wiederum dauerte, bis sie nicht mehr nur Fleisch bedeuteten, sondern die Habe des Menschen trugen, primitive Schleppen zogen – wir wissen es nicht. Und wissen nicht, wann und wo sich zum erstenmal ein Mensch auf den Rücken eines Pferdes schwang und, ohne es zu ahnen, der Geschichte dieser Welt einen anderen Lauf gab. Lange bevor der Mensch schreiben und von seinen Taten berichten konnte, war das Pferd sein Gefährte geworden.
Wenig hat sich in den Jahrtausenden in der Mongolei zwischen Mensch und Pferd geändert. Unsere Bilder zeigen ein Heute, das den Anfängen noch ganz nah ist. Wann etwa hat der Hirte ein Pferd anders gefangen als mit der *urga*, einem Fanggerät aus einer langen, flexiblen Stange mit einer Lederschlaufe am vorderen Ende? Sie ist dem Mongolen, was dem Cowboy sein Lasso ist, und er handhabt sie nicht nur überaus geschickt, sondern schult sich – auch darin dem Cowboy gleich (**46-49**) – eigens ein Fangpferd, das ihm bei der Arbeit mit der *urga* hilft, indem es dem Gejagten an bestimmter Stelle und in immer dem gleichen Abstand folgt, damit der Reiter den Zügel auf den Hals legen und sich auf das Fanggerät konzentrieren kann. Westliche Beobachter schildern, wie begierig das Pferd mittut, wie rasant sein Spurt ist, wie es dem Wildling den Schneid abkauft – und welche Lust es dem Mongolen bereitet, halbwilde Pferde einzufangen und zu reiten! Das flüchtende Tier (**2**) versucht, im Halbbogen zur Herde zurückzukehren, die das ganze Manöver nicht stört: Alle wissen aus Erfahrung, daß es jeweils nur um das ausgesuchte Tier geht. Die Schlinge ist geworfen, drückt dem Wildling die Luft ab; das Fangpferd hält von sich aus den Abstand ein, der sie straff hält (**3**). Ebenso macht es auf der anderen Seite der Erdkugel das Westernpferd beim Kälberfang (**48**). Die Pferde werden im Frühjahr geschoren, aus ihren Haaren wird der Filz für die Jurten gerollt, dazu müssen sie gefangen, gefesselt und niedergeworfen werden; das alles kann der Mensch nur mit Hilfe eines verständigen, sorgfältig geschulten Reitpferdes tun. Der abgesprungene Reiter packt das Pferd bei den Ohren (**4**). Mit dem Ellenbogen drückt er den Hals nieder und hält mit Riesenkraft und behender Geschicklichkeit der turbulentesten Gegenwehr stand. Wenige Augenblicke später rennen die Pferde nebeneinander über das Grasland; im gestreckten Galopp davonbrausend, lassen sie die Steppe unter ihren Hufen erzittern (**5**). Ihre Augen blicken hellwach – wie die aller freilebenden Pferde dieser Erde (**10**). Die Lust am Laufen ist ihnen angeboren; wahrscheinlich war der Rausch der Geschwindigkeit der erste Zauber des Pferdes, dem der Mensch rettungslos verfiel.
Auch einen anderen Rausch verdankt er früh schon dem Pferd: Aus der gegorenen Milch der Stuten wird der *airak* gewonnen, das Nationalgetränk der Mongolei ...

1 ▶
Aus dem Dunkel auftauchend drei Reiter, eins mit ihren starken kleinen Pferden, die sie jahrtausendelang nach Westen trugen und nach Norden: nach Rom und an die Wolga, nach Ägypten, Ungarn und tief nach Indien hinein.
Sie reiten in den Sonnenuntergang, in das glänzende Gold des Abends hinein, das noch einmal die Erinnerung an allen blutigen Glanz, alle grausame Pracht ihrer Vergangenheit wachruft.

2

3

4

5

6

Allen wandernden Reitervölkern ist die Tradition jährlicher Feste gemein, zu denen die Teilnehmer auf tage-, ja wochenlangen Ritten herbeieilen, um einander zu treffen, Neuigkeiten auszutauschen, über wichtige Ereignisse des vergangenen Jahres zu reden, Pferde zu handeln, Rechtsfälle zu klären und nicht selten auch Ehepartner zu suchen. Zum Fest gehört die entspannte Stimmung, gehören der Schmaus und das Spiel; und so finden die meisten solcher Treffen im frühen Sommer statt, wenn der Winter überstanden und viel Vorrat zur Bewirtung da ist, wenn die Pferde im Frühjahrsgras schön rund geworden sind und die Aussicht auf den satten, sorgenfreien Sommer heiter stimmt. In der Mongolei wird nun *nadom* gefeiert – *Fest* schlechthin seit grauer Vorzeit. Gästejurten sind aufgestellt, die Rennstrecken abgesteckt, Vorbereitungen für Ringkampf und Bogenschießen getroffen. Herauszufinden, welches Pferd das beste ist, welcher Mann sich am gewandtesten verteidigt, wer am treffsichersten den Pfeil vom Bogen schießt – das sind Höhepunkte eines Festes der Mongolen (**6**).

Die Rennen sind zwischen 20 und 80 km lang; kürzere Strecken sagen nichts aus über die wichtigsten Eigenschaften eines Mongolenpferdes: Ausdauer und Härte! Die Reiter sind Kinder von zehn Jahren und darunter; ganz junge Jockeys lassen sich die Füße unter dem Bauch des ungesattelten Pferdes festbinden – dann sind auch sie mit fanatischem Eifer dabei. Die Zuschauer, auch sie beritten, verteilen sich auf umliegenden Hügeln, von denen aus sie die in gestrecktem Galopp davonbrausenden Pferde enthusiastisch anfeuern, das siegreich heimkehrende Pferd rühmend empfangen. Allen Ruhm gewinnt das Pferd – der kleine Reiter ist nicht wichtig.

Wir erkennen deutlich die hohen, engen, für die bei uns übliche Reitweise höchst unbequemen Sättel und die kurzen Bügel. Der Reiter stützt sich auf das vorgeschobene Knie; im Galopp stellt er sich in den Bügel, den Oberkörper leicht vornüber in den Wind lehnend. Ähnlich reiten die Berber in Nordafrika (**149, 150**), deutliche Anklänge daran haben sich in Andalusien erhalten (**151**), dessen Reiterei geprägt ist von 700 Jahren arabisch-berberischer Herrschaft. Man findet diesen Sitz nur da, wo Pferde sehr geschwind sind und die Reiter in angeborenem Gleichgewicht sitzen. Die mongolischen Sättel sind oft kostbare Erbstücke, mit Lederintarsien und farbigen Ornamenten geschmückt; eine Filz- oder Felldecke

polstert den Holzsitz, das Zaumzeug besteht aus fein geflochtenem Halfter mit seitlichen kleinen Schlaufen, in die bei Bedarf Knebeltrensen eingehängt werden.
Wir erkennen die Kernigkeit der knapp mittelgroßen Pferde und sehen, wie selbstverständlich die Reiter sie am langen Zügel gehen lassen. Die Hand ist leicht, der Sitz ist leicht, alle Hilfen sind klar erkennbare *Zeichen*, das deutlichste ist die Gewichtsverlagerung. Der Schimmel links im Vordergrund (**6**) geht den Übergang zum *Tölt*, einer Gangart, von der später ausführlich gesprochen wird (s. Seite 125).
Obwohl so viele Reiter und einander fremde Pferde sich treffen, entsteht nirgends Gewühl: Die Heimkehr nach dem Rennen (**7**) zeigt eindrücklich die feine Gesittung dieser asiatischen Reiter. Zucht und Ordnung herrschten unter den Soldaten der großen Khane; doch nicht diese militärische Überlieferung drückt sich hier aus. Die Fotografin des Bildes sagt dazu: »Am wichtigsten ist es beim *nadom*, zusammenzusein, zur bunten, fröhlichen Menge der Feiernden zu gehören, Freunde zu treffen und mit ihnen weiterzureisen und dabei zu schwätzen. Geht es doch anschließend wieder für viele Monate in die Steppe hinaus, in die einsamen, weglosen Fernen!« Das ist es, was unmittelbar anspricht: eine heitere Ordnung zwischen den Menschen untereinander, den Pferden untereinander und zwischen Mensch und Pferd. Männer und Frauen haben zum Fest ihre buntesten *dels* angelegt, die im Schnitt für alle gleich, in den Farben nuancenreich verschieden sind. Sie bewegen sich mit angeborener Höflichkeit.
Dasselbe kann man in Island erleben oder im Bergland von Lesotho (**43**), in Ländern also, in denen gleichfalls uralte Bindungen an das Pferd bis heute weiterbestehen – und wo Pferde im Verband der Herde in Freiheit leben dürfen, zwar arbeiten, bei Fest und Spiel auch gegeneinander um die Wette laufen müssen, aber immer mit dem Respekt behandelt werden, den man Freunden und Gefährten zollt.
Von diesem Uranfänglichen, Einfachen ist viel in das moderne Reiten unserer Tage eingegangen: das fröhliche »Nur-so-dahin-Reiten«, das Miteinander-Ausreiten und Kleine-Feste-Feiern, das den streßmüden Menschen unserer technischen Welt so fasziniert und einen großen Teil dessen ausmacht, was ihn am Pferd bezaubert.

Herden

Mitten unter uns, am Rande des westdeutschen Industriegebietes an Rhein und Ruhr, lebt eine Herde »wild« gehaltener, das heißt von Menschenhand nicht angefaßter Pferde in einem eingezäunten Wald- und Wiesenbereich von über 200 ha Schweifgrund. An ihr ist ursprüngliches Herdenverhalten jahraus, jahrein zu beobachten. Wir besuchen sie im Winter (**8**). Eisblau ist der Himmel. Tiefer Schnee bedeckt den Boden, breitet sich weiß und wattig aus, soweit das Auge blickt. Der größte Teil der Herde hat sich in einen lichten Birkenwald zurückgezogen, der etwas Windschatten gibt. Die Pferde könnten in dichtere Wälder gehen, dorthin, wo verfilztes Unterholz sie nach allen Seiten abschirmen würde wie die Wände eines Stalles; ja, sie könnten die Scheunen aufsuchen, in denen ihnen Heu zugefüttert wird. Doch sie wollen keinen Stall. Sie stehen hier. Immer in Gruppen von sechs bis acht Pferden, die eine Familie bilden: eine Leitstute mit Kindern und Enkeln. Aus lauter solchen Familienverbänden setzt sich die Gesamtherde zusammen; die stärkste Stute, diejenige, die sich nicht nur innerhalb der eigenen Familie, sondern darüber hinaus gegen die Leitstuten der übrigen Verbände durchsetzen kann, geht als erste ans Wasser, führt ihre Familie, wenn im Winter Heu gereicht wird, an den besten Futterplatz. Ein Hengst wird hier in Dülmen nur vom späten Frühling bis in den Sommer eingesetzt; in der übrigen Zeit richtet sich die Herde nach der führenden Stute.
Ab und zu pendelt eine Sippe – drei, vier Stuten, alle hochtragend, Jährlinge und die letztjährigen Fohlen – über die Zickzackpfade, die draußen in den kniehohen Schnee getrampelt sind. Sie bewegen sich langsam, bedächtig. Die meisten Pferde aber schlafen einfach mit tief herabhängendem Kopf, die Augen geschlossen – kaum daß eine Unterlippe zuckt. Sie halten jetzt Winterschlaf, ihr Organismus lebt auf Sparflamme weiter, alle Kräfte sind aufs Überleben gerichtet. Nun gilt es nur noch, die letzten Wochen gesund zu überstehen, die bösen Wochen des späten Winters und des nassen, kalten Vorfrühlings zu überdauern. Sie wissen, wie man das macht: Geduld ist ihnen angeboren. Die ganze Herde strömt sinnerfüllte, durch nichts zu störende Ruhe aus; überall haben sich einzelne Tiere behaglich im frischen Schnee niedergetan.
Kälte und Schnee machen ihnen nichts aus. Ihre Vorfahren lebten ja Hunderttausende von Jahren in den eiskalten Steppen und Bergländern Innerasiens, wo im Winter die Temperaturen unvorstellbar tief sinken und überhaupt kein Schutz durch Busch und Baum gegeben ist. Ihr Winterfell schützt sie vorzüglich: Unmittelbar am Körper kräuselt sich hauchfeine, dichte Unterwolle, darüber stehen als Decke die langen Oberhaare ab, auf denen der Schnee lagert, ohne die Haut zu erreichen; weggeschmolzen von der Körperwärme tropft er schließlich zu Boden. Lange stehen die Pferde als reglose, lautlose Schemen im dünnen Licht der Wintersonne. Irgendwann wachen sie auf, eins nach dem anderen, im Zeitlupentempo – gähnen, schütteln sich leicht und ziehen, geräuschlos die Hufe in den niedergetretenen Schnee setzend, hinaus zur Futtersuche.
Pferde, die im Winter nicht arbeiten müssen, halten jeder Kälte stand. Wie steht es aber mit nassen Pferden nach dem Ritt? In der Mongolei, wo die Temperatur bis zu 50 Grad unter Null sinkt, bindet der Reiter sein schweißnasses Pferd, auf dem er – um selber warm zu bleiben – im Galopp herangeritten kam, schnell an ein Seil, das zwischen Wohn- und Vorratsjurte gespannt ist. Dann greift er zu einem Eimer mit Wasser, der stets in der Wärme der Wohnjurte neben dem Eingang bereitsteht, und kippt ihn über das dampfende Pferd. Das Wasser erstarrt unverzüglich zu Eis und legt einen Schutzpanzer um die Haut, unter dem das Pferd in der eigenen Körperwärme nicht friert. – In unseren Breiten ist es dazu natürlich nicht kalt genug. Kommen wir mit nassen Pferden im Winter heim, binden wir sie erst ein paar Stunden im zugfreien Schuppen vor der Heuraufe an, ehe wir sie wieder auf die Weide entlassen.

Der gleiche »Sachverstand«, den wir im deutschen Winter an den Pferden bewundern, läßt auch die primär für den heißen Sommer der Camargue ausgerüsteten Pferde in Südfrankreich die Kälte gut überstehen (**9**). Auch hier am Mittelmeer kann der Winter sehr rauh sein. Zwar schmilzt der Schnee schnell, doch gefrieren die Seen und die salzigen Teiche oft so stark, daß die Pferde darüberlaufen können. Um ans lebensnotwendige Wasser zu gelangen, müssen sie dann mit den Hufen die Eisschicht aufschlagen. Das spärliche Futter scharren sie sich unter dem Schnee hervor. Sachte Regsamkeit beherrscht ihr Tun, winterliche Sparsamkeit die Bewegungen: Köpfe nähern sich langsam dem Schnee, aus den Nüstern bläst warmer Atem ein Futterloch frei, ein Huf scharrt im dichten Weiß, bereifte Lippen tasten nach einem Halm aus dem Eisschrank der Natur. Bald ist der Schnee schaumig aufgerührt. Lauter Geräusche in Moll erhorcht der Lauschende: Knurpsen, Mahlen, Scharren, Schnauben ...
Mit Absicht betrachten wir unsere Herden zuerst im Winter. Im Herdenverband ertragen sie Härten des Wetters leicht. Die Herde ist wichtig, ist Heimat – nicht die Umwelt. Pferde, die in früheren Kriegszeiten entliefen oder zurückgelassen wurden, suchten unverzüglich Gefährten und schlossen sich zum Rudel zusammen. Aus einem solchen Rudel verwilderter Pferde entstand nach dem Dreißigjährigen Krieg die Herde der »Wildpferde« in Westfalen (**8**). Man kann Pferde der verschiedensten Rassen von einem Ende der Welt ans andere verfrachten: Entkommen sie in die Freiheit, so bilden sie möglichst schnell einen Herdenverband, passen sich der neuen Umwelt an und vermehren sich. In Südamerika entliefen bei den Kämpfen um das spätere Buenos Aires eine Handvoll spanischer Pferde; sie vermehrten sich so rapide, daß die Chroniken jener Zeit staunend berichten, es seien 50 Jahre später schon Herden von 20 000 Tieren gezählt worden!

Wie kein anderes dem Menschen eng verbundenes Tier vergißt das Pferd sofort alles, was es an Pflege erfuhr, an Gewohnheiten annahm und im Dienste des Menschen an Arbeit erlernte, wenn es in die Gemeinschaft einer wilden Herde zurückkehrt. Dabei mag es geschehen, daß hochempfindliche, hochgezüchtete, seit Generationen durch Stall und Zufütterung verweichlichte Pferde harte Zeiten erleben, ehe ihr Fell dick genug nachgewachsen ist, die Zähne winterlich karge Mahlzeit aus Gestrüpp und Ästen verarbeiten – es mag auch geschehen, daß Stuten verkümmern und kleinere, kümmerlichere Fohlen hervorbringen, doch unweigerlich wird jede nachfolgende Pferdegeneration härter, widerstandsfähiger und robuster werden. Und von Ausnahmen abgesehen können wir nur erstaunt beobachten, wie mühelos Pferde sich diesem natürlichen Leben wieder einfügen. Sogar jene Pferde, die ihr Leben in der von jeder Art Natur abgegrenzten Box verbrachten und ängstlich vor jedem Kontakt mit Artgenossen gehütet wurden, »erinnern sich« im Handumdrehen wieder an die ganze arteigene Gestik und Mimik, die Gebärden und Drohlaute für die Kämpfe um die Rangordnung, die bei jeder Herdenbildung ausschlaggebend wichtig sind.
Das Pferd ist ein vielfach verletzbares Tier. Es kann sich gegen Widersacher nur durch die Flucht verteidigen, und es ist ein langsamer Esser. Aus diesen Gründen wäre ein Einzelpferd in der Wildnis kaum lebensfähig: Statt stetig ein wenig Gras zu rupfen und sich dabei langsam fortzube-

◄ **7**
Mehr als tausend Pferde trafen bei diesem Fest zusammen, Vergangenheit und Gegenwart verschmelzen: Was hier zum Fest zusammenströmt, fand sich oft und oft in der Geschichte der Mongolei zu schrecklichen Kriegszügen zusammen.
Jahrtausende hindurch übten solche Massen tüchtiger, erprobter Pferde einen unheimlichen, einen bedrohlichen Zauber auf die Unterworfenen aus. Ihre Reiter aber liebten sie. Erstes Gebot dieser wilden Krieger war, niemals ein Pferd zu schlagen. Unter der Herrschaft der großen Khane stand darauf der Tod.

9

wegen, müßte es die Hälfte der Zeit darauf verwenden, vom Grasen aufzusehen und sich zu vergewissern, daß keine Gefahr droht; Schreckhaftigkeit und dauernde Nervosität wären die Folgen. Die Herde aber teilt die Aufgaben unter viele auf. Mehr Augen schauen wachsam umher, mehr Ohren lauschen auf verdächtige Geräusche; je mehr Wächter, um so weniger Überraschungen! Wenn man sich selbst überlassene Herden lange genug beobachtet, sieht man, wie einzelne Stuten nicht grasen, sondern wie sie gelangweilt dastehen, sich ab und zu träge umschauen. Selten nur zuckt Leben im Auge auf – aber sie wachen; sie würden die geringste Bedrohung der Herde mitteilen. Irgendwann senkt eine den Kopf zu Boden, und eine andere Stute schüttelt sich ein wenig, geht ein paar Schritte zur Seite, übernimmt die Wache.
Sicherheit ist wichtig. Und Futter. Zu den Aufgaben der Leitstute gehört es, Futtergründe zu erwittern und die anderen hinzuführen. Wer die Geduld aufbringt, den Tagesablauf von Herden über lange Zeit zu beobachten, der weiß, daß zu den verschiedenen Tageszeiten unterschiedliche Orte des Schweifgrundes aufgesucht werden. Immer setzt sich, nach Perioden des Dösens oder Schlafens, eine Stute zielbewußt in Bewegung, und die anderen schließen sich ihr ohne zu zögern an. Sie weiß, welches Futter zu welcher Tageszeit am besten bekommt und wo es zu finden ist.

Damit eine Herde »funktioniert«, damit jeder weiß, was er zu tun hat, braucht sie eine strenge Rangordnung, die jedem einzelnen seinen Platz im Gefüge zuweist. Und da Tiere die Vorstellung der Demokratie mit freien Wahlen nicht kennen, muß die Rangordnung über Rangkämpfe herausgefunden werden.
Ist ein Hengst in der Herde, so gehorchen ihm alle: Er macht von vornherein klar, wer der Boß ist. Die meisten Herden aber werden von Leitstuten geführt, die Gruppen unserer eigenen Pferde »hinterm Haus« oft auch von einem Wallach – je nachdem, wer sich im Verband der anderen am nachhaltigsten durchsetzt.
Um gleich bei den eigenen zu bleiben, die wir natürlich am häufigsten beobachten: Ranghöchster ist durchaus nicht unbedingt unser liebstes Reitpferd, das unter dem Sattel am feinfühligsten gehorcht, am feurigsten läuft. Ein phlegmatischer Wallach, eine lebhafte, mickrige kleine Stute lassen mit einem Zucken der Ohren den Feurigen in eine Wiesenecke ausweichen. Die Erklärung ist nicht schwer: Der Feurige, Feinfühlige ist innerlich unsicherer und ängstlicher (und wahrscheinlich deshalb unter dem Sattel so vibrierend leichtfüßig, so sekundengehorsam). Der mit dem Phlegma ruht sicherer in sich selbst, die kleine Mickrige hat von Geburt an um ihren Teil am Futter kämpfen müssen – beide sind energischere Herdenführer als der feurig Nervöse.
Rangordnungen werden erkämpft, sehr häufig auch nur errangelt: Schwächere Pferde wissen, daß sie keine echte Chance gegen die starken haben; und sie fühlen – das ist ihre Schwäche – auch den Drang zur Auseinandersetzung nicht, sie sind zufrieden mit dem Platz, auf dem sie sich gerade noch behaupten können. Rangordnungen sind nie endgültig. Finden sich Pferde erstmals zu einer Gruppe zusammen, müssen sie die Positionen fixieren. Jedes neu hinzukommende Pferd bringt das Gefüge durcheinander – wieder wird erkundet, wer wem überlegen ist. In einer festgefügten Gruppe werden die Fohlen zunächst in den Rang hinein geboren, den die Mütter einnehmen, aber schon die Jährlinge erproben im Spiel, wer sich am nachhaltigsten durchsetzen kann.
Die intensivsten Auseinandersetzungen finden immer um den Platz an der Spitze statt. Die geringste Schwäche einer Leitstute etwa fordert instinktiv eine Jüngere dazu heraus, sie anzugreifen. Erste Versuche werden oft mit Erfolg abgewehrt, aber die Natur läßt keine Schwäche ohne Folgen schwächer werden: Schwäche bedeutet im Ernstfall Gefährdung aller. An die Spitze gehören Kraft und Energie – zum Wohle aller.
Uns Menschen erscheint das Gerangel unnütz, häufig auch bedauern wir die Unterlegenen (oder es kränkt unseren Stolz, daß nicht der eigene feurige Liebling Herr auf der Weide ist). Das ist völlig falsch.
Jedes Mitglied einer Herde fühlt sich nur dann maximal sicher, wenn es seinen Platz genau kennt und weiß, daß Stärkere es schützen. Die abgeschlagene Leitstute geht ohne Ressentiment an den Platz, der ihren schwindenden Kräften entspricht: Dort kann sie in Frieden selber essen, ohne ständig wach sein, ständig ihrer Gruppe an den Futterplätzen einen Platz verschaffen zu müssen. Und die Jüngere setzt sich ohne

10

Nachdenken und ohne jeden Triumph rücksichtslos durch: Das ist es, wozu sie da ist. Urinstinkte wie diese verlöschen auch nach ein paar tausend Jahren der Domestikation nicht. Gehorsam gegen den Ranghöheren ist jedem Pferd angeboren. Daß der Mensch ihm Schutz und Futter gibt, ändert im Verhalten gegen die anderen Pferde nichts. Dieses Rangempfinden macht es überhaupt erst möglich, daß wir das so viel stärkere Pferd reiten, fahren, beladen können, daß es sich von uns in Schlachten lenken, über Mauern reiten läßt: Es erkennt uns als Ranghöheren an und gehorcht.

Übrigens: Unser Feuriger ist als in die Ecke geschobener Unterlegener wahrscheinlich innerlich zufriedener (da beschützter) als unter dem Sattel (unsicher-nervös) Brillierender.

In jenen Herden, die große Teile des Jahres oder gar ganzjährig sich selbst überlassen sind, finden wir herrlich wache Stuten. Diese drei Isländerinnen (**10**) vibrieren vor Leben: Die Leiber sind gestrafft, die Hälse aufgeworfen, die Ohren gespitzt, die Augen sind klar auf den Betrachter gerichtet. Sie haben – wie ihre Vorfahren – zeitlebens mit den Ohren tausend Geräusche der Freiheit erhorcht, haben die Blicke ständig wachsam über die weiten Täler, über die Hänge baumloser Gebirge schweifen lassen – sie kennen Moos und Stein und saftige Kräuter, das Singen des kalten Winds aus der Arktis, das Zirpen und Zwitschern der Vögel, die im Sommer zwischen ihren Hufen umherhüpfen. Ihre Sinne sind reich gefüllt: Sie erinnern sich der Kühle des Bodens in der Sommernacht, harscher, Augen und Nüstern verstopfender, tagelanger Schneestürme zu allen Jahreszeiten. Pulsierend wach, stehen sie dennoch ruhig da, ihrer selbst sicher, wie es nur Pferde noch sein können, die für sich selbst sorgen müssen, ihren Platz in der Herde behaupten; die Jahr um Jahr ihre Fohlen allein zur Welt bringen und mit ihnen die Lavaberge erklettern, um zu den letzten süßen Gräsern des Sommers zu gelangen; die bei Gefahr mit unglaublicher Trittsicherheit die Hänge hinabspringen, tagjunge Fohlen hinter sich; die reichlich Milch haben und vorbildliche Mütter sind – denen der Mensch das Leben nicht dadurch beschneidet, daß er sie in seine nur menschliche Obhut zwingt und ihrem eigenen Wesen entfremdet.

Auf der Insel Gotland weiden Stuten einer anderen sehr alten Rasse (**11**). Knochenfunde ergaben, daß dieses bis 130 cm große, meist braune Pony, das *Gotland-Russ*, seit dem dritten Jahrtausend vor Christus auf der Insel in der Ostsee lebt und dort die Eiszeiten überstand. (In Europa ist nur das *Exmoor-Pony* aus dem Exmoor in England noch älter. Dieses gleichfalls braune, um 122 cm große Pony mit hellem *Mehlmaul* und hellen Ringen um die Augen ist, wie Tests an den Knochenfunden ergaben, seit einer Million Jahren gleichgeblieben: Nachfahre des Alaskaponys, dessen Knochenbau mit dem seinen identisch ist.)

Pferde grasen gern im lockeren Verband, nicht allzu nah beieinander, doch nah genug, um sich bei der ersten Warnung schnell zusammenschließen zu können. Zwar droht den Herden in unserer zivilisierten Welt kaum noch wirkliche Gefahr, aber die Urangst »sitzt ihnen in den Knochen« – wir erleben es bei scheuenden Reitpferden immer wieder und sollten es nie bagatellisieren. Fremde Menschen erschrecken sie, ungewohnte Geräusche im Wald. Im Nu ziehen sie dann hinter der Leitstute – am liebsten eine hinter der anderen in der sicheren Spur der Anführerin – in eine geschütztere Ecke, um dort alsbald wieder zur lockeren Gruppe auseinanderzugrasen.

Der Fortpflanzungstrieb ist nach Sicherheit und Sattsein erst der drittwichtigste im Pferdeleben: Nur unter der Voraussetzung sicheren Lebens

11

und reichlicher Nahrung erwacht er, nur dann vermehrt sich die Herde maximal. Unter ungünstigen Umwelt- und Nahrungsbedingungen werden deutlich weniger Fohlen geboren.

Der Paarungsinstinkt bestimmt das Verhalten des Hengstes und seine Stellung innerhalb der Herde sehr stark. Die Leitstute braucht keinesfalls die gebärfreudigste Stute zu sein; der Leithengst aber ist immer der zeugungsfähigste Hengst: Die Triebstärke bestimmt seine körperliche Durchsetzungskraft gegenüber anderen Hengsten. Nach Kämpfen ist festgestellt worden, daß unterlegene Hengste lange Zeit gar kein Verlangen nach dem Besitz von Stuten zeigten; offensichtlich berührt der Schock der Niederlage den Zeugungsdrang. Ist der Stammhengst sehr stark und kann er viele Stuten bei sich behalten, schließen sich bei wilden Pferden häufig Junghengste und abgeschlagene Althengste zu Junggesellen-Herden zusammen. In Anbetracht der Tatsache, daß etwa ebenso viele Hengste wie Stuten geboren werden und starke Hengste mehrere Stuten für sich beanspruchen, bleibt in der Natur gar nichts anderes übrig als ein solches Arrangement. Bei Herden in der Obhut des Menschen werden die überzähligen Hengste kastriert und leben als Wallache ein »sachlicheres« Leben.

Daß bei gleich starken Hengsten ein Kampf auch ohne Unterliegen ausgehen kann, schildert Hans W. Silvester, der Fotograf des Bildes der Rivalen aus der Camargue (**13**).

»Die Herde weidet friedlich, die Fohlen spielen, der Hengst grast wie gewohnt ein wenig abseits. Plötzlich hebt er den Kopf, weitet die Nüstern, zieht tief Luft ein. Er wiehert laut, die Fohlen flüchten zu ihren Müttern, die sich eng zusammenscharen. Alle schauen aufmerksam auf den Hengst. Dieser bleibt unbeweglich, wiehert nochmals, macht ein paar wilde Sprünge vorwärts, hält an, zieht Luft ein, scharrt und schlägt den Boden mit den Vorderhufen. Hengst und Herde blicken zum Horizont, wo ein Pferd in vollem Galopp näher kommt. Es ist ein Hengst, der die rossigen Stuten gewittert hat und nun versuchen will, einige davon zu erobern.

Der Hengst der Herde trommelt mit den Hufen und springt in die Luft; seine Muskeln spannen sich, er nimmt alle Kraft zusammen. Der Fremde nähert sich in vollem Lauf, der Herdenchef stürzt ihm entgegen, Kiefer weit geöffnet, Zähne gebleckt. Beide steigen, Brust gegen Brust. Ein Hengst springt hoch in die Luft, wendet und beißt zu; der andere keilt wuchtig aus. Sie versuchen, die Geschlechtsorgane des Gegners zu beißen. Die zwei Kämpfer sind nur noch eine zuckende Masse von Muskeln, wenden und verknoten sich in wirbelnder Bewegung. Sie schlagen aus, steigen, die Mähnen fliegen, Zähne durchbohren die Haut und zerreißen das Fleisch. Die Luft ist erfüllt vom Lärm leer zuschnappender Kiefer und dem dumpfen Schlag der Hufe auf Kruppen und Flanken.

12 ►
Drei junge Lipizzanerhengste weiden Nase an Nase. Ringsum dehnen sich die Weidegründe, aber Pferde lieben den Nasenkontakt: Mit der Nase berühren sie sich bei der Begrüßung, stellen fest, ob ihnen der Neue sympathisch ist. Die Nüstern vibrieren, ein sachtes Brummen steigt aus der Kehle auf, manchmal gefolgt von ärgerlichem Quietschen und dem Ausschlagen mit einem Vorderbein. Die Nase ist beim Kennenlernen am wichtigsten, dann kommt das Auge: beide nicht nur Empfänger, sondern auch Sender von Mitteilungen.
Diese drei müssen sich nicht erst kennenlernen. Sie sind zusammen im Gestüt groß geworden und wollen sich nur hin und wieder ihrer Freundschaft versichern.

14

Blutige Wunden erscheinen an Hälsen und Kniekehlen, aber die Gegner empfinden keinen Schmerz. In taumelnder Wut setzen sie den Kampf fort.
Unbeweglich schauen Stuten und Fohlen zu.
Die Hengste begreifen, daß sie einander an Kraft ebenbürtig sind, und ändern die Taktik. In hellem Galopp stürmen sie auf die Herde zu und zwingen die Stuten mit Bissen zur Flucht. Die Stuten wissen nicht mehr, wohin. Der eine Hengst treibt sie in die eine Richtung, der andere in die entgegengesetzte, Hengste, Stuten und Fohlen bewegen sich in einem einzigen großen Wirbel.
Sobald sich die beiden Rivalen begegnen, nehmen sie den Kampf mit unverminderter Heftigkeit wieder auf. Dann fliehen Stuten und Fohlen im Galopp. Die Hengste stellen endlich den Kampf ein und folgen ihnen. Sie galoppieren mitten zwischen die Stuten, teilen sie auf. Sie nehmen dabei eine neue Haltung ein – die des jagenden Raubtiers, bezeichnend für Leithengste: Hals nach vorn gereckt, Kopf fast am Boden, Ohren zurückgelegt. Jeder versucht, die größtmögliche Zahl von Stuten zu sammeln und wegzutreiben.
Der Kampf ist beendet. Der Hengst der Herde hat von seinen 18 Stuten vier an den Rivalen verloren.«

In unserer zivilisierten Welt hat nahezu jeder Hengst seine abgeschirmte Beschälerbox; die Stuten werden ihm an der Hand oder im Deckstand zugeführt. Und auch die wenigen Hengste, die noch in der Herde decken, haben keinen Rivalen zu fürchten – dafür sorgt der Besitzer schon. Auseinandersetzungen wie diese kommen in Europa nur noch selten vor.
Völlig falsch wäre es, jedesmal, wenn ein paar Junghengstchen miteinander toben oder die Wallache hinterm Haus einander quietschend die Kehrseite zudrehen und sich kurz und kräftig mit den Hufen bearbeiten, an einen Kampf auf Leben und Tod zu denken und einzugreifen! Die jungen Hengste bereiten sich spielerisch auf eine Rolle vor, die die meisten von ihnen – da mittlerweile Wallache geworden – niemals zu spielen brauchen, und die Wallache regeln entweder wieder einmal die Rangfolge oder reagieren eine aufgestaute Aggression ab – was sie anschließend um so friedlicher und unter dem Sattel gelassener macht. Viele Neurosen einzeln gehaltener Stallpferde sind darauf zurückzuführen, daß es ihnen nicht mehr möglich ist, Aggressionsstaus abzureagieren. In der Gemeinschaft der Herde ist auch dies wichtig: daß immer einer da ist, nach dem man eben mal auskeilen, den man, da rangniedriger, kurz wegjagen kann. (Wer könnte es den Pferden verdenken – handeln wir Menschen nicht ebenso?)

15

Die Stuten schauen bei den Hengstkämpfen passiv zu – was nicht bedeutet, daß sie am Geschehen nicht teilnehmen. Das ruhige Dastehen hat unendlich viele Nuancen – die der gespannten Aufmerksamkeit (**10**), die des In-sich-Ruhens und milden Interesses (**14**), um nur zwei zu nennen. Die beiden syrischen Fliegenschimmelstuten stehen in großer Hitze im Hof eines Hauses. In ihrer Heimat haben viele Araber Schimmelfarben, sehr viele wiederum mit winzigen dunklen Flecken darauf, so, als säßen tausend Fliegen auf dem hellen Fell. Die Sonne, die alle Mauern zu blasser Erdfarbe auslaugt, scheint auch die Farben der Lebewesen auszubleichen. Die Hitze sind sie gewöhnt; die Augen blicken ruhig, ein wenig schläfrig. Ein Hauch von der Müdigkeit sehr alter Rassen liegt über ihnen.

Ganz handfest schläft dagegen der Jährling in der Frühlingssonne unserer Breiten (**18**). Er ist ein bißchen mager aus dem Winter gekommen, so, wie es im Ablauf der Jahreszeiten richtig und gesund ist. Im Herbst versucht man, sich eine schöne Fettschicht anzuessen, von der man im späten Winter zehrt, um dann mager und ohne alten Speck aufs frische Gras des neuen Frühlings zu warten. Das ist besonders wichtig für die Stuten, die im Winter das Fohlen, das sie tragen, vom Vorrat nähren und dann, je schwerer es wird, selbst an Eigengewicht verlieren und bei der Geburt bereits wieder ein wenig zugelegt haben vom eiweißreichen, milchspendenden neuen Grün. In solchem Zustand geht die Geburt leicht vonstatten, und sie nehmen bald darauf leicht wieder auf. Viele unserer Stallstuten sind ganzjährig zu fett, nehmen schlecht auf oder verlieren die Frucht in den ersten Wochen schon wieder ... Unserem Jährling hängt viel lose Wolle im Fell – aber rundum liegt viel kräftiges, spitzes Holz, an dem er sie abrubbeln wird – wenn er wieder wach ist ...
Pferde können gut im Stehen schlafen, weil ihre Knochen so ineinander rasten, daß die tragende Muskulatur entlastet wird. Gesunde Pferde legen sich aber auch viel und gerne hin; im Stehen dösen sie meist nur. Alte Pferde legen sich dann nicht mehr so oft hin, wenn ihnen anschließend das Aufstehen schwerfällt.
Gemeinsam ist ihnen allen, daß sie aus tiefstem Schlaf übergangslos in Flucht und Lauf gescheucht werden können. Sie brauchen keine Pause der Besinnung – im Ernstfall könnte es dann ja zum Davonlaufen schon zu spät sein. Diese blitzschnelle, aus Urangst geborene Reaktion wird unter dem Sattel häufig zum Problem. Doch auf der Wiese bezaubert der flüchtige Lauf den Betrachter: Jede Linie eines galoppierenden Pferdes, jede Bewegung tut dem Auge wohl (**15**).

16
Hortobagy-Pußta – Herde unterm Regenbogen ... Unendlich dehnt sich der Himmel über der großen ungarischen Tiefebene. Die Herde, vom vertrauten Csikós gehütet, ist eins mit Luft und Wolken, Regen und Regenbogen. Sanftmut und Ruhe verströmt eine Herde, eine Anonymität, in der es keine Einzelwesen zu geben scheint. Langsam grasend, beschützt vom Menschen, in der Gemeinschaft der Artgenossen, zieht sie dahin.

17
Doch:
Ein feuchter Nachgewitter Sonnenstrahl fällt auf einen jungen Falben, und schon tritt aus der Anonymität der Herde das Einzelwesen scharf umrissen vor uns hin. Jedes Pferd, das der Strahl hervorhebt, wird vor unseren Augen zum Individuum: unverwechselbar in den Merkmalen des Körpers, der Farbe, der Bewegung.

19
Als Einzelwesen sind sie weltweit unterschieden:
Ein junger Fuchshengst, zwei Jahre alt, von heller, zarter Farbe, mit breiter Blesse, feinem weißem Mähnenhaar. Ein schmales Gesicht, noch sehr jung und gar nicht recht männlich, noch gar nicht von Leben geprägt.
Die schlanken Ohren sind gespitzt, er dreht den Hals, der in anmutiger Linie aufsteigt, öffnet leicht die Nüstern – milde interessiert am Geschehen. Ein solches Pferdegesicht stimmt uns freundlich, berührt unseren Sinn für die Ästhetik des schön Geschaffenen.

20
Überwältigend dann die Stute: kräftige Ohren; Augen und Nüstern weit geöffnet, Mähne und Schopf wegfliegend von der Heftigkeit, mit der sie den Kopf hochwarf. Energie. Erfahrung. Ein Gesicht, geprägt von Leben und Entschlossenheit. Eine Stute, die ihren Platz in der Herde behauptet – für sich und für ihre Kinder! Die zarte Rinne entlang des Halses und auf der Brust läßt kräftige Muskeln hervorspringen: Adel ganz ohne dünnes Blut. Eine Pferdepersönlichkeit.

21

Gänzlich verwandelt dann das Pferd, das sich der Mensch zu einem ausgeprägt naturfremden Zwecke schuf! Dieser *American-Saddlebred-Horse*-Hengst (**21**), für Hunderttausende von Dollar in den USA gekauft und nach Südafrika geflogen, gehört einer Rasse an, die als »Pfau« unter den Pferden gilt, einzig und allein gezüchtet, seinen Reiter aus der Menge hervorzuheben, ihm in fünf Gangarten – Schritt, Trab, Slow Gait, Rack und Kanter – ein exquisites Gefühl des Besonderen, des äußerst Kostbaren zu vermitteln. Verzärtelt, überzüchtet, rassig, mit gewaltiger Schulter und überlangem, überfeinem Hals, sorgsam frisiert – der Schopf ist weggebunden in einem rotweißen Geflecht aus Lackband, die Mähne hinter den sichelförmigen Ohren 15 cm weggeschoren, um das Genick noch feiner erscheinen zu lassen, die ersten Strähnen der natürlich belassenen Mähne sind ebenfalls in Lackband eingeflochten –, so prüft er klug die neue Umgebung. Er ist verwöhnt und hat nie eine Behandlung erfahren, die ihn etwa unruhig oder gar ängstlich machen könnte. Wenn er gleich den schönen Kopf wieder hochnimmt, wenn er geht und sich tänzelnd bewegt, dann wippen die Lackbänder bei jedem Nicken des Kopfes mit wie deliziöses Geschmeide. Das ist kein Hengst, der mit einem Rivalen wütend und wild um seine Stuten kämpft. Er ist für das weite Rund der Schau-Arena gemacht. Dort kommt die kraftvolle Leichtigkeit seiner Gänge zur Geltung, seine unübertreffliche Eleganz, die dem Reiter im Sattel das Gefühl gibt, selbst unübertrefflich elegant zu sein.

Vom Menschen geschaffen auch das Dölepferd (**22**): Stachelt sein Gegenüber die Eitelkeit des Besitzers an, so berührt dieses das Herz dessen, der mit ihm arbeitet. Das Wort *Arbeitskamerad* – hier ist es angebracht! Der Kopf ist gedrungen und ein wenig derb, dick und lang fällt ihm der Schopf in die Stirn, die Haare der Mähne sind etwas verfilzt und kräuseln sich, wie bei schweren Schlägen häufig zu finden. Die fleischigen Ohren hören hin auf das, was der Freund ihm sagt, die kleine Augen schauen ihn ruhig und vertrauensvoll an, die Nüstern sind geschlossen: Ruhig entströmt ihnen der Atem. Das Lederzeug ist alt, aber nicht brüchig; es hält noch eine Weile. Die Fahrleine hängt aufgerollt überm hölzernen Kummet – es weiß ohne ständige Führung, was zu tun ist. Ein Bauernpferd. Es dient dem Menschen am längsten und sinnvollsten: zieht die Karre und den Pflug, bringt seinen Herrn sonntags zur Kirche und alltags zum Markt, ist gutmütig, immer arbeitswillig und selten krank.

Wir sprachen von wilden Herden und von verwilderten Herden und von Herden, die unter der Obhut des Menschen leben, wir sprachen von ihrer Anonymität und von der vielfältigen Ausformung ihrer Einzeltiere. Wir sahen, wie wichtig die Herde für Pferde ist.

Jahrtausendelang war dem Nomaden, dem Bauern, dem Züchter diese Art der Pferdehaltung am bequemsten, da am arbeitsparendsten. Und niemand kam auf die Idee, Pferde in Zuchtbücher einzutragen, Register anzulegen und Papiere auszustellen. Das, was wir heute *Rassen* nennen und nach Art und Aussehen exakt unterscheiden können, entwickelte sich zunächst nur nach den Voraussetzungen der Umwelt. Man brachte Hengste und Stuten jener Schläge zusammen, die in Island oder dem Sudan, im Kaukasus oder in Brasilien gerade »wuchsen«. Oder man lenkte die Zucht dadurch, daß man Hengste und Stuten, die sich für eine bestimmte Arbeit – die Jagd, den Krieg, die Landwirtschaft – besonders gut eigneten, zusammentat. Erst im späten 19. Jahrhundert begann man in einzelnen Ländern und zunächst auch sehr vereinzelt, Hengste zu registrieren, Stuten in Gestüten zusammenzufassen, ihre Nachkommen zu prüfen und mit Papieren auszustatten. Heute wird die Zucht nahezu überall in der Welt gelenkt; die Methoden variieren dabei: Manchmal

23

24

25

26

übernimmt der Staat die Zuchtkontrolle und wählt die Hengste aus, die als Vatertiere eingesetzt werden sollen; weit häufiger ist dies die Aufgabe von Zuchtverbänden, die jeweils Pferde einer einzigen Rasse betreuen und fördern. In einigen Ländern werden bei Sportveranstaltungen mit den olympischen Disziplinen – Dressur (s. Seite 83), Springen (s. Seite 90), Vielseitigkeit (s. Seite 78) – nur Pferde mit Papieren zugelassen; die Teilnahme an Galopprennen (s. Seite 114) und Trabrennen (s. Seite 121) ist nur Vollblütern und Trabern mit Papieren gestattet. Dem Freizeitreiter, von dem im vorletzten Kapitel ausführlich gesprochen wird, sind Papiere meist nicht so wichtig.
In der westlichen Welt werden heute Stuten fast aller Rassen auf verschiedene Art gedeckt – zum Beispiel an der Hand, im Deckstand oder in der Herde. Mit der Zeit wurden die erst genannten Arten immer gebräuchlicher. Der wertvolle Hengst ist im Stall stets unter Kontrolle; er kann den Umständen entsprechend mehr oder weniger kräftig gefüttert werden; er steht nach Belieben zur Verfügung. Der Besitzer der Stute bringt sie erst, wenn er den richtigen Zeitpunkt gekommen glaubt, und führt sie dem Hengst zu. Um jede mögliche Verletzungsgefahr durch jähes, vielleicht erschrockenes, vielleicht abwehrendes Ausschlagen zu verhindern, werden der Stute manchmal die Hinterbeine gefesselt. Der Deckvorgang steht unter Kontrolle, der Hengst strengt sich nicht mehr an als erforderlich; er kann sehr viele Stuten decken, und die Stute kann wieder mit heimgenommen werden. Lauter Vorteile also – für den Menschen. Daß sie nicht unbedingt auch Vorteile für das Pferd sind, geht aus der Tatsache hervor, daß die Befruchtungsziffern wesentlich niedriger sind als beim Decken in der Herde.
Um ganz sicher zu sein, daß der Zeitpunkt der Belegung der günstigste ist, läßt man einen Hengst zunächst die Stute *probieren*. Das heißt, der Hengst beschnobert entweder aus seiner Box oder in einem Probierstand die Stute. Schlägt diese dabei mehr oder weniger heftig aus und gibt sie ärgerliche, unwillige Laute von sich, ist es noch zu früh. Auf dem Höhepunkt der Rosse bleibt sie stehen, wenn der Hengst sich ihr nähert (**27**).
Unsere Bildfolge (**23-25**) zeigt das typische Verhalten eines Hengstes, der eine Stute wittert, die *rossig*, das heißt zur Liebe bereit ist. Eben noch lehnte der Freiberger Fuchs träumend an der Einfassung des großen Außenfensters, als ihm ein erster Geruch in die Nüstern fährt. Er bläht sie auf, stößt den Kopf vor, daß der Schopf aufwiegt, und *flehmt*. Dieses Flehmen ist eine primär sexbetonte Verrichtung: Der Kopf wird schräg nach oben geführt, die Ohren stehen seitlich in einer Mittelstellung zwischen aufmerkend vor- und mißtrauisch zurückgelegt ab. Zähne und Nüstern sind geschlossen, die Oberlippe ist nach oben, die Unterlippe nach unten gestülpt. So zieht der Hengst die Luft ein; nimmt er die Duftstoffe einer rossigen Stute intensiv wahr, verbindet er damit die Vorstellung seiner Zeugungspflicht. Seine Halsmuskeln spannen sich, und aus halbgeöffnetem Mund dringt ein sehr dunkles, leises, aber volles Wiehern. Damit begrüßt er etwas, das ihm sympathisch ist. Dieser Ton ist sehr anders als das helle Trompeten des Angriffs, das böse, schrille Quieken des Zorns, das laute Rufen nach Artgenossen.
Die Connemara-Stuten auf der anderen Seite (**26**) gehören zu jener zweiten Gruppe, die nicht unter menschlicher Aufsicht, sondern in der Herde gedeckt werden. Man bringt etwa 15 bis 20 Stuten auf einer genügend großen Weide zusammen und läßt den Hengst etwa vier bis fünf Wochen mit ihnen zusammen. Diese beiden sind noch jung. Bis an die Hüften reicht ihnen das grobe Gras der Connemara an der Westküste Irlands. Jung und stämmig und ein wenig dumm noch stehen sie da, aber ihr Züchter, der nun die ersten Fohlen plant, sieht sie mit erfahrenen Augen: Die Jugend geht von selbst vorüber, mit jedem Fohlen werden sie schon

klüger werden, und daß sie Bauernkinder sind, gefällt ihm. Kräftig, stämmig und robust – so mögen die Liebhaber dieser gesunden Rasse sie.
Das Decken in der Herde ist naturnäher und naturgemäßer. Hengst und Stuten leben in ständigem nahem Kontakt, der Hengst treibt die Stuten und beriecht sie und orientiert sich auf vielerlei Weise, ob der Zeitpunkt der Bedeckung der genau richtige ist. Dabei muß er freilich allerhand einstecken, denn hier sind ja keiner Stute die Beine gefesselt, hier trifft ihn der auskeilende Hinterhuf voll in die Rippen, vor die Brust. Ein junger Hengst erträgt es mannhaft, ein älterer hat Erfahrung und weicht rechtzeitig aus. Dennoch trägt er Schrammen und Wunden davon, die mancher Züchter seinem behüteten Hengst nicht zumuten will. Und bei den Stuten ist es ähnlich: Mag der Hengst sie nicht leiden, jagt er sie nachdrücklich fort – und sei's in den nächsten Zaun. Stuten untereinander sind auch nicht zimperlich. Sie können eifersüchtig sein wie Haremsdamen und zeigen dieses Gefühl mit Hufen und mit Zähnen. So kommen die natürlicher Gedeckten von der Hochzeitsreise häufig recht zerrupft heim – jedoch meist auch trächtig.
Stuten sind nicht immer empfängnisfähig. Die Periode ihrer Rosse dauert vier bis zehn Tage und wiederholt sich ziemlich regelmäßig in Abständen von 21 bis 23 Tagen. Während der Rosse ändern sie manchmal recht drastisch ihr Verhalten; sie können nervös werden, reizbar, schenkelempfindlich, können aber auch besonders sanft und liebenswürdig sein – und manchen merkt man gar nichts an.
Elf Monate trägt die Stute das Fohlen nun aus, ziemlich genau 333 Tage lang, wobei es durchaus möglich ist, daß sich die Geburt ein paar Tage früher oder später ereignet. Je gesünder und robuster die Eltern sind, um so problemloser geht in der Regel die Geburt vonstatten. Pferde, die den größten Teil ihres Lebens auf der Weide verbringen, fohlen am liebsten dort und allein ab. Pferde, die hauptsächlich im Stall gehalten werden, sollten zum Abfohlen eine besonders große, saubere, hoch mit Stroh aufgefüllte Box bekommen. Im Normalfall geht eine Geburt recht schnell vor sich; je naturentfremdeter eine Stute ist, um so eher treten Komplikationen ein.
Die Zeitspanne der Geburt ist »gefährlich« für Mutter und Kind: In diesen Minuten, dieser halben Stunde ist die Mutter schutzlos den Gefahren der Wildnis ausgesetzt gewesen – und ihr uraltes Erbgedächtnis verzeichnet es noch heute. Während sie damit beschäftigt ist, neues Leben in die Welt zu setzen, ist sie zugleich daran gehindert, zu fliehen – vor Feuer und Steppenbrand, vor dem Jäger, dem Wolf und vor Schneesturm. Sie kann sich nicht in Sicherheit bringen und braucht deshalb die Gewißheit maximaler Sicherheit, wenn sie sich diesem einzigen »gefährlichen« Geschäft ihres Daseins widmet. Stuten, deren Instinkte noch nicht abgeschwächt sind durch generationenlange, falsch verstandene Sorge des Menschen, die selber noch in den freien Herden Islands, Irlands, der Mongolei – um nur einige zu nennen – geboren wurden und aufwuchsen, gebären am liebsten in der Nacht, in einer sehr vertrauten Ecke ihrer Weide, ohne den Menschen. Sie alle wissen ganz genau, wie sie sich während und nach der Geburt zu verhalten haben – aber man kann sie dann nicht fotografieren.

Schauen wir uns also an, was eine Stute im Stall macht, wenn ihr Fohlen geboren ist (**28**): Offensichtlich hat die Geburt die Mutter mehr als gewöhnlich erschöpft; sie bleibt im Stroh liegen und wendet nur den Kopf in mütterlicher Geste dem Neugeborenen zu, das sie gerade zum erstenmal sieht. Ihre rauhe Zunge beginnt es systematisch zu lecken. Sie leckt ihm die Feuchtigkeit aus den Haaren, die in Wellen und Wirbeln am kleinen Körper kleben, leckt über die stabilen Beinchen mit den dikken Knorpeln der Gelenke. Es ist im Augenblick der Geburt ein fast fix und fertiges Pferd, das nur ein einziges Mal im Leben trockengelegt werden muß. Damit es nach der Wärme des Mutterschoßes die Nachtluft besser verträgt, wird es nicht nur trockengeleckt, sondern auch warmgeleckt – und die rauhe Zunge der Mutter, die ganz gründlich, ganz methodisch den Fohlenkörper bearbeitet, regt gleichzeitig die Blutzirkulation an. So macht die Stute ihr Kind erst richtig lebendig. Ein feuchtes, hilfloses Ding in einer überwältigend fremden Welt im einen Augenblick – im anderen schon ein Lebewesen, dem wohlig-warm das Blut durch die Adern läuft und das aufstehen möchte und einen Drang verspürt, der ihm noch Wohligeres verspricht und dem es unbedingt folgen muß!

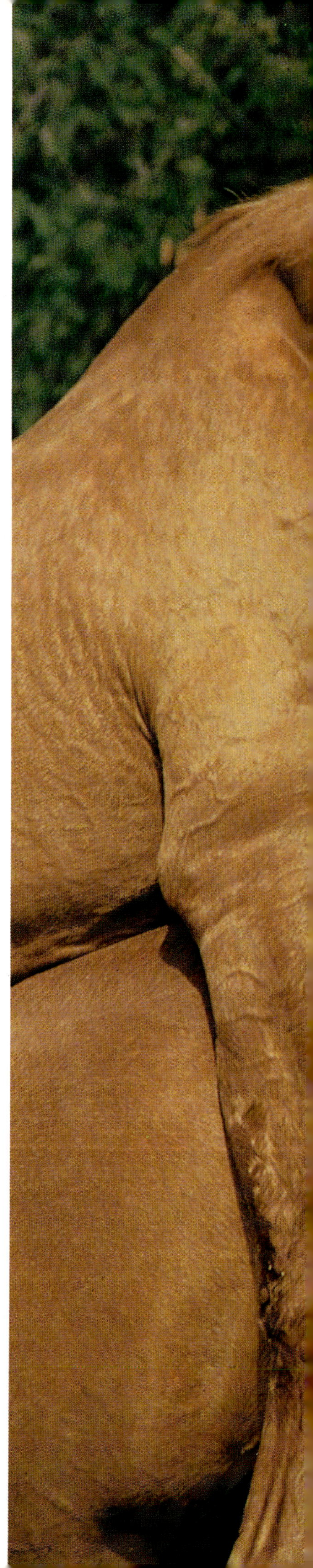

27

28

So beginnt das zweite große Abenteuer dieser Nacht: Aufzustehen! Auf Beine zu kommen, die noch nie etwas getragen haben, Beine, die zu lang sind und zu viele Gelenke haben, die einknicken, Beine, die nach vorn und nach hinten keinen Halt finden. Aber Fohlen sind – wie jedes Lebewesen – zu einem ganz bestimmten Verhalten vorprogrammiert. Ihres ist, daß sie sehr schnell aufstehen müssen: Sie müssen die komplizierte Apparatur dieser vier langen Spinnenbeine innerhalb kürzester Zeit beherrschen lernen. Denn Pferde sind Fluchttiere; bei Gefahr können sie nur davongaloppieren – und ihre Jungen mitnehmen. Die also, das ist klar, müssen auch fliehen können; und je eher sie es können, nachdem sie aus der Sicherheit des Mutterleibes in die Schrecken dieser Welt gefallen sind, um so besser für Mutter und Kind und die ganze Herde. Vergessen wir also, daß das Fohlen im Stall geboren wurde und vor nichts fliehen muß: Seit Hunderttausenden von Jahren leben Pferde auf unserer Erde; daß wir sie seit ein paar Generationen, bestenfalls ein paar Jahrhunderten, schützen, ändert an ihrer innersten Struktur gar nichts. Das Fohlen muß aufstehen lernen, weil es fliehen können muß.

Und so versucht unser Fohlen denn immer wieder, die Beinchen zu sortieren, Fuß zu fassen. Kein Hinfallen entmutigt es. In einer für den Betrachter unwahrscheinlich kurzen Zeit meistert jedes Fohlen diese erste schwere Aufgabe seines Lebens: Zitternd, schnaufend, aber tief befriedigt steht es da, steht wacklig da – und tut gleich seine ersten Schritte. All seine Instinkte drängen es, aufzustehen und dann zu gehen. Es kann einfach nicht verschnaufen und liegenbleiben – erst wenn es steht und geht, ist es richtig geboren. Und sogleich macht es sich zielstrebig an die Verwirklichung jenen Dranges, der es aufstehen ließ – taumelt so gar nicht zielstrebig ein bißchen umher, streckt das Mäulchen vor und macht aus den Lippen eine kleine Tüte, schmatzt einmal – und findet nichts. Und sucht weiter.

Die Mutter, mittlerweile auch aufgestanden, leckt, wo sie noch einen Rest Feuchtigkeit findet, stupst ihr Kind ein bißchen herum, um besser an diese Stellen zu gelangen – schiebt es aber nicht in die Richtung, die das Fohlen sucht. Die muß es selber finden. Im Augenblick der Geburt ist ihm der Winkel entlang des Mutterleibes, die Stelle, an der das liegt, was es sucht, in der Vorstellung geläufig: Der Ablauf der tastenden Suche rollt durch sein Gehirn und muß sich ihm einprägen, damit es ein für allemal sicher weiß, wo der Quell seiner Nahrung zu finden ist.

Und es findet ihn (**29**). Macht wieder eine Tüte aus den Lippen, gierig diesmal, und legt sie um die Zitze am Euter und saugt und saugt ... Die erste Milch ist für das Fohlen die wichtigste: diese Kolostral(Erst-)milch der Stute enthält lebenswichtige Schutzstoffe und hilft, das Darmpech abzuführen, das den Darmausgang verstopft.

Jetzt ist es eigentlich schon ein richtiges Pferd. Bis auf eine Sache, die zu oft vergessen wird. Um ein richtiges Pferd zu werden, so wie der Schöpfer es gewollt hat, wie die Natur das Junge braucht, muß das Fohlen etwas lernen, das wir unseren Stallgeborenen versagen: Es muß der Herde folgen können. Es muß, nachdem es aufgestanden ist und getrunken hat, lernen, sich an der Seite der Mutter furchtlos und sicher in jedem Gelände zu bewegen und dem Ruf der Leitstute, des Hengstes, dem Warnruf der Wachen zu gehorchen. Erst dann ist es *wirklich* ein Pferd!

Seitdem ich es selbst erlebte, kann ich es nicht mehr vergessen: Meine Islandstute Héla, eine erfahrene, instinktsichere Mutter, gebar vor meine Augen am frühen Morgen ein Fohlen. Es durchlief alle die geschilderten Stadien, und dann, knapp eine Stunde nach der Geburt, begann die entscheidende Erziehung. Héla führte ihr Kind fort, und während der näch-

29

sten zwei Stunden hat es sich nicht einmal wieder hingelegt. Hela rief es, trieb es, sprang ihm auf der großen Weide über einen Graben vor und ruhte nicht, bis es ihr überallhin folgte! Dann erst ließ sie es zum zweitenmal an die Milchquelle heran. Assa, das Fohlen, ist nun zehn Jahre alt und hat selber Fohlen geboren und angeleitet; was sie darüber wissen muß, wie ein Pferd die Beine im Gelände sicher setzt, hat sie zwei Stunden nach der Geburt schon gewußt und unter dem Sattel nicht mehr zu lernen brauchen.

Das nehmen wir unseren Stallgeborenen. Sie werden von Geburt an daran gewöhnt, sich auf die Vorsorge des Menschen zu verlassen. Wir sollten sie auch aus der Box so schnell wie möglich auf die Weide entlassen. Die Beinchen müssen sich strecken können, die kleinen Hufe müssen lernen, daß nicht jede Bodenunebenheit eine Gefahr ist, daß man Stolpern verhindert, indem man sich richtig ausbalanciert – daß noch drei Beine fest stehen, wenn eines einknickt. Es ist das Große Fohlen Abc. Wer es erlernt, hat's später leichter, unter dem Reiter ein sicheres Geländepferd zu werden.

Auch die ersten Erfahrungen mit dem Wetter verpaßt das stallgeborene Fohlen. Ein Fohlen, das in strömendem Regen oder im scharfen Wind geboren wird, paßt sich mit den ersten Atemzügen schon den Härten der Natur an und übersteht sie sein Leben lang besser. Ich lasse heute auch die Fohlen hochblütiger Stuten auf der Weide zur Welt kommen. Der Züchter hat es ja in der Hand, die Stute dem Hengst zu einem Zeitpunkt zuzuführen, der ihm garantiert, daß das Fohlen elf Monate später in den frühen Sommer hineingeboren wird.

Das Mutter-Kind-Verhältnis ist beim Pferd nicht nur rein gefühlsmäßig eng, es paßt sich den speziellen äußeren Voraussetzungen an. Anders als der Wolf, der Ahnherr unseres Hundes, der seine Jungen im Bau zurückläßt, während er Beute jagt, trennt die Stute sich nie von ihrem Fohlen. Es folgt ihr dicht an der Flanke (**31**), rennt neben ihr, so schnell es kann, überspringt dabei Hindernisse, bekommt seine Nahrung stets direkt von ihr.

Auch die Aufnahme in den Herdenverband ist interessant zu beobachten. In einer halbwilden Herde sieht man, wie gleich nach der Geburt alle Stuten zum Neugeborenen drängen und seinen Geruch aufnehmen – wie sollten sie bei Gefahr sonst wissen, wer zu ihnen gehört? (Immer wieder: Daß es für unsere Pferde kaum noch Gefahren gibt, das wissen nur wir – die Pferde wissen es nicht, sie werden es auch in ein paar tausend weiteren Jahren in unserer Obhut nicht »wissen«).

30, 31, 32 ▶
Auch die Haustierstuten sind lebhaft interessiert an dem neuen kleinen Leben, das da an ihnen vorübergeführt wird, und würden es, hinderte der Mensch sie nicht durch Tore und Zäune daran, so beschnuppern, wie es ihre wilden Schwestern in der Herde tun.
Und die Stute Adele weiß, daß ihr Fohlen Bewegung braucht, und läßt es stramm neben sich galoppieren, während sie im Trab kräftig ausgreift.
Auch im Stallpferd unserer Tage sind die Instinkte vergangener Zeiten wachgeblieben. Müßte Adele, die in der Obhut des Menschen Lebende, ihr nächstes Fohlen allein und draußen gebären – sie wüßte genau, was die Natur von ihr erwartet.

◀ 30
◀ 31

32 ▶

33
Ein einschneidend wichtiger Moment im Leben des kleinen Pferdes: Ein Halfter wird ihm angelegt – Zeichen dafür, daß es einem anderen Willen als dem eigenen und dem der Artgenossen gehorchen muß ...
Das Fohlen ist überaus ängstlich und scheu. Deshalb muß diese erste Begegnung mit der Menschenhand behutsam erfolgen.
Die Mutter wird fest angebunden. Vertraut sie dem Menschen, so überträgt sich ihre Ruhe auf das Fohlen. Im Schutz der Mutter läßt es sich die Berührung der Hand zwar aufmerkend, aber nicht wirklich erschreckt gefallen.

34

35

Gibt es Bezauberndere als ein ganz junges Pferdekind? Zum richtigen, artgemäßen Aufwachsen gehört es die ersten Jahre seines Lebens auf die Weide, in Gesellschaft möglichst vieler anderer Pferde und Fohlen. Hier können wir es nach Herzenslust beobachten: wie es sich hinfallen läßt, schläft, wieder aufsteht, spielt, die Mutter nachzuahmen versucht beim ersten Knibbeln am Gras. Alle Bewegungen sind, so ungeschickt sie noch koordiniert werden, von jener erstaunlichen Energie beseelt, die die Jungen aller Lauftiere vom Augenblick der Geburt an treibt. Wo alles Heil nur in sofortiger, blitzgeschwinder Flucht liegt, müssen die Reaktionen auch der Allerkleinsten geschwind und kraftvoll sein. Immer wieder sei es gesagt: Urerfahrungen werden nie vergessen! Mögen unsere Pferde seit tausend Jahren keinen Steppenbrand erlebt, keinen Wolf oder Luchs oder Schakal gesehen haben: die angstgetriebene Energie, die sie zu spurtschneller Flucht antreibt und sie lange Galoppaden durchhalten läßt, wird mit jedem Fohlen neu geboren.

Alle seine Tage sind ausgefüllt damit, stark zu werden, gesund zu bleiben und besser für die Flucht gerüstet zu sein. Und so springen denn die Jüngsten schon flink umher; und was so unbeholfen aussieht, bekommt zu Zeiten geradezu explosives Leben: tobt sich auf Knorpelbeinen in einer Serie von Bocksprüngen aus, nicht selten in einem Purzelbaum endend, der verblüfft zur Kenntnis genommen wird – in geschwindem Lauf mit weit vorgerecktem Hals, in beängstigend knappen Kehren und Wenden. Jeder Ausbruch endet unweigerlich bei der Milch der Mutter und dann im Gras der Weide. Fohlen können die unwahrscheinlichsten Verrenkungen der langen Beine zustande bringen: Sie strecken sie flach seitlich weg, ziehen sie ganz unter den wolligen Körper, falten sie zusammen wie ein Hund und legen den Kopf auf die gekreuzten Vorderbeinchen – sie sind die reinsten Akrobaten (**36-38**).

Alle Pferde stehen auf die gleiche Weise auf, nur fällt's dem Fohlen schwerer. Es hebt den Kopf, dehnt die Brust, faltet die Vorderbeine auseinander und bringt sie in die richtige Position (**34**), stemmt die Hüfchen fest auf den Boden, stemmt die Vorhand damit hoch, schiebt von hinten nach: eine Riesenanstrengung, da die Beine ja im Verhältnis zum Körper noch viel zu lang sind, ihn also sehr hoch über den Boden heben müssen. Aber auch das wird mit Energie gemeistert. Die langen Beine gab die Natur dem Fohlen zum Laufen mit. Sie hindern bei den ersten Versuchen, wie die Mutter an den merkwürdig schmeckenden Halmen zu knibbeln, und die seltsamsten Verrenkungen sind erforderlich, den Abstand zum Boden zu verringern (**35**). Eine Rutschpartie mit den Vorderbeinen bringt den Kopf am kurzen Hals zwar näher an die Erde – endet aber oft auch am Boden ... Gras ist als Fohlennahrung nicht vorgesehen von der Natur; und um die Milch am Euter zu trinken, ist ein kurzer Hals viel praktischer.

Wälzen (**39**) gehört zum Wichtigsten im Pferdeleben. Es reinigt das Fell, lockert Muskeln und Gelenke und packt eine schützende Schicht frischen Sandes zwischen die Haare. Schon das Fohlen wälzt sich mit Wonne und steckt leicht die ganze Herde an. Dann senken sich nacheinander die Köpfe zu Boden, Nasen riechen, ein Vorderfuß scharrt mal hier, mal da, man wandert umher, beschnobert die Wälzstellen der anderen, hier und da knicken Vorderbeine ein, läßt sich ein Pferd, vor Wohlbehagen stöhnend, auf die Erde fallen, indes ein anderes immer noch den passenden Platz sucht. Und sich dann krachend hinfallen läßt – und sich wälzt! Mal die eine Seite an der Erde reibt und rubbelt, sich im Liegen umdreht, alle viere lustvoll in die Höhe gereckt, sich mit Behagen die Wirbelsäule reibend, dann die andere Seite schrubbt und reibt ... Pferde wälzen sich im Sand, im Schlamm, im Schnee und auf der Wiese; sind sie erwachsen und werden geritten, wälzen sie sich mit tiefer Freude naßgeschwitzt nach dem Ritt. Sie ziehen es jeder Art von Putzen vor und genießen offenkundig die harte Schicht, zu der der Schlamm verkrustet. Frei laufende Pferde wälzen sich dann nach einer Weile abermals im Auslauf oder auf der Weide.

Aufstehend strecken sie den Hals weit vor, versteifen den Rücken, stemmen die Füße fest auf und schütteln sich, daß Sand und Staub (oder Schnee) in Wolken wegfliegen. Natürlich bleibt immer genug zurück,

36

37

38

39

41

◄ **40**
Ernste Augen schauen fragend in die Welt, Ohren sind wachsam vorgekippt, Mutters Flanke gibt Sicherheit. Rührend, meinen wir und haben recht: Alles Junge rührt uns ja an ... Nur darf das Wollige, Drollige, Winzige uns nie zu dem Trugschluß veranlassen, Fohlen seien Dinge zum Spielen. Sie haben überhaupt keinen Humor und auch kein Verlangen nach dem Spiel mit einem Menschen – sie verstehen weder seine Gesten noch seine Laute. Darin sind sie von Grund auf anders als der Hund, der kein Flucht-, sondern ein Hetztier ist und jeder Aufforderung zum Jagen, Fangen oder Bringen begeistert folgt. Fohlen spielen nur mit ihresgleichen. Kinder mit ihnen spielen zu lassen ist besonders gefährlich.

um den Menschen, dem auch bei seinem Pferd blanke Reinlichkeit am erstrebenswertesten ist, schaudern zu lassen. Dem Reinlichkeitsbedürfnis des Pferdes jedoch ist mit dem Wälzen Genüge getan – geben wir uns damit zufrieden und gönnen wir ihm sein artgemäßes Wohlgefühl. (Vor dem Ausritt ist Gelegenheit genug, den dann trockenen Staub aus dem Fell zu putzen.)

Der Sommer schreitet fort, die Fohlen wachsen zwischen Butterblumen und Margeriten auf – und werden langsam selbständiger. Immer noch dicht bei der Mutter stehend, schauen sie nicht mehr in die Welt im allgemeinen hinein, sondern richten den Blick auf andere Fohlen. Sie wissen sich behütet, sind gesund. Nichts Böses ist ihnen bis jetzt begegnet. Ihre Welt ist sicher, es ist Sommer – man tut ein paar Schritte aufeinander zu. Die Mütter lassen es geschehen. Sie haben ihre Kinder gut erzogen: Ruft die Mutter, kommt das Fohlen. Ruft – in einer großen Herde – die Leitstute, kommt die Familie. Ruft die nächsthöhere Leitstute, kommen die Sippen. Und dem Hengst gehorchen alle. Jeder Ungehorsam wird von nächsthöherer Stelle durch Bisse, Drohlaute und Schläge geahndet. So wächst das Fohlen in einen Gehorsam hinein, der ihm schon nach wenigen Tagen selbstverständlich ist. Bei den allerersten Kontakten zwischen Fohlen, die auf der gleichen Weide aufwachsen, sich

42

also vom Sehen kennen, ist die hier so oft beschriebene Urangst des Pferdes am überzeugendsten zu beobachten. Schrittchen um Schrittchen geht man aufeinander zu – aber beileibe nicht bis in Nasennähe! Es kann Tage dauern, ehe man sich so weit vorwagt (**41**). Gewiß, der andere sieht aus wie ein Freund – aber ist er deshalb auch einer? Der Vorsichtigere von beiden geht lieber drei Schritt rückwärts als einen nach vorn: Man kann nie wissen! Und selbst wenn man's gewagt hat, wenn sich die Nüstern schon leise bebend betasten, kann das Knacken eines Zweiges einen entsetzten Sprung zurück verursachen – schnurgerade Flucht an Mutters Flanke! Natürlich bleibt zum guten Ende die Freundschaft nicht aus: Pferde lieben ja den Umgang mit Artgenossen, aber bis dahin beschnuppert man sich noch ausgiebig und versichert sich gegenseitig bester Absichten und sorgt dafür, daß Mutter nicht allzu fern ist.

Auch das geht vorüber. Pferde wachsen schnell. Im gleichen Maße, wie sie von der Milch der Mutter unabhängig werden und sich von Gras und Zweigen ernähren können, wächst auch ihre innere Unabhängigkeit. Der Mensch trennt sie aus praktischen Gründen mit (frühestens) fünf bis sechs Monaten von der Mutter, was gesunde Fohlen dann nach einem Tag des Trauerns problemlos überstehen. In der freien Herde trägt die Stute schon wieder das nächste Fohlen. Findet sie über Winter genügend Futter, das sie in Milch umsetzen kann, gibt sie dem Heranwachsenden davon noch ein wenig ab; im Frühjahr beißt sie das Vorjahresfohlen energisch weg. Ihr Sinnen ist nun darauf gerichtet, Vorrat für das nächste Kind zu sammeln, das bald geboren werden wird.

Aus dem Absetzer wird im Frühjahr ein Jährling, der mindestens zwei weitere volle Jahre braucht, um ein Pferd zu werden, das wir ohne Sorge unter den Sattel nehmen können. Bis zum *vollendeten* dritten Jahr ist kein Pferd erwachsen; manche Robustrassen – etwa die Isländer – brauchen fünf Jahre dazu.

Wir sind der Herde durch die Jahreszeiten gefolgt und haben den Sinn ihrer straffen Rangordnung erkundet, wir erlebten, wie die Hengste kämpfen, damit nur die Stärksten sich weitervererben und den Bestand der Art gewährleisten, wir erfuhren, wie in der Obhut des Menschen Pferde gezüchtet werden und wie sie heranwachsen, wir machten uns vor allem klar, wie stark die Urinstinkte und Urängste auch in den behüteten Pferden unserer Tage unvermindert lebendig sind. Es bleibt uns nun nur, daraus Schlüsse zu ziehen, die dem Pferd, das ja heute nur noch zu unserer Freude da ist, erlauben, so artgemäß wie möglich heranzuwachsen und mit uns zu leben.

Arbeit

Der Mensch jagte das Pferd um des Fleisches willen; eine Weile mag er es auch als Fleisch- (und Milch-?) Lieferanten in kleinen Herden gehalten haben. Doch sicher hat es nicht allzu lange gedauert, bis er herausfand, daß man mehr mit diesem großen, starken, sanftmütigen Tier anfangen – daß man es *arbeiten* lassen konnte: ihm eine Last auf den Rücken lud, eine einfache Schleppe erfand – zwei vorn am Pferd befestigte lange Stangen, die auf dem Boden nachschleiften und am hinteren Ende mit Lasten beladen wurden, die für den Pferderücken zu schwer oder ungeeignet waren –, die Schleppe zum Wagen entwickelte, der noch mehr Lasten beförderte, und sich irgendwann selbst aufs Pferd schwang und schneller wurde als zu Fuß, größere Strecken zurücklegen konnte als auf den eigenen Beinen.

Die frühesten Urkunden – in Stein gemeißelt als Bild oder Zeichen, auf Wachstafeln geritzt, auf Rollen geschrieben, an die Wände von Tempeln und Palästen gemalt – zeigen das Pferd bereits als fertiges Wagen-, Trag- und Reitpferd. In welcher Reihenfolge sich der Urmensch das Urpferd dienstbar machte, wird also Vermutung bleiben. Wenn wir uns die erste Begegnung von Pferd und Mensch in späteren Jahrhunderten vergegenwärtigen, aus denen Berichte in Fülle vorliegen, so stellen wir zunächst einmal fest, daß es große Völker gab, die wenig von ihm beeindruckt waren: Die meisten Indianerstämme zum Beispiel machten sich nie beritten und nutzten das Pferd auch nicht zur Landarbeit; die schwarzen Völker südlich des Äquators gewannen, mit einer Ausnahme, kein Verhältnis zum Pferd; die Ureinwohner Australiens liefen auch dann noch zu Fuß, als es *Brumbies*, verwilderte Pferde, genug in ihrem Lebensbereich gab.

Andere schienen auf das Pferd nur gewartet zu haben, um sich seiner enthusiastisch zu bedienen: So wissen wir, daß die Indianer Mexikos und der westlichen Ebenen und Prärien der heutigen USA innerhalb weniger Jahrzehnte nach dem Auftauchen der ersten Pferde zu Anfang des 16. Jahrhunderts beritten waren und glänzend ritten – so, als seien sie seit Urzeiten mit dem Pferd verwachsen gewesen. Und sie entwickelten aus eigener Erfindung auch die alte asiatische Schleppe neu: Kinder, Greise und Kranke wurden bei den Nomadenzügen der Stämme darauf transportiert. Im südlichsten Zipfel Afrikas sahen bei den Kriegen gegen die Buren die Basutos 1825 erstmals das Pferd – und 40 Jahre später war dieses Bantuvolk so umfassend beritten, daß sie die »Indianer Afrikas« hießen (**43**)! Sie waren in langen Kriegen mit Zulus und Buren zurückgedrängt worden in 30 000 Quadratkilometer schroffster Berglandschaft, rundum eingeschlossen von der Republik Südafrika. Heiß im Sommer, oft kalt und schneereich im Winter, nur karg mit Weideland versehen, dicht, steil und in verwirrender Folge von Bergen bis zu 4000 m Höhe, krausen Hügeln und klippenreichen Granitfelsen bedeckt, von reißenden Wildbächen zerschnitten, völlig baumlos, ist es ein armes Land, ein Land ohne Straßen, ja ohne Feldwege, durchzogen nur von Hunderttausenden von Saumpfaden, auf denen Basutoponys seit gut 170 Jahren unermüdlich Männer, Frauen und Kinder durch die Berge tragen. Die in vielfarbig bunte Decken gehüllten Reiter lassen sie laufen, laufen, laufen und gehen am liebsten keinen Schritt zu Fuß. Für sie ist, wie für die Indianer (wie für die Steppenvölker Innerasiens im unergründlichen Dämmer der Vorzeit), das Pferd da am wichtigsten, wo es sie selbst schneller, den Bereich aller Tätigkeit um ein vielfaches größer und die Mühe des Weges bequemer macht.

In den Ländern der Indianer und der Basutos und der Mongolen wurden Pferde nicht eingespannt: Es gab keine Wege, die sich für Wagen eigneten. Um aus dem Wagen Nutzen zu ziehen, bedarf es eines Netzes ebener, ziemlich breiter Spuren und überwiegend flachen Geländes. Sümpfe, Wälder, Bäche und Flüsse, Berge, steinbesäte Hänge – das alles steht dem Gebrauch des Wagens da entgegen, wo nur wenige Menschen wohnen und die gemeinsame Anstrengung des Straßenbaus nicht lohnt. Lesotho, die Heimat der Basutos, hat auch heute erst wenige Straßen entlang der Grenzen; im Innern begegnet man jenen Karawanen von Packtieren, die einst alle abgelegenen Teile dieser Erde mit Waren versahen, Handel ermöglichten quer durch die Kontinente hin.

In heißen Ländern teilt sich das Pferd mit Dromedar und Esel die Last. In kälteren Gegenden, in denen sie des Klimas wegen nicht gezüchtet werden, übernahm das einheimische Pony allein die Rolle des Packtieres: gedrungene, kurzhalsige kleine Pferde, die – wie hier in Nordindien die Spiti-Ponys (**44/45**) – auf schwindelerregenden Pfaden die Hufe sicher setzen und Hitze und Staub, Frost und Eis gleichmütig oder ergeben ertragen. Jahrtausende dauert diese Arbeit nun schon; in vielen Gegenden ist sie noch nicht zu Ende, in einigen soeben erst vorbei: in Spanien etwa, wo manche Posada, südeuropäische Abart der Karawanserei, Stallungen für Hunderte von Packtieren aufweist, die bis vor wenigen Jahrzehnten noch Erze und Handelsgüter durch die Sierras schleppten.

Doch nicht nur auf halsbrecherischen Wegen hoch über die Berge diente das Pferd geduldig und treu. Der Mensch nahm das Geschöpf der Steppen, der Ebene, das Lauftier schlechthin, tief in die Berge mit, weit unter die Erdoberfläche: Zu Abertausenden schleppten kleine Pferde die Wagen mit Erz und Kohle unter Tage, verbrachten ein ganzes Pferdeleben ohne frische Luft, ohne die Wonnen grasbewachsener, weiter Wiesen zu kennen.

Das Pferd überlebte auch hier. Die beiden wichtigsten Voraussetzungen – Schutz und Nahrung – waren zumindest gesichert, hinzu kam ein absolut regelmäßiger Ablauf der Arbeit. So wurden selbst unter diesen extremen Lebensbedingungen, die heute gottlob überflüssig geworden sind, manche Pferde noch alt. Das Pferd ist im Grunde ein simples Tier, das zu Futter und Pflege eine Tätigkeit braucht, die es *begriffen* hat und die sich gleichmäßig wiederholt. Viele unserer heutigen Reitpferde sind so irritiert und aggressiv, weil ihre Besitzer sich nicht die Zeit nehmen, ihnen geduldig beizubringen, was sie tun sollen. Kein Pferd ist als Reitpferd geboren!

Umgekehrt ist zu sagen, daß mangelndes Futter, ungenügende Pflege, zu wenig Training und natürlich Überbeanspruchung Pferde schnell verschleißen. Um nur wenige Beispiele zu nennen: Von dem in aller Welt als Wunderwerk an Präzision und Schnelligkeit gerühmten britischen Postwesen im 19. Jahrhundert heißt es, daß die Postpferde nach nur *drei* Dienstjahren ausgeschieden werden mußten. Im schweren Frachtdienst der Eisenbahnen hielten die Pferde kaltblütiger Schläge bei hervorragender Pflege, reichlichem Futter und sorgsamer Einteilung der Arbeit nur sechs Jahre durch, weil der stete Einsatz auf gepflasterten Straßen Knochen und Gelenke verschliß. Heute sind viele Sportpferde schon nach drei oder vier Jahren am Ende, weil ihre Sehnen und Bänder die überhöhten Anforderungen dauernden Springens nicht durchstehen. Es ist also nicht die Arbeit an sich, sondern deren Übermaß oder die Überbeanspruchung einzelner Körperteile durch übertriebene Spezialisierung, woran Pferde vorzeitig zugrunde gehen.

Was andererseits Pferde zu leisten vermögen, die nicht zu seelenloser Arbeit eingesetzt, sondern zu mithandelnden Partnern geschult werden, dafür sind die Pferde der Hirten in aller Welt glänzende Beispiele. Hier sei nur die Zusammenarbeit von Mensch und Pferd bei der Arbeit mit den Rinderherden in Kanada gezeigt und erläutert (**46/49**).

Die Cowboys tragen in einer Hand das Lasso; so bleibt nur eine Hand übrig, das Pferd zu lenken. Zudem ist ihr Reiten kaum je »Reiten an sich«, es ist gekoppelt mit einer anderen Arbeit, die die ganze Aufmerksamkeit des Reiters beansprucht. Reiten ist also nur Voraussetzung und Begleitung anderer Tätigkeiten. Daraus ergibt sich zwangsläufig ein anderer Reitstil als der unserer Reitbahnen. Das Pferd reagiert auf ein Minimum an Hilfen und weiß jederzeit genau, was von ihm erwartet wird. Sehen wir also einen Cowboy mit flatternden Händen oder lang durchhängendem Zügel reiten, so heißt das meist, daß er mit anderem beschäftigt ist und sein Pferd auch ohne ständige Verbindung mit dem Maul gehorcht. Dieser Gehorsam ist das Ergebnis langer und sehr einfühlsamer, geduldiger Schulung.

43

Herden wurden ursprünglich überall, heute noch an vielen Stellen der Erde völlig frei geweidet; das heißt, es gab entweder gar keine Umzäunung oder nur weitläufig errichtete Abgrenzungen zu anderen Besitzungen hin. Es lag am Geschick der Hirten, die Tiere einer Herde so zusammenzuhalten und zu lenken, daß sie ausreichend Futter aufnahmen, wiederkäuten, zum Wasser wanderten. Die Rinder solcher Bestände sind nahezu wild und werden fast nie angefaßt.
Gleichwohl muß eine Herde gekennzeichnet und gepflegt werden. Man brennt jedem Kalb (jedem neu hinzugekauften Rind) den eigenen Brand auf Hals oder Flanke, impft gegen Krankheiten, sondert erkrankte Tiere aus. Zu alledem muß man ihrer zuerst habhaft werden. Auf der Bildserie werden die Jungrinder über weites grünes Land an den Ort getrieben, wo sie behandelt werden sollen (Fleischkühe würden im Schritt getrieben werden!). Diese jungen Ungeduldigen, das weiß der Cowboy, kann er am besten lenken, wenn sie in einer bestimmten Geschwindigkeit laufen. Auch das Pferd weiß das. In typischer »Hetzhaltung« mit tief genommenem, vorgerecktem Kopf und zurückgelegten Ohren treibt es ebenso wie der Reiter, der seine Zurufe durch Schwenken des Lassos unterstützt, die Rinder voran.
Die Herde ist am richtigen Platz zur Ruhe gekommen; zwei Männer machen sich daran, die einzelnen Tiere auszusondern und zu fangen. Nur auf diese Weise können sie behandelt werden; ungefesselt wäre die Kraft dieser jungen Wildlinge viel zu groß für ein paar Männer. Zwei Pferde, die jede Phase dessen, was nun folgt, genau gelernt haben, laufen so, daß sie das Rind in etwa zwischen sich halten. Der Reiter des Rappen hat sein Lasso dem Rind bereits um den Hals geworfen und das andere Ende blitzschnell um das hohe Horn des Westernsattels geschlungen. Das Pferd setzt unverzüglich seine Kraft gegen die des ungebärdigen, wütenden Kalbes ein; der Fuchs des anderen Reiters lenkt von sich aus seinen Lauf so, daß der Mann mit dem Lasso eine Schlinge um die Hinterbeine werfen kann. Beide Pferde bleiben dann sofort stehen.
Das Kalb liegt am Boden. Der Rappe im Vordergrund tritt zurück, bis die Leine straff liegt; sein Kollege am Ende der anderen Leine strafft auch diese und beginnt zu grasen. Jede Regung des Kalbes, die ein Nachlassen der Leinen zur Folge hätte, würden beide von sich aus korrigieren; die Reiter überlassen das den ausgebildeten Pferden, sie selber verarzten das Kalb.
Diese Arbeit führen die Pferde bei der täglichen Herdenversorgung durch. Es sind starke, um 145 bis 150 cm große, kompakte Quarter Horses, die als die besten Rinderpferde der Welt gelten und außer den körperlichen Vorzügen der Kraft, Wendigkeit und praktischer Mittelgröße auch einen durch Jahrhunderte herausgezüchteten *Cow sense* mitbringen, ein instinktives Ahnen dessen, was in den Rindern vorgeht.
Diese Fähigkeit brauchen sie vor allem bei ihrer selbständigsten Arbeit, dem *Cutting*. Das Wort bedeutet: herausschneiden, abtrennen. Gemeint ist, daß aus einer grasenden oder eingekreisten Herde ein bestimmtes Tier herausmanövriert, in eine gewisse Entfernung zur Herde gebracht und dort gehalten werden soll (**50**). Dann wird das Lasso geworfen, ohne die Herde zu stören. Cutting ist eine Aufgabe für sensibelste Spezialisten unter den Pferden, denn natürlich will das herausgeholte Tier unter allen Umständen zu den anderen zurücklaufen. Das Pferd hindert es daran, ohne Unterstützung des Reiters. Wenn dieses Cutting als Wettkampf auf Westernturnieren veranstaltet wird, muß der Reiter das Rind nicht mit dem Lasso fangen, sondern nur von den anderen wegtreiben und zeigen, daß sein Pferd allein arbeitet. Es durchläuft ein langes, gründliches Training und tut seine Arbeit mit der Brillanz des echten

44

45

46

Artisten. Der Reiter könnte auch gar keine Hilfen geben: Viel zu behende springt das Rind zur Seite, macht ein paar Galoppsprünge, dreht sich um, rennt zurück und im Bogen wieder vor. Wie ein Tänzer springt dann das erstklassige *Cutting Horse* herum, kommt den Absichten des Rindes in Sekundenbruchteilen zuvor – duckt sich bis fast auf die Erde, schaut dem Rind in die Augen, läßt es mit dem Blick nicht mehr los, ahnt die nächste Bewegung voraus und springt schon los, stoppt, wirft sich auf der Hinterhand herum, dreht sich um die Vorhand – und das alles in einem Raum knapp zehn Meter vor der Herde und so diszipliniert, so leicht und bei aller Rasanz so ohne Hektik, daß die Herde nicht ins Laufen gejagt wird, keinerlei Panik empfindet.
Unser Bild zeigt davon leider wenig: Beim Training im Corral dreht der junge Stier mißmutig ab, das Pferd »hält« ihn mit der Breitseite und folgt aus dem Augenwinkel der nächsten Bewegung; der Zügel hängt völlig durch, der Reiter sitzt entspannt, die Herde im Hintergrund schaut zu. Die ganze Szene ist in braunen Staub gehüllt von dem Sand, der unter den Hufen seit Stunden aufwölkt, es ist über 40 Grad heiß; aber Rind um Rind wird herausgeholt, zum Training des jungen Pferdes.
Das ewig galoppierende Pferd des Film-Cowboys und der ständige Vergleich mit dem Reiten in unseren Reitschulen hat die Vorstellung von der wirklichen Qualität der Pferde und der hohen Kunst des Reitens dieser Männer falsch beeinflußt. Beim normalen Herdentreiben wird überhaupt nicht galoppiert – das brächte die Rinder leicht außer Kontrolle und ließe sie Gewicht verlieren; Sinn ihrer Existenz ist aber, ständig Gewicht zuzunehmen – je gleichmäßig-ungestörter, um so besser! Grast die Herde ruhig, steht das Cowboypferd stundenlang reglos da. Ein kurzer, schneller Sprint, ermöglicht durch die enorme Schnellkraft der muskelbepackten Hinterhand, bringt es aus dem Stand in wenigen Sprüngen dahin, wo etwa ein sich absonderndes Rind zurückgetrieben, ein Lasso geworfen werden soll. Die Arbeitsgangart ist der ruhige Schritt. Will sich der Reiter etwas geschwinder fortbewegen, ohne den bequemen tiefen Sitz im Westernsattel aufzugeben, treibt er es in den *Jog*, einen kurzen Hundetrab, den er auch mit langen Bügeln gut aussitzen kann; für längere Reisestrecken wird dem Pferd ein kurzer, angenehmer *Lope* antrainiert, ein gemächlicher, ruhiger Handgalopp.
Überall, wo in der Welt Hirten Herden beaufsichtigen, werden die Pferde mit scharfen Gebissen und langen, dünnen Zügeln geritten; die Zügel werden kaum je aufgenommen; Wendungen erfolgen durch Antippen des Zügels an den Hals und mit einfachen Gewichtshilfen. Dieses Reiten ist effektvoll, pferdeschonend und von Reiter und Pferd leicht zu erlernen.
So werden auch die riesigen Schafherden Südafrikas betreut. Sie werden zwar nicht rund um die Uhr bewacht, müssen aber regelmäßig zusammengetrieben und auf Krankheiten und Verletzungen hin untersucht werden, denn Schafe sind sehr anfällig. Die *Karru*, in der sie leben, ist eine der gewaltigen Halbwüsten der Erde; die einzelnen *Camps* können zehn Kilometer lang und länger sein. Die Reiter treiben am Morgen Pferde zum Wechseln mit hinaus (**51**) und bringen sie in einem zentral gelegenen *Paddock* unter. Auf der Suche nach den Schafen wird schnell geritten; im Schritt werden je 200 bis 300 Schafe zum Kontrollpunkt getrieben. Auch Schaupferde der hier begeistert gezüchteten Rasse der *American Saddlebred Horses* (**21**) werden außerhalb der Saison zur Arbeit in der Karru verwendet: Nie ritt ich herrlichere Arbeitspferde. Zur Schauzeit kehren sie aus der alles ausdörrenden Hitze der Karru fit und rund zum Training in die Stallungen zurück.

47

48

49

52

Pferde, die zu solcher Mitarbeit gezüchtet und geschult werden, sind angenehm zu reiten. Sie verbinden mit der Leichtigkeit des Auffußens große Ausdauer; sie lernen schnell und sind verständig; die Schulung auf bloß andeutende Hilfen macht sie aufmerksam, läßt sie mitdenken. Kein Wunder, daß sie sich nicht nur bei Freizeitreitern, die lediglich zu ihrer Freude und Entspannung Pferde halten, großer Beliebtheit erfreuen. Auch der Westernturniersport mit seinen vielfältigen Disziplinen, die ein leicht zu reitendes, selbständig arbeitendes und gelassenes Pferd erfordern, findet immer mehr Anhänger.

In den USA sank der Pferdebestand in den ersten zwei Jahrzehnten des 20. Jahrhunderts infolge der radikalen Umstellung der Landwirtschaft und des Transportwesens drastisch – doch seit den 60er Jahren steigt er kontinuierlich wieder an. Allein der Welt zahlreichste Pferderasse, das Quarter Horse, hat daran mit über drei Millionen eingetragenen Tieren Anteil! Und alle diese neuen Millionen kennen keinen anderen Arbeitsplatz mehr als die Rennbahnen, die Show-Kurse, Reitschulen aller Art und die freie Natur; ihre Aufgabe besteht heute einzig darin, Freude zu bringen, Vergnügen zu machen.

So ist es ganz natürlich, daß in diesem Buch die schwersten Arbeitsschläge nicht vertreten sind, ihre Bedeutung in unserer modernen Welt sinkt von Tag zu Tag. Sehr spät erst wurden sie zu ganz speziellem Zweck gezüchtet: um im späten Mittelalter die schwer gepanzerten Ritter in der Schlacht und beim Turnier zu tragen. Als die Feuerwaffen die Technik der Kriegsführung veränderten und der Ritter nicht mehr mit dem Schwert von Mann zu Mann focht, war diese Aufgabe zu Ende. Die kaltblütigen Rosse – denen das Blut zwar nicht kälter durch die Adern rinnt, die aber »kalt Blut« auch in kritischer Lage bewahren – wurden vom Herrn an den Knecht weitergegeben. Der spannte sie vor Egge und Pflug, vor Heu- und Rübenwagen. Sie wuchsen nur, wo die Böden schwer, das Futter fett waren; dort halfen sie mit ihrer Kraft, den Lehm- und Marschböden auch Nahrung für den Menschen abzugewinnen. Zudem wurden sie im schweren Frachtverkehr gebraucht: knapp 150 Jahre lang. Für den Transport von Schwergut sind entsprechende Straßen Voraussetzung, und die gab es erst seit dem Ende des 18. Jahrhunderts. Sie waren Nur-Arbeitspferde geworden, und abermals brachte ein Wandel der Technik – diesmal in der Arbeitsbewältigung – sie um ihre Lebensaufgabe: Lastwagen und Landmaschinen verdrängten sie. Sieht man die Kolosse, prächtig geschmückt und sorgfältig gepflegt, gelegentlich noch vor den hochbeladenen Wagen einer Bierbrauerei, so werden sie nicht um ihrer Arbeit willen eingespannt, sondern der Werbung wegen. Doch auch die kräftigen Kaltblüter finden heute wieder neue Liebhaber, die mit ihnen in der Freizeit durchs Gelände fahren oder reiten.

In Ländern und Landstrichen mit leichteren Böden wurden auch leichtere Pferde gezüchtet und gebraucht, die vielerlei Land- und Transportarbeiten verrichteten, aber auch den Reiter trugen.

Insgesamt ist das Pferd, das dem Menschen hilft, das tägliche Brot zu gewinnen, das Pferd des Landmannes, für die friedliche Fortentwicklung der Menschheit sicher am wichtigsten gewesen. Es wurde der unentbehrliche Helfer des seßhaften Menschen – half ihm, den Acker zu bearbeiten, zog Egge und Dungwagen, Heuwender und Kartoffelkarre, brachte die Frucht zum Markt, die Milch ins Dorf, trug seinen Herrn in Notzeiten auch in den Krieg. Es paßte sich dem Bauernleben an, war einfach zu halten. Das Bild der rumänischen Stuten vor dem Pflug (**52**) erzählt von der stillen, unauffälligen Rolle, die das Bauernpferd auch heute noch in vielen Ländern der Welt spielt. Ein Pflug, zwei Pferde, ein Fohlen und drei

53

54

Menschen: Mangel an Helfern herrscht offensichtlich nicht – man teilt sich die Arbeit. Und das Fohlen wird nicht aus dem jungen Mais vertrieben, es gehört in den Umkreis dieses bäuerlichen Lebens (und schadet dem Mais nicht. Viel zu sehr sind wir in einer auf intensivste Ausnutzung materieller Möglichkeiten fixierten Welt darauf bedacht, *unser* Feld bis auf die letzte Krume auszunutzen – sperren die Fohlen ein und versagen ihnen wieder eine Chance, sich spielend der Umwelt, in der sie uns einst unterm Sattel tragen sollen, anzupassen). Dieses Fohlen kennt die Wege von und zur Feldarbeit, läuft, an die Mutter gebunden, zum Markt mit – lernt alle Geräusche, Gerüche, Absonderlichkeiten und Schrecken, vor denen unsere Stallpferde so beharrlich scheuen, von früh auf kennen und fürchtet sie nicht mehr.

Die Bilder gleichen sich in Ost und West und Nord: der Bauer in der Schweiz (**53**), der mit der Freiberger Stute das Heu wendet, der Bauer in Norwegen (**54**), der mit seinem *Fjording* pflügt – ihr Leben verläuft seit Jahrhunderten im gleichen Rhythmus und immer mit Pferden. Nicht immer war der Hof so schön, waren die Felder so gepflegt, doch daß sie es heute sind, daß es der Landmann zu Wohlstand brachte, daran ist seit altersher das Pferd entscheidend beteiligt.

Aber es geht um mehr als Wohlstand. Die beiden Männer sind ihren vierbeinigen *Freunden* zugewandt; sie haben ihre Arbeitsjahre mit einem lebendigen Pferd durchlebt und können sich heute nicht von ihm trennen. Es begrüßt sie schon am Morgen schnaubend im Stall, stapft neben ihnen durch den Frühnebel zum Feld, tut verständig die vertraute Arbeit, hält beim Vespern bei ihnen aus und wartet auf eine Kruste vom Brot, läßt sich alle Sorgen und Freuden erzählen, wandert abends, müde und zufrieden nach erfülltem Tag, heimwärts mit ihnen – welchen Ersatz hätte eine Maschine dafür zu bieten? Vielleicht zieht die Maschine die Furchen gerader, aber der alte Bauer weiß, daß die Saat auch in krummer Furche gedeiht.

Ihre Pferde sind auf heimischer Scholle gewachsen und werden seit Jahrhunderten dort gezüchtet. Der Freiberger stammt aus dem schweizerischen Jura; er ist ein mittelgroßes, kräftiges, solides Bergpferd, das außer der Ackerarbeit vorzügliche Dienste als Postkutschenpferd leistete und das Schweizer Armeepferd schlechthin war. Das *Fjordpferd* ist seit Urzeiten in Norwegen zu Hause, schon die Wikinger hielten solche Pferde: kräftige, wohlgerundete Ponys mit hartem, trockenem Fundament und besonders attraktiver Falbfarbe – von Hellbraun über Ocker bis Grau wechselnd –, mit Stehmähne, Aalstrich über dem Rücken und Zebrastreifen an den Beinen. In seiner Heimat wird es auf den abgelegenen Bergbauernhöfen seiner Handlichkeit halber immer noch gern verwendet; in der norwegischen Armee war es ein unersetzlich trittsicheres, starkes Packpferd, und es hat sich in der ganzen westlichen Welt einen festen Platz als ideales Freizeitpferd vor dem Wagen und unter dem Reiter erobert.

55 ►

Ein Fjordpferd bringt Touristen zum Jostedalsbreen-Gletscher, dem größten Europas. Er bedeckt 1100 Quadratkilometer, und den letzten, steilsten Teil des Aufstiegs bewältigt der Besucher nur im Ponywagen. Gischt schäumt auf. Fällt als feiner Sprühregen auf die Insassen im Wagen und das stämmige gelbe Pferd davor. Heute führen Brücken über Gletscher und Wildbäche und die tiefen Zungen der Fjorde entlang der Küste. Tausende von Jahren mußten Mensch und Pferd Furten suchen und durch Eis und Wasser waten und Wege finden ... Und wo der Mensch versagte, halfen ihm Instinkt und Energie des Pferdes.

57

In einem Umfang, den sich der durchschnittliche heutige Pferdefreund gar nicht mehr vorstellen kann, war das Pferd der Arbeit dem Menschen nah und verbunden. Mensch und Pferd verbrachten die Stunden von der Morgendämmerung bis zur Nacht miteinander (keine 40-Stunden-Woche damals; die Kutscher der großen Omnibusse, Vorläufer unserer Straßenbahnen, hatten nur jeden zweiten Sonntag zwei Stunden frei!), vor, während und nach der Arbeit wurde das Pferd geputzt, gefüttert und versorgt; im Stall, auf der Futterkiste, in seiner dichten Nähe, putzten der Kutscher und der Knecht das Sonntagsgeschirr, ölten sie das Lederzeug für den Alltag ein (meine schönsten Kindheitserinnerungen sind mit dem Geruch von Pferd und Lederzeug und Öl verbunden und mit den Geschichten der Pferdepfleger). Auf langen Überlandfahrten, auf tagelangem Packmarsch über die Berge, auf der täglichen Fahrt zur Molkerei, bei winterlicher Heimfahrt vom weit entfernten Dorf waren die Pferde vertrauteste Begleiter: tröstlich ihre Nähe bei Nacht und Kälte, bei Müdigkeit, im Glück und im Unglück. Oft war das Pferd dem Hirten, dem Kutscher, dem Bauern, dem Soldaten näher als die Familie, die er ja viel weniger sah. Wir bringen heute die meisten Pferde in Ställen unter, in denen sie oft tagelang sich selbst überlassen bleiben, wir beschäftigen uns mit ihnen hin und wieder eine hastige Stunde, nervös verlangen wir rein technische Fähigkeiten von ihnen – das exakte Ausreiten einer Volte in der Reitbahn, korrekte Seitengänge, das Überwinden kompliziert aufgestellter Hindernisse. Weder Pferd noch Reiter haben dabei Gelegenheit, so miteinander und mit der gemeinsamen Aufgabe vertraut zu werden, wie es einmal allgemein selbstverständlich war. Viele Spannungen entstehen nur daraus, daß sich Pferd und Reiter buchstäblich nicht verstehen, daß sie zu wenig Zeit miteinander verbringen, daß das Pferd seine Jahre im Gefängnis der Box verbringt, der Mensch zu ungeduldig geworden ist vom Umgang mit der auf Knopfdruck funktionierenden Maschine.

Das Pferd aber bedarf großer Geduld.

Einfache Menschen und Kinder bringen sie am mühelosesten auf. Ein kleines Mädchen reitet ein Pferd zur Tränke (**57**), irgendwo in Syrien. Es reitet ohne Sattel und Zaumzeug, sitzt ganz selbstverständlich sicher auf dem blanken Rücken, läßt das kleine weiße Pferd in den Teich treten, auf dem die Enten des Dorfes schwimmen, in dem die Wasserbüffel die geliebte Suhle nehmen – und keines stört das andere, alle kennen einander, kennen das langsame Verrinnen des Tages mit seinen immer wiederkehrenden Abläufen der Arbeit in der Hitze des Wüstenlandes und der Erfrischung am Abend. Das Pferd ist rund und gut genährt, das kleine Mädchen lächelt; es kennt das Pferd und vertraut ihm – was sollte ihm Böses geschehen von einem Wesen, mit dem es sein Leben teilt? Das es Tag um Tag den gleichen fröhlichen Weg zur Tränke reitet?

Tag um Tag dasselbe tun, das hat die Pferde – die ängstlichen, von einem raschelnden Blatt in die Flucht zu jagenden, wesensmäßig schreckhaften

◀ 56

Durch die Straßen von Srinagar, der heiligen Stadt in Kaschmir, zieht ein nordindisches Pony die Tonga, die Droschke. Es ist mager und schlenkert die Beine krumm und schief nach außen. Sicher bekommt es nicht satt zu essen – aber ein großer weißer Federbusch nickt zwischen seinen Ohren, rote Troddeln baumeln beidseits des Kopfes.

Mühsam und arm ist auch das Leben seines Besitzers: Doch eine bunte Tonga findet eher Kundschaft als eine triste. Farbe ist schön ... Gerade in den ärmsten Ländern fand ich den größten Hunger nach Buntem, Leuchtendem, den Alltag ein wenig Schmückendem.

58

– sogar an Trompetengeschmetter und Kanonendonner gewöhnt, an den Lärm des Krieges, ließ sie ausharren im Hagel der Geschosse. Solange es Soldaten zu Pferde gibt, werden Pferde langsam und gründlich für das Kriegshandwerk geschult. Mag der Mann von Natur aus noch so ungeduldig sein – wenn es um Leben und Tod geht, um *sein* Leben und *seinen* Tod, wird er vorsichtig und tut, was nötig ist. Und so wird uns vom Training der Kriegspferde berichtet, aus allen Kulturen, allen Zeiten. Reiter und Pferd lebten auch als Soldaten eng zusammen: Von den Kriegern der Mongolei hörten wir es schon; wir kennen die Söldner der Renaissance, die Kavalleristen lösten sie in der Neuzeit ab – und überall war der Tageslauf militärisch genau geregelt, war die Dienstvorschrift auf langsame Ausbildung und stete Wiederholung des Erlernten abgestimmt, wußten die Pferde bald besser als die Rekruten, wie der Tag ablief. Unter solchen Umständen lernen Pferde nahezu alles! Für uns ist dabei nicht wichtig, was an unfreiwilligen Heldentaten von ihnen verlangt wurde – wohl aber können wir aus den Jahrtausenden soldatischer Vergangenheit lernen, wie man Pferde ohne Überforderung zu solider Leistung bringt, die sie gern tun, bei der sie gesund bleiben und alt werden.
Nur wenige Länder unterhalten heute noch Kavallerie-Einheiten für den Krieg. Fast alle Staaten aber leisten sich eine kleine Erinnerung an den Glanz berittener Truppen und lassen sie aufmarschieren, wenn der festlichen Gelegenheit auch der Rolls Royce nicht mehr genügt. Dann erschallt das Trappeln vieler Hufe auf dem Pflaster, ziehen die Pferde und die Reiter, hochgeschmückt, exakt ausgerichtet, in prächtiger Folge an den Bewunderern am Straßenrand vorüber – so etwa, wie die *Garde Républicaine* in Paris (**58**): schimmernde Füchse mit weißen Abzeichen auf der Stirn, groß und wohlgenährt, alle gleich gezäumt und gleich gesattelt, mit weißem Lederseil um den Hals, schwarzroter Schabracke unter dem Sattel, die Reiter in farbiger Uniform, auf blinkendem Helm den roten Buschen, den Säbel gezogen. Viele Herzen schlagen bei solchem Anblick höher – erinnert das Schauspiel doch an Ruhm und Heldentat, von denen Jahrtausende hindurch die Sänger sangen.
Doch die Erinnerung verblaßt, sowie das Trappeln der Hufe leiser wird. Als schmückendes Beiwerk festlicher Anlässe machen sich Reitersoldaten gut – in unserer Wirklichkeit haben sie keinen Platz mehr, totaler Krieg glänzt nicht. Den heutigen Pferdefreund lehrt aber auch dieser Aufmarsch etwas, das ihm im Pferdealltag helfen kann: Pferde lernen besser und gehorchen leichter, wenn sie in Gesellschaft vieler Artgenossen sind. Alles, wovor sie sich fürchten, sollte man sie zuerst im Rudel lehren.

Was in den Ländern der westlichen Welt der Vergangenheit angehört, ist anderswo noch Gegenwart oder erst dabei, sich zu wandeln. Im Tschad etwa, einer ehemals französischen Kolonie, wird eine Spur von *gloire* bei einheimischen Spahi-Regimentern wachgehalten: mit französischem Reglement, französischem Drill und Uniformen (**59**). Schwarze Männer reiten auf schwarzen Pferden, reiten leicht und ein wenig arrogant in der Art aller Wüstenreiter: den Zügel hochgenommen, die Hand dicht hinterm Genick des Pferdes, in den Bügeln stehend. Die wachen kleinen Pferde werfen den Hals auf und den Kopf hoch und galoppieren wie ihre Vettern, die Araber und Berber, mit hoher Nase aus tief untergesetzter Hinterhand. Dieser Galopp ist allen flüchtigen kleinen Rassen von Natur aus eigen. Für den Reiter ist er angenehm, und so trainierte Pferde gehen weniger häufig durch und lassen sich weicher parieren.
Rote Reitermäntel wehen im Wüstenwind, die Männer lachen stolz.

59

Auch hier sind Menschen, die reiten, denen, die nur zu Fuß gehen, überlegen.
Noch tiefer zurück in die Vergangenheit führt die Begegnung mit Reitersoldaten des Sudangürtels, die geradewegs aus dem Mittelalter stammen. Dieser Steppengürtel zieht sich – nördlich von der Sahara, südlich vom Äquator begrenzt – quer durch Afrika und umschließt Teile der Staaten Sudan, Tschad, Kamerun, Nigeria, Niger, Mali, Obervolta, Dahome und Senegal. Über die oft willkürlich gezogenen Staatsgrenzen hinweg bestehen uralte Stammesverbindungen; die Lamidos, Sultane, Emire und Kaids der Stämme genießen hohes Ansehen; sie haben noch umfängliche prächtig geschmückte Leibwachen zu Pferd (**60-64, 142**).
Die Völker der viehzüchtenden, jagenden *Fulbe* sind hamitischen Ursprungs; sie unterhielten stets große Reiterheere. Die *Haussa*, eine Mischung aus Schwarzen und Arabern, treiben Handel. Beide machten sich bei der Sklavenjagd und dem Sklavenhandel jahrhundertelang blutige Konkurrenz und kämpften um die Beute- und Handelswege. Pferde waren ihnen unentbehrlich.
Reine, klar definierbare Rassen mit unverwechselbaren Eigenschaften züchteten sie nicht. Das Sudanpferd entstand eher willkürlich und je nachdem, wohin die Beutezüge geführt hatten. Das Blut der Berber aus Nordafrika, der Araber aus dem Osten und der *Galla*- und *Dongola*-Pferde aus Äthiopien, die ihrerseits wieder persische Vorfahren haben, mischt sich in wechselnden Anteilen in ihnen. Unter den harten Lebensbedingungen entlang der südlichen Sahara mit starken Temperaturschwankungen und oft jämmerlich wenig Futter, wenn der Regen ausbleibt, bei oft falscher Behandlung und rücksichtslosem Gebrauch degenerierten sie zu höchstens 140 cm großen, dürren, zähen Pferden, deren Leistungen verblüffen. Die Kolonialherren kreuzten verschiedene französische und englische Rassen ein, errichteten auch Gestüte mit reinen Araber- und Berberhengsten zur Zuchtverbesserung. Heute, wo auch die Wüstenkriege mit moderner Technik geführt werden, haben Pferde nur noch repräsentativen Charakter, bei religiösen oder politischen Zusammenkünften oder bei Stammesfesten. Im Tschad erlebte ich den Empfang eines ausländischen Staatspräsidenten: 1600 Reiter waren zur Begrüßung Tage, ja Wochen weit herbeigeeilt. In Kano, im nördlichen Nigeria, waren zu den Festlichkeiten am Ende des Ramadan, des Fastenmonats, 3400 Berittene erschienen!
Die Pracht der Farben, die Fülle des Schmuckes an Mensch und Tier ist kaum zu schildern. Nichts, das ich je anderswo sah, kommt dem gleich. Jede Leibwache scharte sich um ihren Herrn und war, je nach dessen Reichtum, mehr oder weniger verschwenderisch ausgestattet. Stolz und unbeweglich standen die Reiter stundenlang in der Gluthitze von 48 Grad, in gesteppte, bodenlange Gewänder (**60**), Mäntel aus feinstgesponnener weißer Baumwolle (**61**) oder dünne, fließende Djellabahs aus farbiger, Ton in Ton bestickter Baumwolle gehüllt.
Unter den Pferden fiel mir das Staatsroß eines Sultans auf (**62**): ein ziemlich großer Berberhengst, ein Eisenschimmel, der ständig von zwei Männern bedient und von vier Männern für den Sultan gesattelt wurde. Es dauerte jedesmal fast eine Stunde, bis alle die wattierten Unterdecken, die haltenden Teile des Sattels, die gold- und silberbestickten Schabracken und Oberdecken, die kostbar eingelegten, farbig inkrustierten oberen Teile des Sattels angelegt und befestigt waren. Zum Schluß kamen noch weiße und schwarze Schaffelle darüber, und ein silbergeschmücktes Zaumzeug wurde gebracht. Der Oberstallmeister führte das fertig gesattelte Pferd dann persönlich seinem Herrn zu.

60

Das Sattelzeug zeigt türkisch-arabischen Einschlag, ist aber von Stamm zu Stamm unterschiedlich abgewandelt. Auf Bildern und frühen Fotos ist zu sehen, daß noch vor 30 Jahren die Sitte herrschte, Pferd und Reiter in gesteppte und wattierte Schutzpanzer zu hüllen. Worauf diese merkwürdige Sitte zurückgeht, ist nicht ganz geklärt. Persische Miniaturen, römische und byzantinische Bilder aus dem 1. und 2. nachchristlichen Jahrhundert zeigen bereits ähnliche Stoffpanzer. Ob sie mit der numidischen Reiterei der Römer nach Mittelafrika gelangten oder ob sie nach den Kreuzzügen, als vielleicht Handelskarawanen erbeutete Panzer dieser Art mitbrachten, hierher kamen, ist nicht geklärt. Dagegen ist sicher, daß die nur schmückenden Silberstreifen an den Kopfstücken (**63**) und die Brustplatten der Zierharnische aus silbernen Maria-Theresien-Talern geschmiedet werden. Bis vor kurzem wurde diese Währung noch für einige afrikanische Staaten eigens in der Wiener Münze geprägt. Ich sah einen Schmied bei der Arbeit. Tagelang hämmerte er geduldig einen runden Taler zu einem dünnen, langen Silberstreifen zurecht und begann diesen dann mit verschiedenen Mustern zu verzieren.
Andere Gruppen hatten ihren Pferden in Fülle dicke rote, grüne und schwarze Wolltroddeln an Kopfstücke und Sättel gebunden; galoppierten die Reiter bei den Begrüßungszeremonien um ihren Fürsten herum, wogten und flatterten die langen, leichten Wollgebilde wild und fröhlich vor dem Blau des Himmels. – Das meistbenutzte Mundstück ist die Ringkandare, deren eine Hälfte – mit hoher, meist eckiger Zungenfreiheit – als Gebiß im Maul liegt, während die andere anstelle einer Kinnkette außen um den Unterkiefer herumführt.
Aus bunten Wolltroddeln ist auch die traditionelle »Schürze« gearbeitet, die den Araber aus dem Gestüt des Königs von Marokko ziert (**68**). Der Schmuck, den diese Pferde so überreich tragen, ist dennoch nicht mehr als ein kümmerlicher Überrest früherer Zeiten. Das Bedürfnis, ihre Pferde und sich selbst zu schmücken, begleitete die Reiter durch Jahrtausende. Die Kostbarkeit des Schmuckes zeugte von Reichtum und Bedeutung des Besitzers und erhöhte wieder einmal sein Selbstgefühl! Absolute Höhepunkte wurden jeweils erreicht, wenn große Staaten auf der Höhe ihrer Macht anlangten – überaus feingearbeiteter, deliziöser Schmuck ist auf frühen medischen und persischen Bildern zu erkennen; phantasiereich statteten auch manche Europäer ihre Pferde aus, wobei sich freilich der Farben- und Formenreichtum stets im Umkreis des Militärs kundtat. Insgesamt war – mit Ausnahme des Barock – das Prunkbedürfnis im Orient größer als im Okzident. Die Überfülle an Gold und Edelsteinen, an Lederintarsien und Stickereien, an Troddeln, Glöckchen, Fransen, an mehrfach übereinandergelegten Schabracken und perlenbestickten, muschelgeschmückten Zaumzeugen, wie man sie etwa in den Museen der Türkei oder Persiens findet, hat nirgends sonst ihresgleichen.
Ein Teil dessen, was da flatterte und klingelte, diente in heißen Ländern sicherlich auch dazu, die unzähligen Fliegen und Insekten zu verscheuchen, die nicht nur das Pferd, sondern auch den Reiter plagten.

61 ▶
Empfang eines Staatspräsidenten im Tschad: 74 Sultane, Lamidos und Emire sind mit 1600 Reitern gekommen – im letzten Drittel des 20. Jahrhunderts ... Der Leibwächter steht bei 45 Grad Hitze einen Tag lang nahezu unbeweglich da, mittelalterlich gewandet, auf prächtig geschmücktem Pferd. 40 solcher Reiter begleiteten seinen Herrn, der 17 Tage lang geritten war, um in Fort Lamy, der Landeshauptstadt, einen modernen Potentaten – am Flughafen zu begrüßen ...

Linke Seite:

62	63
64	65

Rechte Seite:

66	67
68	

Das trifft auch auf die Verzierungen an ungarischen Geschirren zu, die aus Leder und Metall ungemein feinfühlig und kunstvoll gefertigten *Schalanken* (**66**). Sie hängen schlank und bei geschwinder Fahrt in wippender Bewegung vom Geschirr herunter: dreifach vom Kopfstück (**105**) und breit von der Mitte des Leibes. Anders als die unbekümmerten Fulani (**64**) sorgen die ungarischen Kutscher freilich dafür, daß den Pferden nicht die Sicht genommen wird. Schalanken gehören zu dem wenigen Zierat, der bis heute im europäischen Kernraum in Gebrauch geblieben ist.

Zwar fand ich eine Überfülle schmückenden Beiwerks in Andalusien – aber ist dieser südlichste Zipfel Spaniens zu Europas Mitte zu rechnen? Die Andalusier betonen stets ihre Hinneigung zum nördlichen Afrika, und afrikanisch-berberisch mutet die Zier der Pferde an (**67**). Die Sonne funkelt auf talergroßen Messingbeschlägen; Wolltroddeln in den leuchtendsten Farben nicken vom Geschirr und heben sich heiter vom Weiß der Schimmel ab. Um den Hals und über der Kruppe bimmeln Schellen bei jedem Schritt. Die Wagen sind passend dazu lackiert, Kutscher und Lakaien tragen farblich abgestimmte Livreen. – In Malaga stecken die Kutscher der Droschken, die stundenlang in der Sonne stehen, kleine Sonnenschirme ins Genickstück des Zaums.

In der Neuen Welt ist der Sattel Mittelpunkt festlichen Schmuckes: ein schwerer, auf Holz gearbeiteter Hirtensattel, dessen Urform mit den Spaniern nach Amerika kam. Ausgeformt wurde er in Mexiko, das auch die typische, überreiche Verzierung mit eingestanzten oder gepreßten Lederornamenten hinzufügte. Im 19. Jahrhundert, in dem die bis heute intensiv nachwirkende Cowboy-Kultur entstand, war der Sattel für den Besitzer höchstes und wichtigstes Gut. Der Cowboy, der sich in der Saison zur Arbeit mit den Rindern oder zum Einreiten wilder Pferde verdingte, war ein wandernder Einzelgänger. Wie sollte der neue Boß wissen, ob er etwas taugte? Ein Blick auf den Sattel, den jeder Cowboy stets mitnahm, verriet ihm viel: Einen wertvollen Sattel konnte sich nur leisten, wer viel verdiente; wer gut verdiente, hatte anderswo gut gearbei-

tet – es lohnte also, ihn anzunehmen. Ein Pferd besaßen die meisten Cowboys nicht. Für die riesigen Entfernungen, die sie auf der Suche nach saisonaler Arbeit zurücklegten, war es nur hinderlich; wo sie arbeiteten, gab es Pferde genug. – Was einst des Cowboys Stolz war, ist nun der Stolz des Freizeit-Westernreiters. Und da er mehr Geld hat, als jener jemals hatte, sind die Sättel vor allem in den USA inzwischen Gegenstand wetteifernden Prunkes geworden, schwer von silbernen Ornamenten, versehen mit silbernen Bügeln und Beschlägen, oft um ein vielfaches mehr wert als das Pferd, das sie trägt.
Delikatesse wird bei den Kopfstücken gezeigt (**69**). Sie bestehen meist nur aus silberbeschwerten Backenstücken ohne Stirnband und Kehlriemen, aber mit langen, silberschweren Zügeln. Der Anzug des Reiters ist ins Festliche abgewandelte Cowboy-Bekleidung, bei der die teuren Hosen, Blusen, Lederchaps und die breitrandigen Hüte auf das heiterste nuancenreich aufeinander abgestimmt sind. Der Anblick einer typischen Schau in Kalifornien etwa bietet ein überaus farbenfrohes, aber nie grelles Bild.
In Kostüme eigener Art hüllen sich und ihr Pferd die japanischen Bogenschützen (**65**): Blauviolett ist das Gewand des mittelalterlichen *Samurai*, des Ritters, feine rote Fransen zieren das Pferd, goldlackiert sind der überlange, schlanke Bogen und die langen Pfeile – nach allen Seiten ausladende, blitzende Strahlen, ausgehend von der Mitte von Pferd und Reiter. *Yabusame*, Bogenschießen zu Pferd, ist eine rituelle, geistig inspirierte Handlung (**153-155**); dadurch, daß der Reiter ein Kostüm aus großer Vergangenheit wählt, entrückt er sich und sein Tun der Gegenwart, nimmt es vom Persönlichen zurück ins Überpersönliche, bindet sich ein in die bedeutende Geschichte, verbindet sich dem Geist ritterlicher Samurai.

Jagdreiten

Ein Sport wurde erst später aus dem Jagdreiten – früher und länger war es zum Überleben notwendig. Der Urmensch jagte Tiere, um mit ihrem Fleisch seinen Hunger zu stillen, sich zum Schutz vor Kälte in ihr Fell zu wickeln. Er jagte zu Fuß. Irgendwann gesellte der Hund sich ihm zu; dann zähmte er das Pferd. Wann aus dieser Dreiheit jene Einheit wurde, die nutzbringender und schneller jagte, wissen wir wieder einmal nicht. Auf den schon erwähnten frühesten Abbildungen der Hochkulturen Vorderasiens finden wir Jäger zu Fuß und zu Pferd, mit und ohne Hund.
Marco Polo (1254-1324) schildert riesige Jagdunternehmungen am Hofe Kublai Chans, wie sie seit unvordenklichen Zeiten in der Steppe abgehalten wurden. Hunderte von Jägern, Tausende von Treibern wirkten mit, und sie dauerten mehrere Wochen. Sie wurden veranstaltet, um die Stämme mit ausreichenden Fleischvorräten zu versorgen, Gäste und Freunde angemessen zu unterhalten und die jungen Leute in Disziplin und dem Gebrauch der Waffen zu üben. Jagd war also Nahrungsbeschaffung, Fest und Manöver in einem. »Als besonders gute Übung für den Krieg« sieht auch Xenophon (444-354 v. Chr.) das Jagdreiten an und widmet ihm in seinem Buch »Von der Reitkunst«, der ersten auf uns gekommenen Reitlehre der Welt, ein Kapitel. Auf einer sassanidischen Silberschale ist ein anderer Aspekt der Jagd dargestellt: König Shapur II. (308-379), auf sattellosem, hochgeschmücktem Pferd galoppierend, wendet sich zurück und schießt aus solch schwieriger Position rückwärts den Pfeil auf einen Löwen ab. Roß und Reiter ermöglichen hier die heroische Lebensform – im Sieg über das mächtigste Tier erwies sich die Macht des Fürsten! Nur der König durfte den Löwen jagen; das Pferd war ihm dabei innig verbundener Jagdgenosse, von wahrhaft »königlichem« Mut in der Überwindung der Urangst des Fluchttieres vor dem Raubtier.
Die Jagd zu Pferde diente also vielen Zwecken; bis sie endlich nur Sport wurde, war sie eng in die Lebensbedürfnisse und -anschauungen der sich wandelnden Zeiten eingebunden. Die Indianer der Prärien jagten ausschließlich Fleisch für den Winter, Büffelfleisch meist – die simpelste Form der Jagd. Ritter und Adel des Mittelalters waren verpflichtet, Wildschweine, Hirsche und Rehe, die sich in den damals ja noch viel ausgedehnteren Wäldern stark vermehrten, zu jagen, um die Ländereien ihrer Bauern und Pächter vor Wildschaden zu bewahren. Das kümmerte in den absolutistischen Zeiten des Barock niemanden: Es war Vorrecht der Höfe und des hohen Adels, zu ihrem Vergnügen jagdbarem Wild auch querbeet durch bestellte Felder zu folgen.
Aus jener Hoch-Zeit dieses Vergnügens sind uns viele Bilder erhalten, die von der Lust der Jagd erzählen, Lust an der Bewegung im Wechsel der Gangarten, im Wechsel der Jahreszeiten mit Sonne, Wind und Regen, Lust an der Verfolgung eines Tieres in der noch recht »wilden« Natur, im herben Ruch von Erde und Laub: Jagd als Gipfelpunkt sinnlichen Erlebens. Irgendwo spüren die Hunde einen Hirsch auf. In hohen Fluchten setzt er über Gräben, Hecken, gestürzte Bäume, bricht prasselnd ins Dickicht ein, wirft sich in Fluß und See, um sich schwimmend zu retten. Die Meute aber läßt nicht ab von ihm, und ihr folgen fiebernd, ungeachtet irgendwelcher Hindernisse, Roß und Reiter. Ist der Hirsch schneller, sind seine Verfolger vielleicht gewitzter – atemloses Spiel mit der Gefahr, zumal in jenen wilden Wäldern. Oft kam der Reiter mit zerfetzten Kleidern heim, nicht selten auf der Bahre, meist aber erfüllt von jenem Hochgefühl, das wir nun schon kennen: erhöhtem Selbstgefühl!
Einem römischen Offizier aus Kappadozien gelang es dem Vernehmen nach sogar, vom Pferd herab einen echten Drachen zu töten! Als St. Georg wurde er, der 303 den Märtyrertod starb, dafür Patron der Reiter und der Pferde.
Und dann schwand für die Hatz zu Pferde ein praktischer Grund nach dem anderen: Die Drachen waren ausgestorben, Fleisch wurde auf der Weide und im Stall produziert, Kriege übte man auf dem Exerzierplatz. In England – immer einer Hochburg der Jagd zu Pferde – waren schon Mitte des 17. Jahrhunderts weite Landstriche so stark entwaldet, daß sich das Hochwild langsam in die wilderen Berglande zurückzog, wo es zu Pferd kaum gejagt werden konnte. Auf dem Kontinent waren Hirsche, Rehe und Wildschweine vielerorts gegen Ende des 18. Jahrhunderts durch das hemmungslose Jagen der Feudalzeit so stark dezimiert worden, daß keine Jagd mehr möglich war. Man suchte anderes Wild. Geblieben war überall – der Fuchs. Im Mittelalter galt er als widerlicher Schädling, den man nur in seinem Bau erschlug oder mit Feuer ausräucherte; nun entdeckte man ihn als schlauen Partner, dessen Verfolgung nicht zuletzt deshalb Spaß machte, weil er den Hunden so oft ein Schnippchen schlug und entkam ...
Zudem, was bewirken schon fehlende praktische Beweggründe? Längst mochte der zunehmend verstädternde Mensch die Hetze an sich nicht mehr missen, den Aufenthalt im Freien, die Freude am eigenen Wagemut. Fuchs und selbst Hase waren ihm da recht, und wo es auch diese nicht gab, fand man Ersatz für sie – jagte in Teilen der USA Kojoten, in Indien Schakale, in Australien Känguruhs.
Was den Fuchs zunächst an Reiz hinter dem Hirsch zurückstehen ließ, wurde bald auf andere Weise mehr als ausgeglichen. Die Besitzverhältnisse in der Landwirtschaft änderten sich; England zum Beispiel wurde im 18. Jahrhundert von einem offenen zu einem stark umzäunten Land. Wer dem Fuchs folgen wollte, mußte nun eine ständig wachsende Zahl von Hecken, Zäunen, Wällen und Gräben überspringen – die von jedem praktischen Zweck entblößte Jagd wurde zum spannendsten aller Spiele zu Pferd! In Großbritannien wurde sie zum Nationalsport, den alle

◄ **70, 71**

72

Landedelleute in Gemeinschaft mit der Geistlichkeit, den Handwerkern und den dörflichen Honoratioren leidenschaftlich betrieben. Es ist bis heute das klassische Land des Jagdreitens geblieben; auch heute noch werden Hunderte von Meuten gehalten.

Als das absolute Paradies für Jagdreiter aber gilt ein ehemaliger Teil Großbritanniens, der inzwischen ein eigener Staat geworden ist: Irland (**70-75**).

Feudale Tradition hat der Sport hier nicht, er erwächst aus einer tief verwurzelten Neigung zum Pferd. Den Iren aller Schichten liegt das Pferd »im Blut« – überdies wachsen Pferde im milden Klima des Golfstroms, auf den kalkhaltigen Böden der »Grünen Insel« besser als sonst irgendwo. Und Irland war jahrhundertelang eines der ärmsten Länder Europas. Während anderswo die industrielle Explosion seit der Mitte des 19. Jahrhunderts die Landschaft mit einem immer dichteren Netz von Kanälen, Straßen und Eisenbahnschienen überzog und den einst unbegrenzten Raum für die Reitjagd mehr und mehr einengte, während überall Autos, Lastwagen und Traktoren das Pferd verdrängten, blieben in Irland ganze Landstriche von dieser Entwicklung unberührt, arbeitete der Bauer mit einheimischen schweren Pferden, war die Zucht von *Huntern*, Jagdpferden, ein gutes Geschäft – zumal dann, wenn sie auch noch fertig für die Jagd zugeritten waren. Jagdreiten war also ein Teil der Ökonomie der Insel – und daß es allen Beteiligten unbändigen Spaß machte, schadete dem ja nicht. Ressentiments gegen das Jagdreiten gibt es in Irland infolgedessen nicht – auf der Jagd trafen und treffen sich Züchter und Pferdeknecht, Bauer und Baron, Anwalt und Fischhändler, Reiter aus den Dörfern und den Städten. Wer immer ein Pferd besitzt, das den Hunden zu folgen vermag, und wer sich selbst dabei im Sattel halten kann, ist willkommen. Zur irischen Fuchsjagd aber braucht man ein Pferd, das mit den Eigentümlichkeiten der schwersten Jagden der Welt von Jugend an vertraut ist. Ein Kind auf einem *Connemara*-Pony sagte mir einmal: »Du brauchst keine Angst zu haben, die Ponys kennen die Mauern – du mußt nur oben bleiben.«

Der klassische irische Hunter (**72**) bildet keine eigene Rasse, sondern entsteht immer wieder neu durch zwei Kreuzungen. Wichtigster Bestandteil der ersten sind die schweren *Irish Draught*-Stuten (**71**): Sie, die alle Arbeit auf dem Acker und vor dem Wagen tun, sind – wer sähe es ihnen an? – von Natur aus ungemein springfreudig. Gepaart mit einem tiefen, kompakten, auf der Bahn bewährten, kerngesunden *Vollblüter* (**70**) bringen sie den in aller Welt begehrten Schwergewichts-Hunter: gelassen im Temperament, mit mächtiger, raumgreifender Galoppade, über den Sprüngen eine Lebensversicherung – das Pferd für jene Liebhaber des Jagdreitens, die, an Jahren fortgeschritten, keine Leichtgewichte im Sattel mehr sind. (Und denen die Jahre die Börse füllten, in die sie beim Kauf tief greifen müssen.) Stuten aus dieser ersten Kreuzung werden wieder einem Vollblüter zugeführt und produzieren dann den nicht minder begehrten leichteren Hunter. Unbedingt zu erwähnen sind noch die Connemara-Ponys, die – bis 148 cm hoch – über alle Hindernisse stramm mithalten.

Diese Pferde und Ponys wachsen hauptsächlich im Westteil der Insel auf, und hier geben sie auf der Jagd ihr Bestes, hier kennen sie, seit sie als Fohlen hinter der Mutter aus der Weide sprangen, weil das Gras nebenan grüner aussah, jede Mauer, jeden Boden. Der Westen ist arm; seine Böden sind steinig oder sumpfig, zu hart oder zu weich. Hervorstechendste Eigenart dieser Gebiete ist, daß sie von Tausenden von Steinwällen durchzogen sind. Seit Menschengedenken schichten die Bauern die Steine, die überreichlich aus dem Boden kommen, rund um die kleinen

74

75 ►

Äcker zu Mauern auf. Während des Sommerhalbjahres langweilen sich die Jagdreiter; sie schicken die Pferde zur Erholung aufs Gras; erst wenn die Ernte eingebracht ist und die Felder frei sind, geht für sie der Spaß wieder los. Von Oktober bis April wird nun hinter den Hunden geritten, zwei- bis dreimal wöchentlich. Aus den mauerumwehrten Äckern und Wiesen sind dann gigantische Sprunggärten geworden; einmal im Gewirr der Mauern muß man weiterspringen – kein Weg führt um diese

◄ 73

Stelldichein im Hof der Burg von Bunratty. Das Gebäude aus dem 15. Jahrhundert bildet einen malerischen Hintergrund für die Versammlung typisch irischer Jagdreiter: Hier ist jeder, der ein Pferd hat, das hinter den Hunden mithalten kann, willkommen.
Die schweren Pferde gab es sicher schon, als hier noch Ritter wohnten, und sicher haben sie auch ihre damaligen Herren hinausgetragen zur Jagd auf Hase und Hirsch. Breitbrüstig und gelassen stehen die Töchter und Söhne der Bauernstuten da, mit grobem Kopf und kernigen Beinen. Doch wer da an Phlegma denkt, täuscht sich: Sie gehören zu den zuverlässigsten und springfreudigsten Jagdpferden der Welt. Und die sichersten sind sie obendrein noch.

Hindernisse herum. In Irland springt man, oder man bleibt zu Hause. »Weniger als 200 Sprünge am Nachmittag«, meinte fröhlich Frank McGary, Master (Jagdleiter) einer Hasenmeute, »das ist eine verfehlte Jagd.« Bei uns sind's 15 bis höchstens 30 ...
Aber nicht nur viele Hindernisse sollen es sein – sie müssen ein gewisses Maß an Überraschung bergen, es muß eine Spur Salz in der Suppe sein. Wieviel? Frank McGary wußte nur, wann es selbst ihm für eine Weile *zuviel* gewesen war: als er nämlich, zu Gast in fremdem Gelände, hingerissen hinter den Hunden eine Steilklippe am Meer hochgaloppierte, die Rufe rundum nicht verstehend, und am schroff abfallenden Rand nicht mehr stoppen konnte und hinuntersprang und erst im Sprunge sah, daß unten ein Haus stand, in dessen Wohnzimmer er – nicht ganz heil – mitsamt seinem Pferd landete.
Ich erzähle es, weil es typisch ist. Ein richtiger Ire springt zunächst mal und kennt den Sprung dann hinterher erst. Eine Jagd beobachtend, wollte ich abkürzen und geriet in einen schmalen, tiefen Hohlweg zwischen buschbestandenen Wällen – und blieb wie angefroren stehen, als plötzlich das ganze Feld, durch die Büsche krachend, über meinem Kopf von Wall zu Wall sprang, mich mit Erdklumpen eindeckend! Und mit dem Metermaß habe ich folgende Kombination gemessen: schräg eine

Wiese hinab, über 1,20 m Drahtzaun auf eine Asphaltstraße, jenseits gleich über eine 1 m hohe, 60 cm breite Steinmauer und 3,45 m in die Tiefe hinunter, wo ein Stacheldraht übersprungen werden mußte ... Aber auch wenn es nicht ganz so dramatisch ist, reicht es. Da galoppiert man nichtsahnend auf eine Mauer von 1 m zu – und merkt erst im Sprung, daß sich auf der anderen Seite die Steine einer früheren, längst zerfallenen Mauer 2 m weit hinziehen, von Brombeeren überwachsen. Oder man springt in der Dämmerung eines Wintertages über gar nichts – und merkt erst, wenn die Hufe den Asphalt einer Straße berühren, daß da wohl ein Drahtzaun war – völlig unsichtbar.
In diesem Gelände werden hauptsächlich Hasen gejagt. *Harriers*, kleine Hasenhunde, jagen sie *auf der Fährte*, nach dem Geruch also, der in der Luft liegt. Und da es sehr viele Hasen gibt und die Fährten sich kreuzen und die Hunde blitzschnell entscheiden, welcher sie folgen wollen, werfen auch die Pferde sich unvermutet herum und springen rechts über eine Mauer, wenn der Reiter sich auf einen Sprung geradeaus eingerichtet hatte. Übrigens habe ich keinen Iren getroffen, den es kümmerte, wenn die Hunde keinen einzigen Hasen fingen. Nicht der *kill* ist ihnen wichtig, sondern die Fährte, die die Hunde kreuz und quer durchs Gelände führt, Pferden und Reitern voran.
Sehr schnell wird hier nicht geritten; manchmal kommt man sich, im Sattel eines solchen zuverlässigen Kolosses springend, vor wie in einem Aufzug: Sie galoppieren dicht ans Hindernis heran, heben sich wuchtig in die Höhe, segeln geradeaus und landen fast auf allen vieren. Keines unserer Bilder zeigt eine typische Jagd dieser Art; es ist für den Fotografen schwierig, dem Feld zu folgen, wenn hinter lebendem Wild – dessen Lauf ja nicht vorauszuberechnen ist – gejagt wird.
Und auch die für den Osten Irlands typische, ganz andere Art der Jagd ist leider im Bild nicht belegt. Hier erstrecken sich endlos die Weiden, auf denen die berühmten irischen *Vollblüter* groß werden. Sie sind nicht steinig; als Begrenzung zog man Gräben um Wiesen und Felder, sehr breite, sehr tiefe Gräben, und schichtete den Aushub jenseits zum Wall auf. Überall sieht man die schauerlichen Wassergräben mit den hohen Wällen dahinter, auf deren Grat mittlerweile Büsche und Bäume wachsen. Der Nachbar auf der anderen Seite machte manchmal dasselbe, hob auf seiner Seite den Graben aus und stockte den Wall mit Erde auf. So müssen im Jagdfeld die Pferde oft einen breiten Graben springen, auf dem Wall zu landen versuchen, wo gerade kein Baum steht, und sofort wieder abspringen, um den Graben dahinter zu bewältigen. Dazu sind schnelle Pferde mit viel Herz notwendig; hier ist der Vollbluter das Pferd der Jagd.

Ob Ost oder West – um irisches (und englisches) Jagdreiten so richtig zu würdigen, bedenke man stets, daß es ein Winterspaß ist, daß über nasse, tiefe oder gefrorene Böden geritten wird, im Nieselregen, im eiskalten Wind. Die Aufgabe des Hunters (vom Reiter reden wir nicht, der ist's ja selber schuld) ist wahrscheinlich die härteste aller jener Pferde, die nur dem Vergnügen ihrer Besitzer dienen. Viele Reiter haben keinen Pferdetransporter; so verläßt der Hunter wie eh und je in der Morgendämmerung seinen Stall, um erst einmal 30 oder 40 km zum Stelldichein zu marschieren; anschließend absolviert er bei der Jagd ein paar hundert Sprünge der geschilderten Art und nimmt, wenn es dunkel wird, den Heimweg wieder unter die Hufe. Knochen und Gelenke dieser wunderbaren Pferde sind von allerhöchster Qualität; sie haben viel Luft und größte Ausdauer. Aber genugt das allein, um solche Leistungen zu vollbringen und dabei gesund alt zu werden?
Denn sie bleiben gesund und werden alt – ganz im Gegensatz zu so vielen überforderten Spezialisten rein sportlicher Disziplinen. Sieht man genauer hin, so findet man viele Übereinstimmungen mit dem Leben der Cowboy- und Hirtenpferde. Sie werden von Fohlenbeinen an auf ihre Aufgabe vorbereitet, spielerisch zuerst, dann wohlüberlegt; sie kennen sich im Gelände genau aus; sie tun viele Monate im Jahr und viele Jahre lang hintereinander immer wieder dasselbe; und – das ist sehr wichtig – die Reiter betrachten sie als Mitarbeiter und überlassen ihnen, wie die Hirten es tun, im entscheidenden Moment die Initiative: Das Pferd bestimmt den Absprung, der Reiter stört es dabei nicht. Überflüssige Spannungen werden so vermieden. Überdies sind die Iren von Herzen rechte Pferdeleute – wird es dem Pferd einmal zuviel, so reiten sie einfach heim.

Dies unterscheidet alle echten Jagden vom Wettkampfsport: Man muß nicht auf Biegen oder Brechen siegen, muß schon gar nicht immer neue Rekorde aufstellen, immer mehr aus dem Pferd herausholen – es gibt keine Sieger und keine Besiegten, und infolgedessen gibt es auch keinen aufreibenden, frustrierenden Ehrgeiz und keine früh verschlissenen Pferde. Jung und alt, arm und reich reiten gemeinsam hinter den Hunden, und einen Unterschied nach Geschlechtern gibt es auch nicht. Jagdreiten ist ein Gruppensport, der ein Höchstmaß an Fairneß verlangt, damit keine Unfälle passieren. Seine Bräuche sind strikt, aber einleuchtend; sie erwuchsen aus dem, was notwendig war, um ein flüchtendes Tier durch unbekanntes Gelände zu jagen, dabei die Hunde nicht zu behindern, Abstand zu Master und Pikören (Jagdhelfern) zu halten und einander nicht in die Quere zu kommen. Geschwindigkeit, Richtung und Art der Hindernisse sind nicht vorauszusehen, wenn lebendes Wild verfolgt wird; jeder, der mitmacht, muß auch mitdenken. In England, Irland und den USA wird während fünf bis sechs Monaten Jagd geritten: Pferd und Reiter haben Zeit und Gelegenheit, zu lernen und ihre Leistungen allmählich zu steigern.

Das ist in vielen Ländern anders. In Deutschland, in der Schweiz und in Österreich (unter anderem) ist es verboten, hinter lebendem Wild zu jagen. Der höchste der erlaubten Genüsse ist die *Schleppjagd*. Dabei wird im voraus eine Strecke von zehn bis 30 km festgelegt und mit einer Anzahl von Hindernissen versehen, die auch umritten werden können. Ein Vorausreitender läßt eine scharf riechende Flüssigkeit, auf die die Hunde trainiert sind, aus einem Kanister zu Boden tropfen; früher *schleppte* er einen befeuchteten Wergball hinter sich her. Auf diese *Schleppe* also werden die Hunde angesetzt, denen die Reiter folgen. Das ist zwar nicht das Erlebnis der »richtigen« Jagd, aber dafür unblutig und immer noch ein herrlicher Spaß, wenn die Hunde fährtensicher sind und die Strecke durch schöne Herbstlandschaften führt (**76, 77**).
Abgesehen von den Gesichtspunkten des Tierschutzes, die das Jagen und Töten von Fuchs und Hase abscheulich erscheinen lassen, wären freie Jagden bei der dichten Besiedelung, dem dichten Verkehrsnetz des Kontinents kaum noch möglich. Selbst Schleppjagden sind eine Rarität.
Die meisten Herbstjagden werden hier hinter dem »Fuchs« geritten, den ein Reiter mit umgehängtem Fuchsschwanz verkörpert. Und nur wenige Jagden finden pro Jahr und Verein statt – die meisten vor Weihnachten. Unsere Pferde, die meist ganzjährig im weichen Stroh der Box stehen und im weichen Boden der Halle gehen, sind kaum noch für den anstrengenden Lauf und Sprung über gefrorenen Grund in eisigem Winterwetter geeignet.
Jegliche Jagd aber wird nach strengen Regeln und Bräuchen durchgeführt, die im Laufe der Jahrhunderte Tradition geworden sind. Kein anderer Sport mit Pferden kann auf eine so lange und konsequente Entwicklung zurücksehen. Dieses Gefühl jahrhundertelanger Kontinuität möchte – zu Recht – jeder Jagdreiter von heute mitgenießen. Regeln und Fachsprache sind vermischt französisch-britischer Herkunft und zum Teil eingedeutscht: zum Beispiel *Master* = Jagdleiter, *Pikör* = Jagdhelfer. Die Hunde, die dem Reiter das exquisite Vergnügen bereiten, vor ihm der Fährte zu folgen, damit er wiederum hinter ihnen reiten kann, heißen *Hounds* (Foxhounds = Fuchshunde, Staghounds = Hirschhunde). Sie laufen nicht im Rudel, sondern als Meute oder im *Pack*. Ihre Zahl wird nicht nach Köpfen angegeben, sondern nach *Koppeln*, von denen jede zwei Hunde zählt: Bei der Ausbildung werden per Halsband jeweils ein Anlernling und ein erfahrener Kollege aneinandergekoppelt. Haben sie die Fährte gefunden und bleiben sie *auf der Fährte liegen*, so geben sie charakteristische helle Hetzlaute von sich, die *Geläut* genannt werden. Das erste Aufklingen des Geläuts versetzt – hinter lebendem Wild – erfahrene Jagdpferde unverzüglich in Galopp: Sie wissen, daß es nun weitergeht! Denn eine solche Jagd besteht natürlich nicht nur aus fröhlichem Galopp und Sprung, sondern auch aus langem Warten, wenn den Hunden ein Fuchs entkommen ist oder sie die Fährte verloren haben und sie nun suchen, ihn aus seinem Versteck aufjagen oder eine neue Fährte finden müssen (oder auch keine finden, worauf für diesen Tag die Jagd dann aus ist).

79 ►

Die heutigen Hunde sind Mischungen sehr verschiedener Rassen, außer den erwähnten Fuchs- und Hirschhunden werden hauptsächlich Hasenhunde verwendet: *Beagles* oder *Harriers*. Sie alle jagen der Nase nach, also auf der Fährte, und gehören zur großen Familie der zwei- und dreifarbigen Bracken.
In Ländern mit sehr übersichtlichem Gelände – in Wüsten und Steppen also – wird auch auf Sicht gejagt: *Barsois* und *Afghanen* etwa jagen das Wild, das sie *sehen*; sie gehören zur Großfamilie der Windhunde.
Alte Tradition und sinnvolle Bedeutung hat auch der geliebte *rote Rock* des Jagdreiters, der seine eigentliche Weihe und den höchsten Wert erst hat, wenn Regen und Wintersonne vieler Jagdsaisons ihn zu einem rosavioletten Ton ausgebleicht haben. Man trug ihn früher, damit Reiter, die sich in unwirtlichem Gelände verirrten oder gar nach einem Sturz verletzt im Unterholz lagen, leichter gefunden werden konnten: Die leuchtend rote Farbe war schon von weitem zu sehen.
Mit den Signalen, auf dem Jagdhorn geblasen, die heute Höhepunkte einer jeden Jagd sind, machten sich früher die Reiter bemerkbar, wenn sie sich hinter dem Wild weit verstreut hatten, überdies wurden die Phasen der Jagd angezeigt, wie auch heute noch. Zum Sammeln etwa wird *Wekken der Jagdreiter* geblasen, ihm folgt das Signal *Aufsitzen*, dann *Aufbruch zur Jagd. Hirsch tot* und *Sau tot* verkünden heute ganz allgemein das nahende Ende der Jagd; am bekanntesten ist das *Halali*, mit dem die Reiter beim Eintreffen am Schluß der Jagd begrüßt werden.
Um die Jahrhundertwende war auch auf dem Kontinent die Jagd hinter lebendem Wild noch erlaubt, Jagdzeit war Höhepunkt des Reiterjahres; sie riß selbst soldatisch-nüchterne Offiziere zu hymnischen Gesängen hin:
Und wenn du alle Kunst der Dressur beherrschst,
Und wenn du ein Meister wärest der Hohen Schule,
Und wenn du alle reiterliche Weisheit der Erdenvölker
In deinem Hirn gespeichert hättest und hättest nie
Nach heißem, kühnem Jagdritt den grünen Bruch empfangen,
Dann wäre deine ganze Weisheit eitel Stückwerk! (Graf Wrangel)

In engem Zusammenhang mit dem Jagdreiten entwickelte sich in England eine spezielle Form des Rennens: die *Steeplechase* (**78**).
Nach fünf Monaten intensiven Jagdreitens waren die Pferde so fit, daß es einfach schade war, sie gleich in die Sommerferien zu schicken. Ihre Muskeln waren hart und prall, die Beine eisern, an Ausdauer und Härte waren sie nicht zu übertreffen, und die Reiter waren ebenfalls in Topform. Was tun? Irgend jemand kam auf die Idee, nach Monaten des Miteinander-Laufens die Pferde nun gegeneinander laufen zu lassen, eine Jagd als Rennen zu veranstalten: querbeet auf ein gut sichtbares Ziel zu. Das sichtbarste Zeichen aber im ländlichen Raum jener Zeit waren die Kirchtürme, und so ritt man von einem jeweils bestimmten Punkt aus auf einen Kirchturm in der Ferne zu – ritt halsbrecherisch über Stock und Stein und riskierte Kopf und Kragen, um als erster da zu sein. Der Kirchturm heißt auf englisch *steeple*, und *chase* heißt jagen. Steeplechase aber heißt, was heutzutage ohne Kirchturm draus geworden ist: ein Rennen auf vorgezeichneter Bahn über schwere Hindernisse.
Immer noch werden am Ende der Saison in England, Irland und den USA eigene Jagdrennen für Reiter veranstaltet, die Amateure sind und eine bestimmte Zahl von Jagden hinter registrierten Meuten ritten; die Steeplechase aber, die unser Bild zeigt, ist eine risikoreiche eigene Disziplin geworden.
Schwerste und bekannteste Steeplechase der Welt ist die *Grand National Steeplechase* in Liverpool, sie wird seit 1839 auf der Rennbahn von Aintree gelaufen, führt über 7200 m mit 30 mörderischen Sprüngen. Ein paar herausgegriffene Zahlen belegen die Schwierigkeit: 1962 starteten 35 Pferde, von denen 14 das Ziel erreichten; 1946 kamen von 34 Teilnehmern nur sechs durchs Ziel, 1928 gingen 42 Pferde auf die Reise – eines kam heil und mit seinem Reiter im Sattel an! Eine Untersuchung der Sieger der Grand National hat – und damit sind wir wieder beim Ausgangspunkt – ergeben, daß alle, die siegreich durchs Ziel gingen, irgendwann in ihrem Leben einmal unter Damen im Jagdfeld gegangen sind. Es kommt also auch bei dieser schwersten Disziplin nicht nur auf Schnelligkeit und Springvermögen an, sondern ebensosehr auf Gehorsam und Manieren.

Vielseitigkeitsreiten

Friedrich II. von Preußen (1712-1786) befahl, unter den Waffengattungen die Kavallerie zur schlachtentscheidenden Disziplin auszubauen: Die Kriegstechnik hatte sich geändert, die Reiterregimenter mußten beweglicher werden. Er übertrug die Aufgabe, die völliges Umdenken erforderte, dem Reitergeneral Friedrich Wilhelm v. Seydlitz, einem Genie im Sattel. Drei Eigenschaften galt es beim Pferd voll zu entwickeln:

- Schnelligkeit bei der Attacke, die nun im vollen Lauf der *Karriere* geritten werden sollte;
- wendigen Gehorsam, damit es beim geschlossenen Exerzieren in der Hand des Reiters bleiben und sich beim Nahkampf *auf einem Platz von des Tellers Breite* drehen konnte;
- Geländesicherheit, damit im Notfall Zaun und Graben ohne Zögern überwunden werden konnten.

Aus der Addition dieser Eigenschaften sollte das ideale Kriegspferd entstehen; sie waren noch gültig, als die Kavallerie 200 Jahre später zu existieren aufhörte. An der erfolgreichsten Verwirklichung der Forderungen wurde natürlich ständig weitergearbeitet; es wurden andere Ausbildungsmethoden entwickelt, Dressur- und Springstil geändert, die Ziele höher gesteckt – bis eine *Sportart* entstand, die das Kavalleriepferd überlebte. 1912 wurde die *Military* olympische Disziplin: Teilnahmeberechtigt waren damals nur Offiziere auf Dienstpferden.
Die Vorstellung vom Kriegskameraden Pferd spukte auch dann noch in den Köpfen der Militärs weiter, als das Ende seiner großen Zeit längst in Sicht war. Etwa so stellte man sich die Sache vor:
Nacht und Nebel; in der Ferne grollen die Geschütze; im Regimentskommando klingelt das Feldtelefon: Weit, weit vorn liegende Einheiten müssen gewarnt werden, der Feind hat unerwartet seine Taktik geändert, der Befehl zu Aufbruch und Rückzug auf der einzig noch sicheren Route muß schnellstens überbracht werden! Ein Kraftradfahrer steht schon bereit; mit aufbrüllendem Motor rast er los über zerfetzte Chausseen, aufgewühlte Feldwege – bis er nicht mehr weiter kann. Kein Weg, kein Steg mehr weit und breit ... Und nun schlägt die Stunde des Meldereiters: Mit seinem treuen, verläßlichen, gut geschulten, prächtig konditionierten Pferd bringt er den Befehl nach dort weiter, wohin kein Telefon reicht, kein Motorrad mehr gelangen kann. Reitet quer durch zerschossenes Gelände, überspringt Gräben und Zäune, windet sich beherzt durch gefährliche Engpässe, springt mit seinem mutigen Pferd schließlich in ein Gewässer, das sich dunkel und nicht zu umreiten vor dem Ziel erstreckt. Sein Pferd gehorcht dem Druck seiner Muskeln, dem leisesten Zeichen des Schenkels – es ist dressurmäßig geritten; und es ist furchtlos wie sein Reiter, der nur eins im Sinn hat: durchkommen, den Kameraden helfen! Es überwindet alle Hindernisse – denn es ist im Gelände ausgebildet. Und am anderen Ufer treibt der Reiter das erschöpfte Tier in einen Renngalopp, den es, darin ausgebildet, auch noch übersteht. Die rettende Nachricht wird überbracht – und dann erweist sich, daß schleunigst eine Meldung von der Front zurückbefördert werden muß: Pferd und Reiter bewältigen die Strecke abermals, da sie auf Kondition trainiert sind ...

80 – 87

Das ist keine Erfindung der Phantasie. Ein 1939 erschienenes hippologisches Lexikon stellt tatsächlich noch Telefon, Kradfahrer und Meldereiter in dieser Folge nebeneinander und schließt zackig: »Der Military liegt der Wehrgedanke zugrunde: Meldereiter als Vorbild!«
Heute sind die Briten führend in dem, was wir im deutschsprachigen Raum inzwischen mit dem Wort *Vielseitigkeitsprüfung* bezeichnen: einer Kombination aus Dressur, Rennen, Geländeritt und Springen. Ganz unheroisch und unmilitärisch nennen es die Briten *Three days event* – und genau das ist es auch, vom zeitlichen Ablauf her gesehen: eine Veranstaltung, die sich über drei aufeinanderfolgende Tage erstreckt.
Im Französischen wird sie *Concours complet d'équitation* genannt, und auch das ist sie, vom Inhalt her gesehen: eine Prüfung des kompletten abgerundeten Könnens von Pferd und Reiter.
Schauen wir uns an, was bei einer internationalen schweren Vielseitigkeitsprüfung in drei Tagen an Allround-Können verlangt wird.
Wie bei vielen Sportarten gibt es manche Möglichkeit, durch die Ausschreibung Abwechslung in den Verlauf des Wettkampfes zu bringen. Zwar sind für die einzelnen Schwierigkeitsgrade gewisse Normen aufgestellt, aber sie erlauben das Auswechseln von Lektionen bei der Dressur, unterschiedliche Streckenlängen und individuell aufgebaute *Parcours* oder Linienführungen bei der Springprüfung. So sind im folgenden nur Mittelwerte für schwere und olympische Vielseitigkeitsprüfungen angegeben.

Am 1. Tag
wird auf dem Dressurviereck eine Dressuraufgabe auswendig geritten. Der Schwierigkeitsgrad liegt bei M (s. Seite 83). Es geht darum, zu zeigen, daß das Pferd gehorsam und willig den Hilfen des Reiters folgt, sich mühelos beschleunigen und verlangsamen läßt, stehenbleibt und wieder antritt, taktmäßig und schwungvoll geht und vor allem die Hinterhand kräftig unterschiebt. Das alles dient dazu, die Aufgaben des nächsten Tages zu erleichtern, ja sie erst zu ermöglichen. Nur ein Pferd, das auf seinen Reiter hinhorcht und auf knappste Hilfen unverzüglich reagiert, läßt sich sicher über die komplizierte Querfeldeinstrecke – Herz jeder Vielseitigkeitsprüfung – führen, und nur ein Pferd, das die Schub- und Tragkraft seiner Hinterhand richtig einsetzt, schont bei den gewaltigen und schnellen Auf-, Ab- und Übersprüngen die Sehnen und Muskeln der Vorhand. Es geht also bei dieser Dressur nicht um Dressuraufgaben an sich, sondern um solche, die weiterführen zu den speziellen Aufgaben des nächsten Tages.

Am 2. Tag
geht es ins Gelände. Die Prüfung dieses Tages besteht aus mehreren Einzelphasen. Länge, Zahl und Art der Hindernisse und die verlangten Geschwindigkeiten wechseln von Ausschreibung zu Ausschreibung. Mittlere Werte sind etwa diese:

A) Wegestrecke auf Straßen und Pfaden, im Trab und langsamem Galopp zu reiten. Ca. 7000 m lang.
B) Renngalopp auf der Rennbahn. Ca. 2600-3000 m lang. 8-10 Sprünge, 1 m hoch bzw. 4 m breit.
C) Wegestrecke wie A, ca. 9000 m lang.
D) Querfeldeinstrecke, 5000-7000 m lang, 25-35 feste Hindernisse, bis 1,20 m hoch bzw. 4 m breit.

Auf der ersten Wegestrecke läuft das gut trainierte Pferd sich warm; auf der Rennbahn muß es große Schnelligkeit entwickeln und kann sich – was ein richtig trainiertes Pferd auch tut – auf der zweiten Wegestrecke wieder etwas davon erholen. Danach wird eine kurze Zwangspause eingelegt. Tierärzte und Richter begutachten die Pferde genau; die Ärzte untersuchen auf Erschöpfungszustände, Lahmheit, Druckstellen, Verletzungen und Allgemeinbefinden. Anschließend folgt der schwerste Teil: ein Querfeldeinritt über möglichst kompliziertes, abwechslungsreiches und raffiniert mit bombenfesten Hindernissen versehenes Gelände mit Auf- und Absprüngen, Kletterstellen, Steilhängen und Einsprüngen ins Wasser. Letzteres ist vielen Pferden besonders unangenehm, da für sie ja nicht zu erkennen ist, wie tief das Wasser ist. Unsere Bildfolge (**80-87**) zeigt einen solchen Wassereinsprung bei den Europameisterschaften 1975. Das Paar, Prinzessin Anne und Doublet, wäre beinahe beim Aussprung gescheitert, als das Pferd mit der Hinterhand zurückrutschte und auf der Vorhand einknickte; sehr geschickt helfen beide einander, den Sturz zu verhindern.

Die Querfeldeinstrecke verlangt nicht nur von beiden Partnern Herz, Intelligenz, Entschlußkraft und Geschicklichkeit sowie Gehorsam und Selbstvertrauen vom Pferd und schnelle Kalkulation aller Möglichkeiten (manche Hindernisse können aus verschiedenen Positionen gesprungen werden), sondern auch ein sehr langes, gründliches und sorgfältiges Training. Alle Hindernisse sind fest, und sie sind möglichst kompliziert in die Landschaft eingebaut; die meisten können nur mit viel Schwung angegangen werden; das heißt, wo es besonders kritisch wird, müssen Reiter und Pferd besonders schnell und sicher reagieren (**79, 88**).

Am 3. Tag
findet auf dem Turnierplatz eine Springprüfung mit Hindernissen bis zu 1,20 m statt. Hier soll sich erweisen, ob das Pferd sich von den Anstren-

88

gungen des zweiten Tages erholt und noch genug Reserven hat, um einen Springparcours fehlerfrei zu bewältigen.
Unser Gewährsmann von 1939 faßt in seinem Lexikon den Sinn dieser drei Tage so zusammen:
»In der Dressurprüfung ist die reibungslose Verständigung zwischen Reiter und Pferd darzutun.
Die Gesamtstrecke des zweiten Tages versinnbildlicht im Straßenreiten das fließende Fortkommen – im Gelände das durch größte Schwierigkeiten gehemmte Fortkommen – im Renngalopp die Entwicklung großer Schnelligkeit aus bestimmten Gründen, zum Beispiel unter Einwirkung von feindlichem Feuer.
Der dritte Tag bringt eine Kombinations- und Verfassungsprüfung, in der Reiter und Pferd die in ihnen vorhandenen Kraftreserven erweisen sollen.«
Also ein rein männlich-soldatischer Sport mit militärischer Tradition? 30 Jahre nach dem Krieg, der das Pferd endgültig vom Soldaten befreite, hielten die Spitze in diesem Sport – Damen. Und zwar britische Damen. Führen etwa noch andere als militärische Wege zur Vielseitigkeitsprüfung?
Nun, wem fiele nicht sofort das Jagdreiten ein? Was von den Pferden am zweiten der drei Tage verlangt wird, ist eigentlich eine schwere Jagd: mit langem Anritt zum Stelldichein, langem Heimritt nach der Jagd und dem Überwinden schwierigen Geländes hinter den Hunden. Dazu werden seit Jahrhunderten in Großbritannien die passenden Pferde mit *viel Blut*, das heißt mit eingekreuztem Vollblut, gezüchtet und immer wieder im Jagdfeld auf ihre Gesundheit und Härte getestet; werden von Kindern und von Achtzigjährigen, von Männern und Frauen mit der gleichen Begeisterung geritten. Wie nirgends sonst findet der Vielseitigkeitssport hier natürlichste Voraussetzungen. Überdies haben die Engländer zahlreiche, zur schweren Military hinführende leichtere Ausschreibungen entwickelt, darunter die *One day event* genannte Veranstaltung, bei der an einem Tag ein abgekürztes, leichteres Drei-Tage-Programm geritten wird. Das ist dann in der Tat Jagd plus leichte Dressur. Und eine weitere Möglichkeit, die Pferde, die sonst friedlich miteinander im Jagdfeld gehen, nun gegeneinander zu testen. Auf einer solchen praktischen Gebrauchsebene ist die Vielseitigkeit ein Gewinn für Reiter und Pferd.
Die oft gestellte Frage, wieso denn Damen diesen schweren Sport nicht nur ausüben können, sondern vielfach den Herren darin überlegen sind, ist durch die Verbindung zum Jagdreiten zu beantworten. In Großbritannien gibt es seit 1929 den Britischen Ponyclub.

Jugendliche bis zu 18 Jahren werden hier verständnisvoll und überwiegend spielerisch an den Umgang mit den erwähnten hochblütigen Ponys und Pferden gewöhnt; ein Teil ihres Reitens besteht in der Teilnahme an Jagden. Früh schon entwickeln sie den Schneid, der dazu gehört, in unbekanntem Gelände hinter den Hunden über Hindernisse zu reiten. Überdies zielt der Reitstil der Briten, wie der vieler Gebrauchsreiter in aller Welt, weniger auf das Beherrschen des Pferdes hin, sondern mehr auf Anpassung bei gegenseitigem Respekt. Man reitet mit *Kandare* oder *Pelham*, also mit schärferen Gebissen, faßt den Zügel vorsichtig an und läßt oft los. Das gibt den Pferden viel Freiheit zum Mittun, was Pferden mit »viel Blut« gefällt; schon die Kinder reiten, frei vom Zügel, in natürlicher Balance. Die Pferde wiederum überwinden die Hindernisse, über die sie beim Wettkampf einzeln gehen müssen, lange vorher bei der Jagd im vertrauenerwekkenden, sicher machenden Rudel. So geschulte Pferde lassen sich ohne unweibliche Kraftanstrengung auch von Frauen über die vertracktesten Passagen der Vielseitigkeitsprüfung lenken.
Wozu diese vertrackten Passagen bewältigt werden müssen, weshalb sich Reiter und Pferd der Anstrengung von Militarys der Spitzenklasse unterziehen sollen, bleibt freilich eine unbeantwortete Frage. Kriegspferde, von deren Schulung Leben und Tod abhängt, wenn Nachrichten oder Befehle rechtzeitig an kämpfende Truppen gelangen sollen, gibt es nicht mehr. Die Vorbereitung auf Prüfungen, die nicht nur schwer sind, sondern auch aus drei unterschiedlichen Sportarten zusammengesetzt sind, erfordert außer dem besonders begabten Pferd und einem ebensolchen Reiter auch ein Höchstmaß an Zeit fürs Training. Auch hier haben die jagdreitenden Briten einen eindeutigen Vorteil gegenüber anderen Völkern, und in kaum einem anderen Land gibt es so viele Damen, die auf internationalem Niveau bei der Vielseitigkeit mitreiten können. Daß vom Reiten überall in der westlichen Welt junge Mädchen mehr angezogen werden als junge Männer, ist ein bekanntes, wenn auch nicht bis ins letzte erklärtes Phänomen: Weshalb sie sich in England mit Begeisterung und in Massen auf die schwierigste der reiterlichen Disziplinen stürzen, ist meines Wissens überhaupt noch nicht untersucht.
Als Spektakulum ziehen die – bei uns wenigen – Vielseitigkeitsprüfungen ihr Publikum an; gut geritten sind sie sicherlich ein interessantes Schauspiel; insgesamt gesehen sind auch sie wieder ein Beweis dafür, daß es nichts gibt, was der Mensch dem Pferd nicht an Äußerstem abzuverlangen sucht.

Dressur

Äußerstes von seinem Pferd zu fordern hat den Menschen in der langen Zeit, die sie miteinander verbrachten, immer gereizt. Äußersten Mut verlangt er beim Stierkampf von ihm, wenn er, als *Rejoneador* (**151**) haarscharf an den Hörnern des Stieres vorbeiprescht. Er spannte vier Pferde nebeneinander und ließ vier dieser Gespanne vor schwer zu lenkenden Wagen um eine enge Wendemarke rennen, bis sehr oft alles in einem Knäuel ineinander verhakter Wagen, Pferde und Fahrer endete; diesen wahrlich aufs Äußerste getriebenen Sport pflegte er einst mit Hingabe in Griechenland, Rom und Konstantinopel. Später steckte er sich selbst und sein Pferd in einen Eisenpanzer und versuchte, einen ebenso ausgerüsteten Gegner mit der Lanze zu Boden zu werfen; und wer immer von beiden zu Boden krachte, konnte nur mit Hilfe eines Schraubenschlüssels wieder befreit werden – denn der Reiter war im Rücken an den Sattel des (gleichfalls zu Boden gegangenen) Pferdes festgeschraubt. Die Pferde machten alles mit – was blieb ihnen anderes übrig?
Im 16. Jahrhundert lernten sie hüpfen wie ein Hase und tanzen wie eine Ballerina.
Mit der Erfindung der Handfeuerwaffen entfiel der Schwertkampf gepanzerter Ritter. Die Rüstungen wurden leichter, die Pferde mußten beweglicher werden und in feiner Übereinstimmung mit ihrem Reiter sein, denn nur er konnte ja die Absichten des Gegners einschätzen und entsprechend handeln. Damit aber das Pferd sich stark versammeln (das heißt: kürzer und höher und straffer werden) konnte, damit es »auf dem Teller« wendete, jäh anhielt und sprunghaft abschnellte, mußte es von einem gut geschulten Reiter gut geritten und selber gut trainiert werden. Soweit hatte sich das Pferd veränderten Umständen immer anpassen müssen. Doch im 16. Jahrhundert geschah dazu etwas Einschneidendes, das die Reiterei im westlichen Kontinentaleuropa bis heute vom Reiten in der übrigen Welt unterscheidet: Reiten wurde eine *adlige Kunst*.
Das Zeitalter des Manierismus war angebrochen. Der Mensch – und das war zu jener Zeit der fürstliche Mensch, eine demokratisch ihrer selbst bewußte Menge von Menschen gab es noch lange nicht – wandte sich von der Natur weg, füllte eine entleerte Zeit mit Manieristischem, Künstlichem, steigerte dies zur Überfeinerung, ja zur Virtuosität auf allen Lebensgebieten. Er sah sich übersteigert selbstherrlich – als mächtige Persönlichkeit, die glänzen, sich darstellen wollte. In Spanien, Frankreich, Österreich konzentrierte sich das Hofleben um prunkvolle neu erbaute Schlösser, die fast dem ganzen Adel des Landes Wohnraum boten. Dessen Angehörige wetteiferten, so nahe beieinander und beim Souverän lebend, darin, sich untereinander zu profilieren. Das Reiten in der soeben aufgekommenen *Manège*, also einem mit Tribünen zum Zuschauen versehenen, überbauten oder freien Reitplatz, eignete sich dazu besonders gut; das Pferd spielte eine wichtige neue Rolle. Jahrtausendelang war es Helfer und Werkzeug des Menschen gewesen – nun wurde es zum triumphalen Sockel des Reiters hochstilisiert und diente dessen Geltungsbedürfnis: Nicht der Nutzen des Pferdes zählte in der Manege, sondern der Effekt.
1550 veröffentlichte Frederico Grisone die erste Reitlehre der Neuzeit; es entsprach dem Geist der Epoche, die Natur »technisch« zu sehen, ihre Gesetzmäßigkeiten zu erkennen und zu nutzen. So wurde auch das Pferd beobachtet, auf seine Anlagen – soweit sie sich auf beschränktem Schulraum entwickeln ließen – geprüft. Im damals spanischen Neapel wurde eine *Reitakademie* begründet, an der der Adel ganz Europas zusammenströmte; die dort gelehrte *Schulreiterei* in geschlossener Manege entwikkelte sich in kurzer Zeit zur Hochblüte; außer Reiten wurde Tanzen und Fechten gelehrt – die dem Typ des neuen Höflings angemessenen Beschäftigungen. Bei allen dreien ging es um die Beherrschung von Grundregeln, die dann bis zur nicht mehr überbietbaren Virtuosität gesteigert wurden. So lernte der Reiter, die drei Gangarten Schritt, Trab und Galopp im begrenzten Raum der Reitbahn immer mehr zu verkürzen, das Pferd darin seitwärts gehen und um sich selber drehen zu lassen in tänzerischer Leichtigkeit. Dazu gehörten Lehrer, die ihre technische und hohe reiterliche Begabung nichts anderem widmeten als der Verfeinerung dieser Reiterei und die sich nur Fürsten- und Königshöfe leisten konnten. Es gehörten dazu teuerste Pferde, die von weither geholt wurden; 1580 etwa gründete Erzherzog Karl von Österreich in Lipica mit Hengsten aus Andalusien, Kastilien und Neapel ein Gestüt, in dem die für das Schulreiten besonders geeignete Rasse der Lipizzaner entstand. Und es gehörten Reiter dazu, für die Zeit überhaupt kein Begriff war.
Pferd und Reiter lernten mehr. Der Trab wurde zur erhabenen, akzentuierten *Passage* (**94**) mit dem hohen Kniebug gefördert, und er wurde zurückgenommen zur *Piaffe* (**90**), dem kadenzierten Trab auf der Stelle. Das Pferd erhob sich unter dem Reiter zur *Levade*, indem es die Vorhand

◀ **89**
Traversale nach links: ein Seitengang, bei dem das Pferd einige Schritte nach links geht; dabei kreuzen die äußeren Beine die inneren. Das Pferd gleitet weich zur Seite, in schöner Aufrichtung, die Ohren aufmerksam gespitzt, mit dem ganzen Körper hinhorchend auf die leisen Hilfen seines Reiters, Patrick le Rolland (Frankreich).

90 ▶
Die Schweizerin Christine Stückelberger zeigt die Piaffe, den Trab auf der Stelle.

91 ▶
Trab: Reiner Klimke, Deutschland.

26
M

92

vom Boden löste und das Reitergewicht schwebend auf der untergesetzten Hinterhand trug. Von dieser schon in der Antike bekannten, freilich nicht schulmäßig gelehrten Pose sagt Xenophon: »Auf solchen Pferden werden Götter und Heroen gemalt. Ein Pferd, das sich hebt, ist etwas Bewundernswertes; keiner wird müde, es anzuschauen, wenn es in solcher Pracht sich zeigt.« Dieser Ansicht waren von nun an auch Europas Maler und Bildhauer, die bis ins 20. Jahrhundert hinein Könige und Feldherren am liebsten auf einem Pferd in der Levade zeigten.
Doch den Manieristen war es damit nicht genug: Bei der *Courbette* hüpft das Pferd aus der Levade mehrmals auf den Hinterbeinen vorwärts, ohne mit den Vorderbeinen aufzusetzen; bei der *Ballotade* (**95**) macht es einen Luftsprung mit angezogenen Beinen, die *Kapriole* (**96**) schließlich gilt als Höhepunkt der »Schulen über der Erde«: das Pferd schlägt dabei im Sprung kraftvoll mit der Hinterhand aus, ehe es da wieder landet, wo es abgesprungen ist: kein Sprung vorwärts also, sondern ein Sprung in die Höhe. Die Hengste des Zirkus Knie, die auf unseren Bildern diese Schulgangarten und -sprünge zeigen, sind der Andalusier Parzi (**94**) und der Lipizzaner »Primo« Siglavy Primavera aus Piber (**95, 96**). Die Lipizzaner haben das Reiten jener Zeit am eindrücklichsten bis heute bewahrt. In der »Wiener Spanischen Reitschule«, einer Gründung des österreichischen Kaiserhofes, zeigen sie die »Schulen auf und über der Erde« einem faszinierten Publikum. Eine zweite Pflegestätte dieser klassischen Schulreiterei ist das »Cadre noir« der französischen Reitanstalt Saumur.
Im Barock wurden die Künste der Hohen Schule in neuerlicher Virtuosität eingebaut in kolossale Reiterfeste: Bei *Carrousel* und *Roßballett* führten hundert und mehr elegant berittene Kavaliere zu eigens komponierter Musik und in Phantasiekostümen die kompliziertesten Figuren in tänzerischer Vollendung dem entzückten Hof vor. Diese besondere Note der Schaukunst, die sich vor geneigtem Publikum produziert, hat das Dressurreiten bis heute nicht verloren – wobei freilich ein »geneigtes« Publikum gemeint ist, eine kleine Schar, die den erlesenen Genuß zu würdigen weiß.
Das kontinentale Europa hat sich von der Anschauung des Reitens als höfischer Kunst nie mehr getrennt. In Deutschland hat sie sich besonders eindringlich durchgesetzt als Folge der Kleinstaaterei, die bis ins letzte Dorf höfisches Vorbild verbreitete.
Daß es selbst in Europa durchaus andere Anschauungen gibt, zeigt Großbritannien. Es machte die Hinwendung zum Manierismus in der Reiterei nicht mit, sondern betrieb das Reiten weiterhin als einen Freiluftsport bei der Jagd und beim Pferderennen – quer durch alle Bevölkerungsschichten hindurch. Auch der Gedanke, Reiten in einer Bahn oder gar einer Halle zu lernen und zu betreiben, kam den rustikalen Briten erst zögernd in den letzten Jahrzehnten. Reiten wird als Sport für alle angesehen; als elitär gilt es nicht
Die *Dressur*, die auf modernen Turnieren gezeigt wird und ein internationaler Wettkampfsport geworden ist, kennt keine »Schulen über Erde« mehr. Sie ist auf dem langen Umweg über das Militär, das – stets engstens verbunden mit den Formen des politischen Lebens, bei uns also mit den erwähnten kleinen und kleinsten Staaten – *alle* Formen des Reitens im deutschsprachigen Raum prägte, einfacher und sinnvoller geworden, aber stets im Geiste elitär geblieben.
Der Soldat mußte ein Pferd, das von der Weide kam, kein Gewicht zu tragen gewohnt war und niemandem gehorchte, zum Pferd für den Krieg umformen, das schweres Gewicht zu tragen vermochte und sekundengehorsam war; dazu bedurfte es einheitlicher Regeln, die hier von der höfi-

93

schen Reiterei abgeleitet wurden. An ihrer Anpassung an den neuen Zweck arbeiteten jahrhundertelang die Theoretiker der Reitkunst. Dabei setzten sich unterschiedliche Auffassungen und Stile durch – germanischer, romanischer, britischer, slawischer Stil etwa –, da in diesen Bereichen grundlegend andere Beziehungen zu Pferd und Reiter bestanden. Die Pferde unterscheiden sich im Temperament, im Gebäude, in der Eignung voneinander – wie es auch die Reiter von Temperament und Vorlieben her tun. Regeln, die für alle Pferde, alle Reiter und alle Formen des Reitens gelten, gibt es nicht. Überdies ist das Verhältnis der Menschen zu Regeln an sich sehr verschieden; wir Deutschen haben einen Hang zu exakter Anweisung und präziser Ordnung – auch im Verhältnis zu unseren Pferden, die vom Reiter beherrscht werden sollen. In Deutschland allein gibt es mehr Schulen, in denen dies auf der Grundlage der Dressur gelehrt wird, als sonst irgendwo auf der Welt.

Zum vorschriftsmäßigen Dressurreiten gehört der Reitplatz mit genauen Abmessungen: er ist entweder 20 x 40 m oder 20 x 60 m groß. In bestimmten Abständen voneinander sind an den Seiten Fixpunkte angebracht (**91**), die bei den Lektionen exakt angeritten werden müssen. Pferd und Reiter sind ständig eingespannt in ein imaginäres Muster, dessen Gespinst aus Geraden und Bögen, Schlangenlinien und Volten besteht, die möglichst mathematisch genau ausgeritten werden müssen – in ständig gesteigerter Schwierigkeit.

Sinn dieser Bemühungen ist es primär, die Muskeln des jungen Pferdes umzuformen durch ein bestimmtes tägliches Training; es soll in die Lage versetzt werden, den Reiter im neu gewonnenen Gleichgewicht mühelos zu tragen. Darauf aufbauend lernt es, sein Gewicht und das des Reiters nach rückwärts, auf die Hinterhand, zu verlagern und aus der untergesetzten Hinterhand gerade und schwungvoll vorwärts zu treten. Es lernt die drei Gangarten Schritt, Trab und Galopp langsam und schnell zu gehen, sie auf Wunsch des Reiters sozusagen stufenlos zu verändern; es lernt, das Tempo so zu verkürzen, daß die immer tiefer untergesetzten Hinterbeine die Vorhand immer stolzer aufrichten. Höhepunkt dieser Lektionen ist die *Piaffe* (**90**), der Trab auf der Stelle; taktmäßig hebt und senkt das Pferd die diagonalen Beine, die fast schräg unter den kraftvoll zusammengezogenen Körper gestellt sind. Durch lange, geduldige Schulung sollen sich seine Muskeln so umformen, daß es alles dies immer schöner und anmutiger tut, daß seine Bewegungen schwebend und scheinbar mühelos werden. Nach Jahren der Ausbildung vermag es, Links- und Rechtsgalopp in immer kürzeren Abständen zu wechseln. Es lernt, mit Vor- und Hinterhand auf zwei Hufschlagen zu gehen – das heißt, die Hinterbeine treten nicht in die Spur der Vorderbeine, sondern schräg daneben –, es kann um Vor- und Hinterhand wenden, exakte Schlangenlinien gehen und sich dabei jeweils in eine andere Richtung biegen; ja, es lernt, aus dem Galopp im Stand eine Pirouette zu entwickeln, indem es sich auf dem inneren Hinterfuß um sich selber dreht, in mehreren Galoppsprüngen aufsetzend. Es gleitet schließlich von einer Seite der Bahn schräg zur anderen im Seitwärtsgang, wobei die äußeren Beine die inneren kreuzen (**89**) und es wie eine Ballerina zu tanzen scheint.

Mit der Ausbildung der Ballerina hat denn auch die des Dressurpferdes viel gemeinsam: die endlose Wiederholung von Übungen, die die Muskeln geschmeidig und stark machen sollen, die strenge Disziplin des täglichen Trainings, die Bewältigung zunehmend größerer Schwierigkeiten analog zum Geschmeidiger- und Kraftvollerwerden des Körpers, die endlich erreichte Schwerelosigkeit. Und wie bei der Tänzerin das Ziel zwar unter immenser Willensanstrengung und Geduld erreicht wird,

94

95, 96 ▶

nicht aber mit Zwang und schmerzhaften Hilfsmitteln, so sollten auch beim Dressurpferd nur die natürlichen Hilfen der Hand, des Schenkels, des Sitzes und des Gewichtes angewendet werden.
»Wir sollten der Pferde natürliche Anmut nicht ersticken. Sie gleicht dem Blütenstaub der Früchte, der niemals wiederkehrt, wenn er verflogen ist«, sagte schon der große französische Reitmeister Pluvinel (1555-1620). Ist es gelungen, einem großen Dressurpferd den Charme zu erhalten, so ist es ein bezauberndes Erlebnis, es schwebend und gleitend und dennoch voll pulsierend-beherrschter Kraft seine Lektionen gehen zu sehen: ein künstlerisches Erlebnis, das zu vergleichen ist mit den Spitzenleistungen anderer schöner Künste – denen des Tänzers im Ballett, des Tenors auf der Opernbühne.
Zur vollendeten Dressur gehören freilich zwei: zum Pferd der Reiter. Und wer es versteht, ein Pferd in den höchsten Dressurklassen zu führen und dabei das Lächeln überwundener Mühe in den Gesichtszügen trägt und nicht die Verbissenheit des Ehrgeizes, dem gehört der spontane Beifall der Bewunderer. Doch wie bei aller meisterlichen Kunst gibt es der Vollendeten nur wenige, und überdies ist das Dressurreiten olympische Disziplin geworden – ein Schicksal, vor dem man jede Kunst bewahren sollte. Anstelle ruhmsüchtiger Selbstübersteigerung bei Hofe ist nicht die reine Kunst an sich, das schöne *l'art pour l'art*, getreten, sondern der Wettkampf der – wenigen – Nationen um Siege und Medaillen.
Die Länder, deren Dressurreiter sich bei olympischen Spielen treffen, sind immer die gleichen. Als es noch Offiziere mit genügend Zeit und vom Staat bezahlten Pferden höchster Qualität gab, trafen sich Schweden, Franzosen, Holländer, Dänen und siegten umschichtig; heute, da der Sport überwiegend von Privatleuten getragen wird, ist der Kreis noch enger geworden, denn Anschaffung und Unterhalt der Pferde und die Zeit für das Training begrenzen ihn drastisch.
Zwei Dressurmeister aus der ehemaligen Sowjetunion zeigen unsere Galoppbilder (**92**: Elena Petouchkova, **93**: Ivan Kalita). Zwei Momente des Galopps sind dargestellt – die Phase des weiten Ausgreifens und die, in der alle vier Hufe sich vom Boden abgestoßen haben und das Pferd zusammengezogen ist wie eine Stahlfeder, um sich in der nächsten Phase wieder anmutig zu strecken. Bei so durchgeschulten Pferden geschieht dies mühelos und selbstverständlich wie Ein- und Ausatmen. Das Bild, das sie bieten, ist überaus elegant.
Dazu trägt nicht zuletzt der Anzug der Reiter bei: schwarze Stiefel, weiße Hose, schwarzer Reitrock oder Frack, Zylinder, weiße Handschuhe und

die speziell geschlungene Krawatte, der *Plastron*. Auch dies ein Erbe monarchistischer Zeitläufte – weshalb es denn auch ein wenig seltsam anmutet, Russen so gewandet zu sehen.
Im deutschsprachigen Raum wird nicht nur in so luftiger Höhe dressurmäßig geritten; das gesamte Reitsystem baut sich hier auf den Grundlagen dieser Dressur auf, die in der Renaissance entwickelt, an den Fürstenhöfen des Barock ausgeformt, dann soldatischen Vorstellungen angepaßt und schließlich in die Regeln olympischen Sports gefaßt wurden. Entstanden ist ein Reitstil, der von Pferd und Reiter höchste Aufmerksamkeit und lebenslanges gekonntes Training verlangt, Fingerspitzengefühl und Einfühlungsvermögen vom Reitlehrer, Begabung von allen dreien – ein strenger Sport, der viel verlangt.

Daß anderswo mit Erfolg anders geritten wird, machen Bilder und Text dieses Buches deutlich. Von Großbritannien hörten wir schon – und von den Mongolen, die Weltreiche zu Pferd eroberten, ohne ein System der Reitkunst zu kennen; wohl aber wußten sie, wie man Pferde leicht und schonend von jedermann reiten lassen kann. Das gilt für das Reiten der Hirten ebenso, deren Pferde beim aktiven Mittun ihre Aufgabe so erlernten, daß die dabei entwickelten Methoden heute Millionen von Freizeitreitern in aller Welt entspanntes Reiten auf entspannten Pferden ermöglichen.
Der klassischen Dressur in Theorie und Praxis zu folgen, ist nur eine – freilich eine faszinierende, elegante und geschichtsträchtige – Form, das Reiten zu erlernen und auszuüben.

Springen

Während eines ganzen Jahres besuchte ich regelmäßig die Wildbahn in Dülmen (**8**), um ein Buch darüber zu schreiben. Dabei beobachtete ich etwas Merkwürdiges. Der weite Schweifgrund war kreuz und quer durchzogen von zahllosen, schwach mit Regenwasser gefüllten oder wasserlosen flachen Ablaufrinnen, doch kaum je sah ich eine der Stuten darüberspringen. Wollten die Pferde auf der anderen Seite der 60-70 cm schmalen Gräben weiden, so liefen sie lieber am Rand entlang dorthin, wo – 50 m und weiter entfernt – die Hufe der Pferde im Laufe der Zeit eine Mini-Furt getreten hatten. Gemächlich stapften sie durch die flache Wasserlache, zu der sich das Rinnsal verbreitert hatte, oder sie trabten durch den Sommersand, der sich dort sammelte. Um Bilder vom Überspringen zu erhalten, mußten wir ein paar Stuten einkreisen und treiben; dann hüpften sie mühelos hinüber.
Aber: Der Weltrekord im Weitsprung liegt bei 8,40 m. Unter dem Gewicht eines Reiters natürlich (Andre Ferreira/Something/Johannesburg 3.5.1975).
Die Fragen, ob denn Pferde »von Natur aus« gerne springen oder ob man sie über die Hindernisse prügeln müsse, können nach dieser Gegenüberstellung zunächst mit *Weder – Noch* beantwortet werden. Wo immer man ursprüngliche, der Natur sehr nahestehende Pferde findet, stellt man bald fest, daß sie jedem Hindernis nach Möglichkeit ausweichen; andererseits kommt es durchaus nicht selten vor, daß Weidepferde jener modernen Rassen, die durch sorgfältige Selektion betont auf Springfreudigkeit gezüchtet werden, aus reiner Lust am Sprung über Zaun und Weidetor setzen. Wir sprachen ja schon vom Zauber der Wandlungsfähigkeit des Pferdes und davon, daß sich der Mensch seit jeher züchtete, was er sich gerade wünschte.
Nur war der Wunsch nach einem hoch und weit springenden Pferd bis vor kurzem gar nicht vorhanden. Auf der Jagd, deren Geschichte durch die Jahrtausende wir verfolgten, wurde, als die Mongolen Fleisch zur Nahrung jagten und die Könige Löwen zum Ruhm jagten, weder in der Steppe noch in der Wüste gesprungen. Und wo immer ich in unserer Zeit in weltabgeschiedenen Gegenden ritt – in der südafrikanischen Karru wie im hinterindischen Birma, am Rande der Sahara wie in den Bergen Kameruns –, ziehen auf der Jagd Pferd und Reiter ganz instinktiv den längeren Weg um ein Hindernis herum dem kürzeren Sprung darüber vor. Die jahrtausendelang am meisten gebrauchten Sättel mit sehr hohen Vorder- und Hinterzwieseln weisen auch darauf hin; sie erschweren alles, was mehr als ein Hüpfer ist. Gewiß scheute sich wohl nie ein Reiter vor dem Sprung über einen gefallenen Baumstamm oder einen schmalen Bach – doch davon ist hier ja nicht die Rede. In jenen Zeiten noch, in denen die barocken Fürsten mit ihren Damen und großem Gefolge auf die Jagd ritten, waren in die Wälder um die Jagdschlösser breite Schneisen geschlagen, auf die das Wild von zahlreichen Treibern hinausgedrückt wurde. Erst mit der Veränderung von Besitzverhältnissen und Landschaft kam bei der Reitjagd allmählich auch ein sportlicheres Springen auf. Doch auch die Hecken und Steinwälle um die Felder, die Zäune um Wiesen und Weiden waren anfänglich nicht höher als 1 m. Man übersprang sie auf eine uns heute recht befremdlich anmutende Weise: indem man die Füße weit nach vorn streckte und den Oberkörper weit zurücklehnte und dabei den Zügel fast fahren ließ. Wo die Fahrt hinging, war dabei natürlich nicht genau zu sehen – aber das war auch nicht wichtig. Das Pferd fand seinen Weg durchs vertraute Gelände schon allein; der Reiter mußte es nur laufen lassen und oben bleiben.
Mag dieser Sitz für Hochsprünge nicht sehr effektvoll sein, so hatte er doch einen bis heute nachwirkenden Vorteil. Gerade durch die geringe Einwirkungsmöglichkeit auf das Pferd förderte er dessen Selbständigkeit und ließ im Reiter den Gedanken, ein Pferd jederzeit beherrschen zu müssen, gar nicht erst aufkommen. Erben dieser gelösteren Reitweise sind die Briten, Iren und Amerikaner, die auch jetzt, mit anderem Sitz, dem Pferd sehr viel Eigeninitiative überlassen. Anpassungsfähigkeit und Partnerschaft sind ihnen selbstverständliche Begriffe; diesem Reiten ohne Kraft verdanken sie die überwältigende Teilnahme von Damen am Springsport ihrer Länder (**98**: Ann Moore/April Love, Europameisterin 1971 und 1973).
Daß ganze Reiterkulturen auch heute noch ohne Springen auskommen, erleben wir zum Beispiel im Westen der USA, wo der Cowboy – ebenfalls in einem zum Springen ungeeigneten Sattel reitend – die Überwindung von Hindernissen überhaupt nicht erwägt, oder im gesamten Bereich der *Gangpferde* (**171, 172**).
In England ereignete sich etwas, das um die Jahrhundertwende den modernen Springsitz vorbereitete: auf dem Umweg über den Rennsport. Auch die Jockeys saßen bis dahin mit langen Bügeln im Sattel, sprangen in Hindernisrennen wie die Jagdreiter und blieben in Flachrennen einfach im Sattel sitzen. 1897 sahen sie etwas völlig Verrücktes: Ein amerikanischer Jockey, Tod Sloane, schnallte die Bügel ganz kurz und hockte nun, weit vorn, mehr über als auf dem Pferd. Die damals in der Welt des Rennsports führenden Engländer nannten das Ergebnis höchst amüsiert den *Affensitz* (**116**). Graf Toptani, berühmter Springreiter und Erfinder eines weltweit anerkannten modernen Springsattels, schreibt darüber: »Sie waren sich nicht bewußt, daß sie Zeugen einer der revolutionärsten Entwicklungen in der Reiterei der letzten 2000 Jahre wurden – seit die mazedonische Reiterei unter Alexander dem Großen zur Überwindung des Khyber-Passes Schuhe für die Pferde benutzte.«
Das, was sich damals ereignete und überall in der Welt immer wieder geschieht, hat schon der Philosoph Schopenhauer in berühmt gewordene Sätze gefaßt: »Jeder neue Gedanke wird zuerst verlacht, dann bekämpft – und dann als selbstverständlich hingenommen.«

97

Die besten englischen Jockeys auf meist weit besseren Pferden bekämpften also Tod Sloane heftig – doch er gewann ein Rennen nach dem anderen. »Nun begannen sich die englischen Trainer Gedanken zu machen. Sie kamen zu dem Schluß, daß es mit Sloanes Methode eine besondere Bewandtnis haben müsse, und begannen, sie zu analysieren. Als gute Reiter stellten sie alsbald fest, daß das Geheimnis darin lag, daß er beim Ritt das Gewicht auf den Widerrist des Pferdes verlagerte und somit die Hinterhand entlastete (**116, 122**)«, schreibt Toptani. »Sie konnten es einfach nicht fassen, daß ihnen dieser Gedanke nicht längst selber gekommen war. Sie übernahmen den neuen Reitstil, bald kopierten ihn auch Franzosen, Deutsche und Italiener.« Toptani folgert:

»1. Die Schubkraft des Pferdes geht von der Hinterhand aus. Die Hinterhand darf also nicht mit dem Gewicht des Reiters belastet werden. Wie alle Vierbeiner benutzt auch das Pferd die Hinterhand zum Antrieb, die Vorhand zur Steuerung.

2. Springen gehört nicht zu den natürlichen Gangarten oder Fortbewegungsweisen des Pferdes, obwohl die Mehrzahl der Springreiter auf dem Standpunkt steht, ihre Pferde sprängen von Natur aus gern. Ein Pferd wird aber Springen möglichst vermeiden und nur mit Zwang über ein Hindernis gehen.«

Ergo: Je mehr man es ihm erleichtert, um so eher springt es doch.

Unter denen, die den neuen Rennstil kritisch beobachteten, war ein junger italienischer Kavallerie-Rittmeister, Federico Caprilli (1868-1908). Er hatte begriffen, daß die Kavallerie als Waffe des Angriffs im Zeitalter der Schnell- und Fernfeuerwaffen keine Chance mehr hatte. Nur noch auf Erkundungsritten sah er ihren Nutzen, die in großer Schnelligkeit querfeldein geritten werden mußten. Dazu wollte er Pferde nicht mehr im Drill der Bahnen, sondern unter natürlichen Bedingungen in natürlicher Balance trainieren. Der veränderte Rennsitz nun ließ sich zu genau dem umwandeln, was er für Springpferde über dem Hindernis forderte: Der Reiter sollte mit verkürzten Bügeln weit nach vorn sitzen, mit den Armen aus der Schulter heraus weit nachgeben und damit dem Pferd Kopf, Hals und Rücken freigeben.

Wieder dauerte es geraume Zeit, bis sich die Päpste der alten Lehre in den verschiedenen am Springen interessierten Ländern für die revolutionäre Stromlinienform erwärmten – und wieder wurde dieser Prozeß dadurch erleichtert, daß die im neuen Stil springenden Reiter ganz offensichtlich erfolgreicher waren.

Im Laufe der Zeit adaptierten die unterschiedlichen Länder Caprillis Methoden auf unterschiedliche Weise: angepaßt an die Mentalität ihrer

98

Reiter, die landestypische Ausbildung, die sie durchlaufen, und Art und Temperament der Pferde, die hier gezüchtet werden. Toptani hält die erfolgreichen deutschen Pferde für »überdressiert«, sagt den Reitern nach, sie litten »unter einer mehr oder minder ausgeprägten Dressur-Psychose« (was mit dem allgemeinen Hang zur Dressur übereinstimmt). Die Iren und Engländer hingegen bilden ihre Pferde oft überhaupt nicht, die Amerikaner ihre schnellen Vollblüter kaum dressurmäßig aus – und auch sie gehören zu den Erfolgreichen im Kreis der Nationen. Viele Wege führen nach Olympia ...

Die Frage nach dem Alter des Springsports ist nunmehr ziemlich genau zu beantworten. Es begann mit ihm zaghaft um die Jahrhundertwende. Damit ist das sportliche Springen um Jahrtausende jünger als Rennen und Wagenfahren. Und es begann simpel und harmlos. Auf Fotos jener Zeit sehen wir in einer Ecke eines Exerzier- oder Rennplatzes kreuz und quer ein paar Stangenhindernisse von höchstens einem Meter stehen, über die Herren in Uniform konzentriert im alten Sitz wegsprangen, indes ihnen von dicht aufgefahrenen Kutschen aus ein paar Damen zuschauten. Zu welchem Zwecke es geschah und wann es erstmals geschah, ist nicht genau zu rekonstruieren. Vielleicht wollte man jene kühnen Sprünge, die man im Jagdfeld ohne Publikum nahm, auch einmal denen vorführen, die selbst nicht ritten?

Wie auch immer, es war zunächst (und blieb lange) eine Sache für Offiziere. Als 1912 neben Dressur und Vielseitigkeit auch das Springen olympische Disziplin wurde, war es selbstverständlich nur den Herren im bunten Rock vorbehalten. Erst 40 Jahre später wurden in der Dressur in Helsinki Damen und Unteroffiziere zugelassen (Lis Hartel, Dänemark, gewann auf Anhieb Silber), erst 1956 durften Damen auch im Springen starten (und die Engländerin Pat Smythe verhalf ihrer Mannschaft zur Bronzemedaille).

Im neuen Sport dominierten zunächst die Schweden, nach dem Ersten Weltkrieg begann der Aufstieg der italienischen Schule; nach ihren Methoden reitend, beherrschten Polen, Deutsche, Schweizer, Italiener und Spanier die Zeit zwischen den Kriegen; nach 1945 brillierten kurze Zeit die Mexikaner, dann machten im wesentlichen Briten, Italiener, Franzosen und Deutsche sowie Schweizer die Wettkämpfe unter sich aus; eine Weile gehörten auch die von dem Ungarn Bertalan de Nemethy trainierten US-Amerikaner zur Elite.

Was so harmlos begann, entwickelte sich rapide zu einer begeistert aufgenommenen komplizierten Sportart. In den 30er Jahren waren die Offi-

99

ziere der Kavallerieschule Hannover ganz vorn, sowohl was die Zahl ihrer Siege, als auch vor allem was die Eleganz ihres Stils betraf. Ihre Ritte waren ein nie wieder erreichter ästhetischer Genuß.
Inzwischen wurde aus dem Offizierssport legerer Eleganz ein Volkssport mit erbittertem Ringen um die großen Siege. Es gibt Turniere wie Sand am Meer, vor allem in Deutschland, der Schweiz, den Niederlanden, Großbritannien, Frankreich und Belgien; Reitvereine mit eigenen Großstallungen, Hallen und Außenanlagen schießen wie Pilze aus dem Boden; das Springen ist in Westeuropa eine beliebte Betätigung im Sattel. Die traditionellen Pferdezuchten vornehmlich Deutschlands, Englands und Irlands produzieren immer bessere, wendigere Pferde; in ursprünglich schwerere Landrassen wird Vollblut und gelegentlich auch Araberblut eingekreuzt, um sie leichter und schneller, aber auch temperamentvoller (und damit schwieriger) zu machen; die besten der heutigen Springpferde hetzen dem Sieg nach wie die Reiter und sind sogar ausgesprochen springfreudig geworden. Die Frage, ob man sie über die Hindernisse prügeln müsse, kann im Normalfall heute wohl mit *Nein* beantwortet werden.
Die Gefahr liegt denn auch weniger in der bewußten Roheit einiger Ehrgeizlinge (die es in jeder Sportart gibt) als vielmehr darin, daß ganz allgemein Pferde viel zu früh gebraucht werden. Es starten schon Pferde*kinder* von fünf und sechs Jahren in schweren Prüfungen. Noch unausgereift, von Reitern, die an das mechanische Funktionieren technischer Vorgänge gewöhnt sind, mit sinkendem Verständnis im Schnellverfahren herausgebracht, gehen sie über 1,80 m und mehr; mit sieben Jahren stellen sich dann die ersten Beinschäden ein. Dabei ist das siebenjährige Pferd überhaupt erst körperlich ausgereift und leistungsbereit. Diese Entwicklung hat sicher niemand vorausgeahnt, als man gerade einen Meter hoch sprang!
Längst ist daraus ein absoluter Hochleistungssport geworden, der Pferd und Reiter immer akrobatischere Fähigkeiten abverlangt, wenn sie wissenschaftlich erknobelte Parcours bewältigen sollen; wenn sie die hohen, breiten, steilen, in die verzwicktesten Kurven eingebauten Hindernisse mit größtmöglicher Schnelligkeit überfliegen sollen – Sekundenbruchteile schneller zumindest als die Konkurrenz.
Wie das jeweils zu geschehen hat, ist in strengen Regeln niedergelegt. Die nationalen Reiterverbände jener Länder, die Reiter zu den olympischen Spielen, zu Welt- und Europameisterschaften entsenden, geben nationale Bestimmungen heraus (in Deutschland die LPO – Leistungsprüfungsordnung); sie wiederum sind in einem internationalen Dachver-

100

band (FEI = Fédération Equestre Internationale) zusammengeschlossen, deren *Règlement Général* die internationalen Vorschriften enthält. Alle Spring- (Dressur- und Vielseitigkeits-)Prüfungen sind in Klassen eingeteilt: A = Anfänger, L = Leicht, M = Mittelschwer, S = Schwer.
Innerhalb dieser Klassen gibt es zahlreiche Möglichkeiten, fehlerfreie Ritte um Bruchteile von Sekunden schneller als die anderen über die verschiedensten *Parcours* (Bahnen) zu reiten.
Bei speziellen *Mächtigkeitsspringen* wird in erster Linie das Springvermögen der Pferde geprüft. Eine Zeitwertung gibt es nicht, dafür werden die wenigen Hindernisse von Runde zu Runde erhöht, aber an Zahl verringert. Beginnt etwa ein Mächtigkeitsspringen mit acht Hindernissen bis 1,70 m, so werden, falls der Sieger nicht vorher ermittelt ist, in der letzten Runde nur noch zwei Hindernisse gesprungen – ein Hochsprung und ein Hochweitsprung; dabei werden nicht selten Höhen über zwei Meter aufgebaut (**101**). Mächtigkeitsspringen erfreuen sich beim Publikum wegen der damit verbundenen Spannung großer Beliebtheit; für die Pferde sind sie aber bedenklich, weil trotz wachsender Erschöpfung in jeder Runde mehr an Leistung gefordert wird.
Springprüfungen werden auch als *Mannschaftswettbewerbe* ausgeschrieben, etwa als *Nationenpreise* bei internationalen Veranstaltungen und den Olympischen Spielen.
Neben den Standardwettbewerben gibt es eine Anzahl Spezial-Springprüfungen, die interessante Abwechslung in die Turniere bringen. Spannend sind auch *Glücksspringen*, *Jagd um Punkte*, *Wahlspringprüfungen* und ähnliche Veranstaltungen, bei denen es meist dem Reiter überlassen bleibt, welche Hindernisse er innerhalb einer bestimmten Zeit (meist eine Minute) springen möchte; entschieden wird entweder nach Fehlern oder nach der addierten Punktzahl verschieden hoch bewerteter Hindernisse, die fehlerfrei überwunden wurden. Außerdem gibt es Stilspringprüfungen, bei denen die Haltung des Reiters und die Springmanier des Pferdes in die Bewertung einfließen.
Bei allen Springwettbewerben wird ein Abwurf mit 4 Fehlerpunkten bewertet, jedes Verweigern mit 3, dreimaliges Verweigern mit Ausschluß, Sturz des Reiters vom oder mit dem Pferd mit 8 Punkten. Dieses Punktesystem erlaubt es dem Zuschauer, die Chancen der Reiter auszurechnen: ein nicht zu unterschätzender zusätzlicher Reiz dieser Sportart.

In den letzten Jahren haben sich nicht so sehr die Höhe der Hindernisse als vielmehr die Kompliziertheit der Aufstellung und die Schnelligkeit des Rittes verändert. Atemberaubende Schnelligkeit ist heute der ausschlaggebende Faktor neben »todsicherem« Springvermögen; nur Pferde mit viel Blut bringen sie auf.
Was die reine Höhe der Sprünge angeht, so verblüfft ein Blick auf die Statistik. Der deutsche Rekord wurde 1991 von Franke Sloothaak mit Leonardo aufgestellt; er beträgt 2,40 m. Doch schon 1906, als noch Ein-Meter-Sprünge offizierswürdig waren, überwand im alten Springsitz Cpt. Crousse, Frankreich, mit Conspirateur 2,35 m! Den Weltrekord über 2,47 m hält seit 1949 unangefochten Capt.

101

Alberto Larraguibel Moralés, Chile, mit dem Vollblüter Huas. Das beweist zweierlei: daß nämlich wahre Meister mit ziemlich jeder Methode erfolgreich sein können und daß dem »Immer höher und höher« zum Glück von der Anatomie des Pferdes her Grenzen gesetzt sind. Trotz züchterischer Konzentration auf vermehrtes Springvermögen und trotz methodischster Ausbildung sind Höhen wie die genannten und drei weitere Rekorde – 1912/F. J. de Montespieu/Frankreich: 2,36 m; 1933/de Castries/Frankreich: 2,38 m; 1938/A. Gutierrez/Italien: 2,44 m – seit Jahren nicht mehr erreicht oder gar übertroffen worden.
So bleiben wirklich nur Schnelligkeit und Artistik. Die freilich sind gewachsen.

Fahren

Die hier schon mehrfach aufgeworfene Frage, ob das Pferd zuerst angespannt oder zuerst geritten worden sei, beschäftigt seit langem Altertumsforscher und Hippologen gleichermaßen. Scharfsinnige Argumente gibt es für beides, und man liest mit Vergnügen, wie sich die Anhänger der einen oder der anderen Theorie gegenseitig zu widerlegen versuchen. Da wir aber nicht einmal wissen, *wann* das Pferd gezähmt wurde, helfen uns die ältesten Grabfunde oder Zeichnungen auch nicht weiter – denn wer sagt uns, daß jene ersten Völker, die sich des Pferdes bedienten, überhaupt Gräber anlegten oder zeichnen konnten? Die Mongolen trugen ihre Toten in die Steppe hinaus ...
Ziemlich sicher wissen wir, daß in der Mitte des dritten vorchristlichen Jahrtausends die Sumerer in Mesopotamien die *Onager*, eine Wildeselart, vor ihren Kampfwagen gegen Pferde austauschten, davon gibt es Abbildungen. Die Wagen bestanden aus einem Untergestell mit fester Deichsel, auf dem ein geflochtener oder gezimmerter Wagenkorb für den Gespannführer angebracht war. Dieser lenkte die Pferde im Stehen, manche Bilder zeigen auch einen zweiten Krieger im Wagen. Ursprünglich drehten die Achsen sich mit den massiven Rädern, allmählich wurden einschlagbare Achsen und Speichenräder daraus. Die ersten Felgen und Naben waren hölzern, später eisenbeschlagen, dann ganz aus Eisen. Das Fahren in diesen leichten, unsicheren Wagen war mühsam; nirgends ist erwähnt, daß sie der Beförderung von Reisenden dienten. Ihr Gebrauch wurde dadurch erschwert, daß es keine Anspannung gab, die der Anatomie des Pferdes gerecht wurde. Man übernahm vielmehr das Joch der Buckelrinder und legte es den Pferden um den Hals, wo es prompt über den flachen Widerrist nach hinten rutschte. Dem half man ab, indem man es durch einen vorn um den Pferdehals gelegten Riemen zurückhielt – mit dem Ergebnis, daß dem Pferd bei größerer Geschwindigkeit die Luft abgeschnitten wurde.
Dennoch hielt sich der Kampfwagen, der nur in ebenen Gegenden trokkener Länder mit einigem Erfolg eingesetzt werden konnte, bis ihm die Römer den Garaus machten – ihre Legionen kämpften mit der größten Durchschlagskraft zu Fuß. Dafür vergrößerten und veränderten sie den Wagen und machten ihn zum Vehikel für die Reise. In einigen Typen konnte man sogar bequem liegend reisen. Die Römer entwickelten das perfekteste Wegesystem, das die Welt bis dahin gesehen hatte. Sie bauten befestigte Straßen durch ganz Italien und die angrenzenden Provinzen und unterhielten sie auf das sorgfältigste. Das ganze gewaltige Reich war mit Poststationen übersät, an denen Posthäuser mit Pferden standen; Postillione, Tierärzte und Handwerker wurden vom Staat bezahlt. Alle Wege waren mit Meilensteinen versehen, deren Nummern von Rom ausgingen; umgekehrt führten dann »alle Wege nach Rom«. Die ganze riesige Anlage diente der Verwaltung des Reiches: der Beförderung von Staatsbeamten und staatlicher Post.
Auf diesen Römerstraßen zog noch Karl der Große (768-814) zu Pferd und im Ochsenwagen durch seine Länder. Da sie aber nun nicht mehr gepflegt wurden, befanden sie sich im frühen Mittelalter in unpassierbarem Zustand, der Reiseverkehr im Wagen war wieder auf ein paar Jahrhunderte unterbrochen. Zwar zogen Pferd und Ochse schwere Karren, doch sehr weit kam man damit nicht. Die Wege – reine Fahrspuren im Gelände, versumpft oder steinig, mit tiefen Löchern oder mahlendem Sand – waren vielerorts nur bei Schönwetter zu benutzen. Und wo dennoch Ortswechsel erforderlich war – etwa, wenn der Kaiser mitsamt riesigem Gefolge von Pfalz zu Pfalz zog – ritt, wer eben reiten konnte, und die schwerfälligen Wagen des Trosses wurden, von Ochsen gezogen, vorausgeschickt oder folgten nach.
Renaissance und vor allem Barock entwickelten dann prunkvolle Staatskarossen, die jedoch – nicht eben bequem – nicht zu Überlandfahrten, sondern im nächsten Umkreis höfischer Prunkentfaltung benutzt wurden: bei Paraden, Feierlichkeiten und beim Carrousel. Der Wiener Hof

29
DUNHILL

DUNHILL
DUNHILL
DUNHILL
Paris·New York

DUNHILL
London · Paris · New York
Basler
Für alle Fälle
La Bâloise
En tout cas
La Basilese
In ogni caso

◀ 103 104

ließ in zwei Staatsgestüten – Kladrub in Böhmen und Lipica im heutigen Slowenien – eigens Pferde züchten, die, stattlich aufgerichtet, die Beine langsam und hoch im Paradeschritt hoben und es vollendet fertigbrachten, langsam zu schreiten, ohne langweilig zu wirken. Die Erfindung und Verbesserung der Federn, auf denen der Wagenkasten wippt, und der allmähliche Ausbau der Straßen machten erst vom Ende des 17. Jahrhunderts an die Kutsche zum immer mehr benutzten Verkehrsmittel. Mit der Zeit entstanden nun Fahrzeuge für alle Zwecke, alle Temperamente und alle Wege, bis dann im späten 19. Jahrhundert eine Hochblüte erreicht war, in der die Vielfalt der Modelle einfach nicht mehr übertroffen werden konnte.

Das Fahren wurde zur Leidenschaft des begüterten Landadels. Der Aufwand an Geld und Können übertraf den des heutigen Rolls-Royce- oder Porsche-Fahrers bei weitem. Hören wir, was ein Zeitgenosse, der schwedische Graf Carl-Gustav von Wrangel, der in den Jahren 1891-95 Ungarn bereiste, davon berichtet:

»Das Fahren hat in den weiten Ebenen dieses Landes eine alte Tradition. Das Interesse der Züchter gilt vor allem dem *schnellen* Wagenpferd. Wer je den Genuß gehabt hat, mit Herrn Elemér v. Jankovich eine jener Fahrten zu unternehmen, die, wie in Ungarn allgemein bekannt, kaum weniger Ansprüche an die Kaltblütigkeit der Mitfahrer wie an die Geschicklichkeit des Kutschers stellt, dem brauchen wir nicht zu versichern, daß die Zucht dieses Ziel längst erreicht hat. ‚Machen Sie sich was aus Umwerfen?' ist die erste Frage, die Herr v. Jankovich an seine Fahrgäste zu richten pflegt, wenn er die Zügel des ungeduldig scharrenden Viererzuges ergreift. Natürlich antwortet ein jeder: ‚Bitte sich meinetwegen nicht zu genieren.' Und dann geht es los! Einen Augenblick werden wir stutzig. Lützows wilde, verwegene Jagd ist die reine Schneckenpost im Vergleich mit diesem auch in den schärfsten Wendungen wie rasend dahinstürmenden Gespann! Jede Sekunde meint man, das Gefährt *müsse* umkippen. Es kippt aber nicht um. Nur ein etwas höhnisches Lächeln des mit eiserner Ruhe und gewaltiger Kraft die Zügel führenden Fahrkünstlers belehrt uns, daß dieses Jagen auf des Messers Schneide nicht zuletzt den Zweck hat, die Widerstandskraft unserer Nerven auf die Probe zu stellen. Umwerfen möchte Herr Elemér gewiß noch weniger als wir. Riskieren wir doch nur unsere Knochen, er aber außer den seinen noch Pferde, Wagen, Geschirre und – last but not least – sein Renommee als der beste Kutscher Ungarns. Freuen wir uns also in größter Gemütsruhe der lustigen Fahrt. Umgeworfen wird nicht! In dieser Pace legen die Terescovicer Lipizzaner ungezählte Kilometer zurück. So fuhr Herr v. Jankovich einmal von Terescovic nach Waradin (127 km) und von dort 22 km weiter zum Grafen Erdödy. Als er diesen nicht antraf, drehte er um und fuhr sofort nach Hause zurück – 298 km in 28 Stunden.« Ohne Pferdewechsel, wohlverstanden.

Um die Jahrhundertwende fuhren der Geistliche und der Arzt, der Händler und der Bauer, kurz, jeder, der schneller als zu Fuß von der Stelle kommen wollte, den einen oder anderen ganz speziellen Wagen. Von der Dichte des Verkehrs kann man sich eine Vorstellung machen, wenn man hört, daß zu jener Zeit in London 300 000 (dreihunderttausend!) Pferde arbeiteten.

Kaum war dieser Höhepunkt erreicht, als das Schicksal des Wagens auch schon endgültig besiegelt schien: Eisenbahn, Auto und Flugzeug ließen ihm keinen Platz mehr im Verkehr. Zwischen den beiden Weltkriegen entwickelte sich das Fahren zum zweckungebundenen Sport; die von der Straße verdrängten Luxusgespanne fanden sich auf dem Turnierplatz wieder. Viele Geschäftsleute und Gutsherren besaßen noch gute Wagen

105

und Pferde und waren Kutscher, die die schwierige Kunst voll beherrschten. Erst als nach dem Zweiten Weltkrieg diese Tradition abgebrochen war, schien das Zeitalter des pferdegezogenen Wagens ganz und gar vorüber zu sein. Ein paar Ponygespanne konkurrierten hier und dort: mehr Gaudi als Sport.
Wer die Enthusiasten waren, die den Zauber des vor dem Wagen trabenden Pferdes nicht missen wollten und es wieder zurückholten, weiß ich nicht. Wohl aber verstehe ich ihre Freude am Fahren, an der Kraft vorwärtsdrängender Pferde, die zu bändigen, zu formen, früh und richtig in Kurven und Wendungen zu bringen, anzufeuern und zu verhalten vom Fahrer Kraft und Temperament verlangt, verstehe aus eigenem Erleben, wie sich das griffige Leder in den Händen anfühlt, wie es ruckt und fordert – wie von den Pferden her eine enge Verbindung zum Menschen entsteht, anders als beim Reiten, nicht weniger vital ...

1969 wurde der Fahrsport nach Dressur, Springen und Vielseitigkeit vom Internationalen Pferdesportverband (FEI) in sein Programm aufgenommen, einheitliche Turnierregeln wurden entwickelt. Es gibt nun nationale und internationale Begegnungen; 1970 fand in Budapest die 1. Europameisterschaft, 1972 in Münster die 1. Weltmeisterschaft der Fahrer statt, in Form einer Vielseitigkeitsprüfung, die in vier Teilen bewertet wird: Präsentation, Dressur, Hindernisfahren und Streckenfahren.
Präsentation: Die Gespanne stellen sich im Stand den Richtern vor. Sie werden bis ins einzelne geprüft: Sind Haltung und Kleidung von Fahrer und Beifahrern korrekt? Pferd und Wagen gepflegt und zueinander passend? Ist das Geschirr richtig, sitzt es genau, ist es gepflegt? Wie ist der Gesamteindruck?

Dazu muß erklärt werden, daß sich in verschiedenen Ländern unterschiedliche Fahrstile entwickelten. Beim internationalen Fahrsport haben sich zwei davon durchgesetzt: der ungarische und der englische Stil. Beide gehen auf andere Voraussetzungen, andere Pferde, andere Temperamente zurück – wie so oft im Umkreis des Pferdes. Die Ungarn bevorzugten, wie wir hörten, schnelle, leichte, ausdauernde Pferde vor leichten Jagdwagen und sogenannten Sandschneidern mit hohen Rädern; die breiten Wege ihres vorwiegend ebenen Landes erlaubten ihnen, breit anzuspannen – ihre Spezialität ist der Fünferzug, mit zwei Pferden am Wagen, drei davor; die passende Ausrüstung – auch für den Vierspänner (**104, 105**) – ist das *Sielengeschirr* mit Doppelringtrense und Stockpeitsche. Die Engländer spannten stattlichere Pferde vor schwere Wagen, die oft über engere Straßen und im Stadtverkehr fuhren; sie benutzten das *Kummet-Geschirr* mit Fahrkandare und Bogenpeitsche (**106, 107**). Holland, Deutschland und die Schweiz fahren vorwiegend englisch. Bei Tur nierprüfungen ist der Fahrstil freigestellt; es wird nur genau darauf geachtet, daß er jeweils korrekt eingehalten wird – bis hin zum Anzug des Fahrers, Zahl und Livree der Bockdiener und Beifahrer. Bei Vielseitigkeitsprüfungen wird hauptsächlich zwei- und vierspännig gefahren.
Fast alle Wagentypen aus vergangener Zeit haben fröhliche Urständ gefeiert, und alle Anspannungen ebenso. Am weitesten verbreitet ist der *Einspänner* (**102**), er ist am einfachsten zu fahren und am wenigsten teuer. Das *Tandem* sieht besonders hübsch aus, verlangt aber gut geschulte Pferde: Zwei sind voreinander gespannt – eine Fahrweise, die in England entstand. War die Entfernung zum Stelldichein bei der Jagd zu lang, so benutzte der Reiter den *Dogcart* zur Anfahrt und spannte den Hunter lose davor; das strengte beide weniger an als ein Ritt. *Randoms* – drei Pferde voreinander – sieht man selten; sie sind schwer zu fahren.

106

107

109

Beim *Zweispänner* sind die beiden Pferde nebeneinander gespannt: die nach dem Einspänner meist benutzte Fahrweise. *Dreispänner* – drei Pferde nebeneinander – gibt es, als *Troika* (**183, 184**), vor allem in Rußland. Der *Vierspänner* – je zwei Pferde voreinander – ist eine traditionelle, elegante, kraftvolle Anspannung, die viel Fahrkönnen verlangt. Vom *Fünfspänner* mit zwei Deichsel- und drei Vorderpferden sprachen wir schon: Ungarn und Spanien fahren traditionell gern so. *Sechs-*, *Acht-*, *Zehn-* und *Zwölfspänner* (und so weiter), bei denen 3-, 4-, 5- und 6mal je zwei Pferde voreinander gespannt sind, werden meist als spektakuläre Schaunummern gezeigt.
Auf den Bildern ist aus diesem reichen Programm ein bunter Ausschnitt zu sehen, in fröhlichen Farbzusammenstellungen: Die Radspeichen blitzen rot und gelb, über die Pferdeohren sind rote, gelbe oder weiße Fliegenmützchen gezogen, die Fahrer tragen den klassischen grauen Anzug mit grauem Zylinder oder die Offiziersuniform oder gar ein friderizianisches Kostüm, im Wagen sitzen reglos die Bockdiener oder Damen im Kleid der Jahrhundertwende, kokett den Sonnenschirm drehend. Beim Anblick der Gespanne werden nostalgische Gedanken wach: So promenierte man »damals« an schönen Sommertagen durch die Alleen (**103**) ... Die Geschirre sind blitzblank geputzt, stilecht umflattern die Schalanken Ungarns Lipizzaner (**105**), prachtvoll urig präsentieren sich die schwarzbraunen Friesen mit dem langen Fesselbehang (**104**), Angehörige einer der ältesten noch rein existierenden Wagenpferderassen Europas.

Dressur: Was da so farbenprächtig aufgefahren ist, muß nun auf einem 40 x 80 m großen Viereck Volten und Schlangenlinien fahren, Geraden und Achten – in verschiedenen Tempi und Gangarten, immer im harmonischen Fluß, elegant und gehorsam, muß rückwärtsrichten und wenden und halten.

Hindernisfahren: Rotweiße Kegel begrenzen einen Parcours, den die Gespanne flüssig bewältigen müssen. Die Kegel werden für jeden Wagen neu aufgestellt. Höchstens 40 cm Raum darf auf beiden Seiten zu den Radnaben bleiben. Umwerfen wird mit Strafpunkten geahndet. Nicht genug damit: In Sackgassen muß rückwärts gerichtet werden, Holzbrücken sind zu überwinden, scharfe Kurven werden verlangt und vor allem eine Durchfahrt durchs Wasser, möglichst im Galopp, denn die Zeit wird gemessen – schnell, schnell! Wenn es um Zentimeter geht und vier starke Pferde vorwärtsdrängen, müssen die Fahrer Virtuosen sein. Nur mit der Stimme und den Leinen und dem Antippen der Peitsche können sie sich mit dem Gespann verständigen und vollbringen Wunder an Exaktheit – oft in atemberaubender Geschwindigkeit (**105**).

Streckenfahrt: Ist alles das überstanden, geht es hinaus ins Gelände, je nach Ausschreibung 20 bis 40 km weit. Gangart und Fahrzeit sind von Abschnitt zu Abschnitt genau vorgeschrieben, und damit es spannender wird, ist die Strecke gespickt mit Hindernissen: Spitzkehren, Steilhängen, Steigungen, Wasserdurchquerungen, scharfen Kurven. Über Chausseen und Feldwege geht die Fahrt, über Wiesen, durch Felder und Hofeinfahrten (**108**) – ein Test für Ausdauer, Kondition und Gehorsam der Pferde und die Fahrkunst des Fahrers.
Diese Wettbewerbe machen den Fahrsport auch beim Publikum immer beliebter; ein Volkssport wird er – auf dieser Ebene – wegen der Kosten kaum werden. Einen Vierspänner zusammenzustellen und zu trainieren, die Trainings- und Turnierwagen und das erforderliche Arbeits- und

110

Turniergeschirr anzuschaffen und zu warten, die Pferde zu versorgen, schließlich alles zusammen zum Ort der Veranstaltung zu befördern – das kostet Zeit und Geld und Personal. Fällt dann nur ein Pferd wegen Lahmheit oder Erkältung aus, kann das ganze Gespann nicht starten. Bleibt bei der Streckenfahrt eine Radnabe in scharfer Kurve am Baum hängen, kracht vielleicht der teure Wagen zusammen.
Bislang waren mit Gespannen im Staatsbesitz die Ungarn (Bábolna, Szilvásvárad) und die Schweizer (EMPFA) besonders erfolgreich. Engländer, Deutsche und Holländer nahmen mit privaten Gespannen an internationalen Meisterschaften teil. Viele andere Länder, in denen noch mit prachtvollen Gespannen gefahren wird, haben an sportlichem Fahren nach strengen Regeln wenig Interesse. Das gilt vor allem für Spanien, in dessen südlichster Provinz – Andalusien – das Fahren mit kostbaren, herrlich gepflegten Gespannen (**67**) eine alte Tradition hat. Die reichen Sherry-Weinbauern und -Händler aus Jerez de la Frontera und Sevilla könnten ihre Fünf- und Sechsspänner erlesener andalusischer und Kartäuser-Hengste vom finanziellen Standpunkt aus betrachtet in alle Welt schicken, an Personal fehlt es schon gar nicht. Doch wir sprachen schon bei der Dressur davon: Strikte Regeln sind nicht jedermanns Sache – und sportlicher Ehrgeiz auch nicht. Ich sah den Korso der Gespanne bei den *Ferias de Avril*, den Frühlingsfesten – und staunte über die Zahl und die Erlesenheit. Ich war dabei, wie der Fünfspänner des Herzogs von Ibarra angespannt wurde. Je Pferd dauerte das Einflechten der Mähnen und des Schweifes und des Schopfes, das sorgsame Auflegen des mit Glöckchen und bunten Wolltroddeln geschmückten Geschirres eine ganze Stunde; fünf Stunden dauerte es, bis der Kutscher und zwei Stallburschen das Gefährt fahrbereit hatten – für eine Schlenderfahrt auf dem Korso. Das Lebensgefühl, das dahintersteht, verträgt sich nicht mit der Exaktheit von Turniervorschriften. Dem andalusischen Grande geht es um den Beifall der Damen, die Begeisterung der Menge, um das eigene Vergnügen und die noble Selbstdarstellung. Außerdem: Welchem Richter würden die Caballeros wohl gestatten, Fehler an ihnen zu finden?

Gänzlich andere Impulse als die methodisch-fairen Turnierfahrens motivieren auch den Wettkampf der Gespanne in Calgary/Kanada (**109-111**) und in Goodwood/Südafrika (**112**).
Seit 1912 findet alljährlich in Calgary das größte und berühmteste Fest der Pferde aus dem ganzen Westen Nordamerikas und aus Mexiko statt, die *Calgary Stampede*. An jenem ersten, vier Tage dauernden Fest nahmen Kanadier, US-Amerikaner, Mexikaner und 2000 Indianer teil. Calgary ist nicht nur Mittelpunkt der Rinder- und Pferdezucht, sondern liegt auch in der Nähe großer Indianerreservate. Heute zieht die zehn Tage dauernde Veranstaltung selbst Gäste aus Übersee an. Ein volles Rodeo mit dem Reiten gesattelter und ungesattelter Pferde (**137-140**), Stierringen (**135, 136**) und Kälberfangen (**131-134**), mit dem Reiten von Brahmabullen, dem Melken wilder Kühe und Rennen verschiedenster Art rollt vor ihnen ab. Spektakulärste Besonderheit von Calgary sind die Chuckwagen-Rennen.
Der Chuckwagen ist der Küchenwagen auf den Farmen; er begleitete die Cowboys zum Brennen und Sortieren der Herden und auf den wochenlangen Trecks zur Verladestation: ein vierrädriger, niedriger Kastenwagen mit rundem Halbverdeck. Hinten war in einem viereckigen Kasten das Küchengerät untergebracht; die hintere Klappe diente als Küchentisch, darunter hing während der Rast eine große Spülschüssel. Drinnen waren Kästen eingebaut, die alles enthielten, was unterwegs gebraucht wurde, aber nicht am Sattel mitgenommen werden konnte: Arzneimittel

111

und Ersatzteile, Munition und Werkzeug; zudem waren zwei Wasserfässer an den Seitenwänden befestigt. Der Wagen faßte Proviant für einen Monat, darüber hinaus auch Bettrollen und Ersatzkleidung für die Cowboys. Unter dem Wagen hing in einer Büffelhaut das Feuermaterial, das unterwegs gesammelt wurde. Vier Pferde oder Maultiere zogen den Chuckwagen, dessen absoluter Herrscher der *Cookie* war, der Koch. »Nirgendwo in der Welt gab es für zehn bis zwölf Männer ein auch nur annähernd so perfekt rollendes Heim in der Wildnis für jedes nur erdenkbare Klima, wie die Cowboys es mit diesem Wagen hatten«, sagt einer der besten Kenner jener Epoche, H. J. Stammel.
In Calgary nehmen pro Rennen vier Kombinationen aus je einem vierspännigen Wagen und vier dazugehörigen berittenen Begleitern teil. Zum Start sind alle an der einen Schmalseite des großen Ringes angetreten; der Kasten mit dem Küchengerät steht hinter der herabgelassenen Klappe. Beim Startsignal werfen die Helfer zunächst den Kasten in den Wagen, schlagen die Klappe zu, und der Koch startet in vollem Galopp, während die Männer sich in den Sattel schwingen. Am anderen Ende muß ein Wasserfaß umfahren werden – dann geht's hinaus auf die Rennbahn. Sieger ist, wer die Strecke von einer halben Meile am schnellsten und mit den wenigsten Fehlerpunkten zurücklegt. Zeiten von 1,10 Minuten wurden schon erreicht, und es gibt Spezialisten, die bei zwölf Starts in diesem wilden Rennen zehnmal gewannen! Die Rasanz des Geschehens ist in unseren Bildern gut zu verfolgen. **109**: Die Pferde machen sich lang im vollen Galopp, die Kutscher stehen auf den Wagen, feuern sie mit der langen Peitsche an, und aus dieser Fahrt muß dann das Faß umfahren werden! **110**: Auf der um die Arena laufenden Bahn knäueln sich die Gespanne, das Gedränge wird gefährlich. Ein Kutscher hält die Leinen straff und stemmt sich, so fest er kann, am Spritzbrett ab; sein Rivale gibt nach, soviel er kann, um den Pferden Luft zum Überholen zu geben. Im wüsten Gemenge versuchen die Reiter oft vergebens, bei ihren Wagen zu bleiben. **111**: In den Kurven wird es kriminell – die Pferde möchten sie schneiden, ohne Rücksicht auf die anderen Gespanne, die Kutscher möchten vorn sein, aber nicht Kopf und Kragen riskieren. Rauhe Männer mit Kraft und Wagemut und starken Fäusten gehören dazu, hier durchzufinden. Die hinteren Gespanne laufen im aufwölkenden Staub, alle angefeuert vom Schreien der Zuschauer. Richter in roten Jacken geben acht, daß kein *Foul* vorkommt. Der Palomino im Hintergrund ist ein gutes Beispiel für das gescheite Mittun jener Pferde, die ihre Arbeit und ihren Reiter genau kennen. So blitzschnell er vorschießen kann, so absolut ungerührt und gelassen steht er da, wenn sein Reiter ihm signalisiert: Das geht uns nichts an.
Beim Endspurt bekommt das Fahren den Charakter der Stampede, die dem ganzen Fest den Namen gegeben hat – jenes hemmungslosen Durchgehens, das früher der Schrecken der Cowboys auf dem Rindertreck war: wenn aus geringfügigem Anlaß die halbwilde Herde in Panik geriet und zu rennen anfing und nicht mehr zu halten war, Stunde um Stunde rannte und dabei den Verdienst des Sommers an Fleisch verlor ... Kerniger, rauhbeiniger Spaß, fürwahr!

Wieder anderes Fahren dann in Südafrika, bei einem Anlaß, der gleichfalls einzigartig ist in der Welt: Auf der Schau von Goodwood bei Kapstadt sah ich 1100 Pferde der gleichen Rasse vor dem Wagen antreten! Hier leben Familien, die ihr Herz restlos an die braunen und schwarzen *Waperde*, ihre Wagenpferde, verloren haben. Die ersten holländischen Siedler nahmen die Erinnerung an ihre prachtvollen friesischen Gespanne (**104**) mit nach Afrika und holten sie nach, sobald sie konnten.

Wo sie seßhaft wurden, bildeten die Pferde ihre einzige Verbindung mit der »Welt«. Die Kapländer wurden als erste reich und präsentierten ihren Reichtum in Pferdegespannen. Ich sah Ein- und Zweispänner, Tandems und Randoms, Viererzüge und Achterzüge; und es ist bezeichnend für diese Menschen, daß Pferde, Geschirre und Wagen nicht gepflegt genug sein können, aber alle Fahrer, Mitfahrer und Bremser im Alltagskleid aufspringen (**112**). Weit entfernt davon, mit sich selbst zu protzen, zeigen sie nur prunkend ihre Pferde her.

Welch ein anderes Lebensgefühl als das europäischer Turniere! Saftiger, strotzender ist es – besonders auch in der Wahl der Pferde. Das *Bolandse Waperd*, abstammend vom holländischen Friesen, ist dunkel, sein Geschirr schneeweiß. Die Wagen – für jede Klasse im Typ verschieden – sind grün und rot, mit weißen Rändern, oft mit Blumenmustern geschmückt. Das bäuerlich bunte Bild vertuscht den Reichtum nicht, der dahintersteckt.

Auf den Schauen wird nicht nach Geschwindigkeit um die Wette gefahren – wie in Calgary; und es werden keine vorgeschriebenen Prüfungen abgelegt – wie bei europäischen Turnieren: Die Gespanne werden *vorgestellt* – wie, das ist den Fahrern überlassen. Die Richter prüfen Gangwerk und Temperament, die absolute Gleichmäßigkeit des Ganges, Gehorsam und Schönheit der Gespanne, die möglichst zentimetergenau zueinander passen sollen. Die Bahn ist 800 m im Oval, dazwischen ist eine Grasfläche, die ebenfalls befahren wird. Gehorsam und Schnelligkeit, Wendigkeit und Geschick des Fahrers werden unter Beweis gestellt, indem die knappsten Achten, Kurven, Bögen in der größtmöglichen Rasanz und im Gewühl der Konkurrenten millimetergenau an der Katastrophe vorbeigefahren werden.

Hier wird vom Bock aus *gekämpft!* Es sind immer die gleichen Konkurrenten, die gegeneinander antreten, in Trauben um die Bahn hängen, jede Neuerwerbung der anderen herausfinden, überlegen, daß sie vielleicht besser ins eigene Gespann paßte, Kaufangebot und Tausch erwägen – und den künftigen Sieg! Für ein Pferd, das ihr eigenes Gespann vervollkommnet, ist ihnen kein Preis zu hoch; nur siegen muß es! Dazu treten die Besitzer unermüdlich gegeneinander an, haben sie für jede Klasse die passenden Pferde und Wagen. Daß die Schauzeit die arbeitsreichste auf den Farmen ist, nehmen sie hin. Schließlich sind ja Söhne da, die den Vätern die Genugtuung ermöglichen, heimzukommen und zu sagen: *Ich* habe die meisten Schleifen errungen!

Denn hier interessiert keine ferne Olympiade, keine Weltmeisterschaft der Fahrer. Hier kämpfen alte Männer auf dem Feld der Schau Kämpfe der Selbstbestätigung aus – einer gegen den anderen! Nach ihnen übernehmen die Söhne die Herausforderung – und die ganze Provinz hält den Atem an.

Die eigentliche Schau beginnt mit den Achtspännern: Acht temperamentvolle, wohlgefütterte Pferde werden vor bäuerlichem Langwagen im vollen Galopp über den Platz gejagt – nicht etwa brav auf der Außenbahn! Der gewaltige Spaß beginnt erst so recht, wenn sich möglichst viele Gespanne beteiligen, wenn acht oder neun solcher Achtspänner umeinander preschen, sich ausweichen, einander fast mit den Rädern streifen, aufeinander zujagen, im letzten Augenblick die Kurve reißen wenn drei Fäustepaare in den Zügeln hängen und im vierten die Peitsche knallt, indes ein fünfter Mann, langausgestreckt am Boden liegend, fieberhaft an den Bremsen der Hinterräder kurbelt und die Mitfahrer sich an die Planken klammern und Staub aufwölkt und am Ende die schweißnassen Pferde und die heiseren Fahrer gleichermaßen erschöpft vor den Richtern anhalten.

Ein toller Anblick! Aber wie *fühlt* man sich bei solcher Fahrt? Ich habe es ausprobiert und notiert: »Ich springe auf einen der anfahrenden Wagen, fasse ganz vorn in den linken Zügel, den hinter mir noch zwei schwarze Fäuste halten, höre unverständliche Worte, ein kehliges Grollen – die Pferde traben an. Es ruckt und zieht, Gewalt macht sich fühlbar. Ich lege mich mit aller Kraft in die Kurve, als wir vom Rasen auf die Bahn abbiegen, der rechte Fahrer und sein Hintermann geben nach, knapp verpassen wir die Richter, Knallen, lautes Grollen, Nachgeben der Zügelmassen in den Fäusten: Der Achtspänner galoppiert! Ein Fahrer schreit überm Rattern der Räder, dem Knirschen des Holzes seinen Männern zu, was geschehen soll – drückt aufs Tempo – der Wagen rüttelt mich durcheinander, ich spreize die Beine, drücke mich gegen die linke Planke, um nicht zu fallen, die Hufe rutschen übers Gras, wenn der Fahrer eine so enge Schleife zieht, daß die Nasen der Vorderpferde neben mir auftauchen, wir rattern zurück auf die glattgelaufene harte Bahn; starke Fäuste zerren, ich ziehe und zerre aus Leibeskräften mit. Der dicke Strang aus Lederleinen ist wie ein lebendiges Ding in unseren Fäusten, das wegrutschen, sich uns entziehen will. Die Peitschen knallen – wir weichen um einen halben Meter auf den Rasen aus, die Männer im entgegenkommenden Gefährt lachen. Schweiß rinnt über weiße wie braune Gesichter, Zähne blitzen. Wenn es einen reinen Männerspaß gibt, dann ist es dieser! Ein Urspaß gewaltigen Ausmaßes – unterlegt vom Grimm beharrlichen Siegenwollens: Wenn nicht heute, dann auf der nächsten Schau – niemand läßt sich hier unterkriegen, niemand, der Geld hat und Pferdeverstand!

Neunmal acht Pferde fahren vor den Richtern auf – 72 dunkle Pferde ohne ein weißes Haar, beflockt nur vom weißen Schweiß. Mir stünden die Haare zu Berge, sollte ich hier den Sieger wählen!«

Soweit meine Notizen damals. Heute stellt sich wieder die Frage, was es eigentlich an Äußerstem *nicht* gibt, was Menschen von Pferden verlangen. Freilich ist beim Fahren zu sagen, daß es pferdeschonender ist als alle anderen Tätigkeiten der Pferde heute.

Doch weitaus nicht alles Fahren ist Wettkampf! Zahllose Wagen rollen über Landstraßen und durch die Wälder zum schieren Zeitvertreib, zur angenehmsten Erholung. In Großbritannien und den Niederlanden hat eine andere Fahrkunst alte Tradition: sonntags, im familiären Rahmen kleinerer Schauen, bei denen Teilnehmer und Zuschauer einander kennen und die Pferde alte Freunde sind, hübsche Gespanne vorzuführen. In Holland reicht die Geschichte des Fahrens besonders weit zurück. In den ebenen Weiten des flachen Landes fuhren Bauern und Händler schon früh auf hochrädrigen Wagen alltags zum Markt, sonntags zur Kirche (und unterwegs oft um die Wette). Holländische *Harddraver* (Schnelltraber) trugen entscheidend zum Entstehen der Traberrassen bei, die heute in aller Welt um die Wette rennen (s. Seite 121). Heute ist der Friese wieder ein geschätztes Turnier- und Freizeitpferd geworden (**104**); es ist ein Vergnügen eigener Art, sich auf die Suche nach alten friesischen Wagen zu machen, sie liebevoll wieder herzurichten und auf den Schauen der Umgebung vorzuführen. Der Beifall des fachverständigen Publikums schwillt an, wenn dazu die Insassen auch noch die Tracht jener vergangenen Zeiten tragen. Eine weitere Rasse, die diesseits und jenseits des Kanals als Wagenpferd beliebt ist, ist der *Hackney* mit dem extrem hohen Anziehen der Beine. Und hüben wie drüben (wie zunehmend auch anderswo) werden alle Ponyrassen gern und gekonnt angespannt und vorgeführt. Das ist ein Vergnügen, das nicht teuer ist, aber Liebe und Kennerschaft voraussetzt, denn ein kleines Pferd elegant zu fahren, ist nicht minder schwer als ein großes zu fahren. Die Fülle der Wagenmodelle erstaunt auch hier; sie wird vergrößert durch die Notwendigkeit, optisch und praktisch das Gefährt der Höhe der vorgespannten Pferde anzupassen. Ein Hang zum Spielerischen ist diesen beiden Völkern eigen. Sie staffieren Wagen, Pferd und Insassen auf die heiterste Weise aus, und die hübscheste, originellste Kombination gewinnt einen Preis: Zigeunerwagen mit Zigeunern, Dogcart mit Gouvernante und Zöglingen aus der Jahrhundertwende, Hochzeitskutsche mit Brautpaar, vollgeladene Postkutsche mit dem Schwager auf dem Bock – der Phantasie sind keine Grenzen gesetzt, die ganze Familie ist wochenlang beschäftigt, und der Bewunderung der Zuschauer sind alle sicher.

112 ▶

113

In den USA fand ich ein bildhübsches Reklamegespann (**113**): das elegante schwarze Pony mit Federbusch und »falschem Wilhelm« im Schweif, der Wagen blitzend gepflegt und auf der ganzen Rückseite üppig mit Rosen verziert, darin Herr und Dame aus der Pionierzeit. So fuhren sie auf einem Riesenjahrmarkt bei Los Angeles herum, einer Mischung aus Bauernrennen und -fest, Tierschau und Autoausstellung, mit Buden und Karussells – manchmal den Weg eines Achtspänners kreuzend (**114**), der ebenfalls für irgend etwas warb: mit acht strammen, runden Shettys, ein paar davon mit Fohlen bei Fuß, die in den Pausen herangebracht wurden zur Säugung – wie Hündchen an der Leine geführt und sehr artig im Gewühl (**115**).
Hier gab es keinen Zweifel: Wo immer die phantasievoll herausgebrachten und geschickt gefahrenen Winzlinge auftauchten, verklärten sich die Gesichter, wurde der Zauber der Pferde offenkundig.

BANANA SPLITS · SUNDAES
MALTS • • SHAKES
PEPSI
HAMBURGERS · HOT DOGS
ROASTED CHICKEN
LOS ANGELES COUNTY FAIR

114

115

117

Rennen

◄ 116
Wie Schemen huschen sie vorüber, im 50-Stundenkilometertempo, kaum kann das Auge der Zuschauer ihnen folgen – Rennpferde auf der Bahn ... In ihnen wurde der Traum des Menschen Wirklichkeit: schnell zu sein wie der Wind! Bunten Schemengestalten gleich auch die Jockeys, hoch in den kurzen Bügeln stehend, schwerelos, vorgelehnt dem Ziel entgegen ...

Jeder Reiter kennt das Gefühl, das spontan in ihm aufquillt, wenn sein Pferd galoppierend ein anderes überholt: Los – zeig's ihm! Um die Wette zu rennen, läßt das Blut in den Adern schneller pulsieren, das Herz heftiger klopfen, den Atem kürzer werden. Die Lust dazu springt Reiter und Pferd oft so elementar an, daß es einfach nicht vorstellbar ist, es habe im Laufe der jahrtausendealten Gemeinschaft zwischen Mensch und Pferd je eine Zeit gegeben ohne diesen lustvollen Wettkampf.
Das Pferd ist ein Lauftier; zu galoppieren ist ihm natürlich – der Galopp ist die Gangart der Flucht, die schon das Fohlen beherrschen muß. Es ist auch die Gangart gesteigerter Lebensfreude, wie jeder weiß, der Pferde beobachtet, wenn sie nach längerem Aufenthalt im Stall auf die Weide entlassen werden und zu galoppieren beginnen vor Übermut. Unter dem Reiter ist der Galopp im Renntempo aber auch die Gangart, die am meisten anstrengt und den umfassendsten Einsatz von Kraft, Willen, Gesundheit erfordert.
Wo immer es Reiter gab, hat man Pferde um die Wette laufen lassen – und sei's nur zum oben erwähnten Spaß! In *einem* Land aber bestand eine solch eingewurzelte Leidenschaft für das Rennen, daß im Laufe der Jahrhunderte präzises züchterisches Interesse und eine enorme praktische Akribie sich darauf richteten, eine eigene Rasse von *Rennpferden* zu

118

schaffen – in England. Während sich, wie im Kapitel über das Dressurreiten erwähnt, im 16. und 17. Jahrhundert die Länder des Kontinents nur für Pferde begeisterten, die sich zur Hohen Schule eigneten, und dafür auf der Basis der Andalusier Schulrassen wie Lipizzaner, Frederiksborger, Friesen und ähnliche schufen, faszinierte die Briten einzig die Vorstellung, *schnelle* Pferde zu züchten und sie auf eigens dazu angelegten Bahnen gegeneinander laufen zu lassen. Karl II. (1630-1685) ließ nicht nur eine Rennbahn in Newmarket errichten, sondern wohnte sogar für einen Teil des Jahres dort, was natürlich den Adel nachzog. Es wurde heftig gewettet, und um einander zu überbieten, betrieb man die Zucht immer schnellerer Pferde ganz intensiv. Britische Seefahrer brachten aus dem Orient Araber-, Berber-, Türken- und Perserhengste mit, die, mit einheimischen Stuten gepaart, Nachkommen brachten, die von Generation zu Generation schneller wurden.
Die Methode, die man dabei anwandte, war außerordentlich und absolut neu. Man ließ alle Pferde unter gleichen Bedingungen gegeneinander laufen und benutzte zur Weiterzucht nur noch die jeweils Siegreichen. Das schloß subjektive menschliche Beurteilung aus: Zum erstenmal in der Geschichte der Pferdezucht galt der persönliche Geschmack nichts mehr. 1727 erschien der erste Rennkalender, dem bis heute jährlich weitere folgten, seither kann jeder einzelne Sieg eines Vollblüters in aller Welt nachgeprüft werden. 1793 wurde das erste »Allgemeine Gestütsbuch« gegründet, in dem die Abstammung aller Zuchtstuten und ihrer Fohlen verzeichnet war; kurze Zeit später wurde das Stutbuch der neuen Rasse der *Englischen Vollblüter* geschlossen. Nur noch Nachkommen bereits verzeichneter Hengste und Stuten wurden künftig eingetragen. Die älteste zuchtbuchmäßig genau erfaßte Rasse der Welt war entstanden. Und sowie sie gegen Ende des 18. Jahrhunderts fertig war, begann ihr Export auf den Kontinent, nach Amerika, Australien und in die britischen Kolonien – und zugleich mit dem Renn*pferd* wurde das Renn*system* exportiert: Miteinander entstanden, ergänzten sie sich perfekt. Heute laufen alle Vollblüter der Welt unter nahezu gleichen Bedingungen und können deshalb jetzt, im Zeitalter des Flugzeugs, auch weltweit miteinander konkurrieren.

Vollblüter also sind Könige von Geburt. Ihr Blut ist »blauer« als das vieler menschlicher Könige – gibt es doch seit 25 Generationen keine Mesalliance in ihrem Stammbaum! Alle Vollblüter der Welt gehen heute zurück auf drei Hengste – Darley Arabian, Byerly Turk und Barb Godolphin – und 49 *royal mares*, »Königliche Stuten«. Sie bilden die

119

exklusivste Pferdegesellschaft der Erde. Und bis heute ist ihre Hauptaufgabe die geblieben, auf der Rennbahn zu siegen.
Diese Rennbahnen gibt es überall auf der Welt: in Japan wie in Ghana, in den USA wie in Neuseeland. Viele sind weitläufige Anlagen mit Tribünen, die Tausende von Zuschauern fassen, mit Restaurants und eleganten Logen, mit elektronisch gesteuerten Wettschaltern und Parkplätzen für 10 000 Autos. Gepflegteste Rasenanlagen und die Schleifen der Bahnen erstrecken sich zwischen sorgsam beschnittenen Hecken (**121**), Bäume rauschen, Fahnen flattern im Wind; und das alles kündet von der Faszination, die der Rennsport auf große Massen ausübt. Anderswo sind die Umstände bescheidener, Faszination und Wettlust nicht geringer: In Kamerun sah ich spannende Rennen auf einer Piste, die mit Pfosten in der Wüste abgesteckt war. In den USA werden Rennen auch auf *dirt tracks* gelaufen, auf Sandbahnen, die sich nach einem kleinen Wolkenbruch in Schlammbahnen verwandeln und aus den edlen Rennern nach wenigen Metern vorzeitliche Ungeheuer machen (**117**), graubraune Fabelwesen, Zentauren ohne Naht zwischen Roß und Reiter, die sich nach bester Slapstick-Manier immer mehr Schlamm anklatschen. Und es gibt *Schneebahnen*, auf denen die lautlos aufkommenden Hufe Schnee hochwirbeln und das Feld in aufstiebende Flockenpracht hüllen.

Solche Winterbahnen gibt es in Seefeld/Tirol sowie auf den zugefrorenen Seen von Arosa und St. Moritz in der Schweiz. Im Jahre 1906 kam man, um die Wintergäste mit einem neuen Spaß zu unterhalten, in St. Moritz auf die Idee, die damals noch reichlicher vorhandenen Schlittenpferde auszuspannen und sie statt des Schlittens einen Skiläufer ziehen zu lassen (s. Seite 157). Daraus entwickelten sich bald Rennen auf dem See, der bis zu 50 cm zufriert und eine herrlich ebene, große Rennfläche bietet. Natürlich holte man vorsorglich Gutachten ein und erfuhr von der ETH, der renommierten Eidgenössischen Technischen Hochschule in Zürich, daß bereits auf einer 15 cm dicken Eisschicht ein bespanntes Artillerieregiment gefahrlos aufmarschieren kann. Da war man beruhigt. Und obwohl im allgemeinen Vollblüter in den Wintermonaten keine Rennen laufen, holen die schweizerischen und österreichischen Rennställe und einige ausländische Gäste sie für die im Januar und Februar stattfindenden Eisrennen aus der Winterruhe. Ein beliebtes Publikumsspektakel sind sie allemal (**119, 120, 122**). Später wurden auch Hindernisrennen abgehalten, und abermals sorgte man sich, ob die Eisdecke die Aufsprünge wohl vertrüge. Zumal wenn das Eis knirscht, fürchten sich die Wintergäste; doch die Fachleute halten das Knirschen für besonders günstig, da es tiefe trockene Kälte anzeigt. Die Pferde, die auf

120

Eis laufen, bekommen scharfe Stollen in die Eisen geschraubt und haben griffigen Halt auf der glattesten Oberfläche.
Zu den Eigenarten des Rennsports gehört es, daß die Pferde nicht von den Besitzern, sondern von eigens dazu geschulten, kleinen, leichtgewichtigen Männern geritten werden: den *Jockeys*. Zu Zeiten König Karls II. von England setzte man Knaben auf die Pferde, wohl wissend, daß zuviel Gewicht den Sieg gefährdete und daß die im barocken England sicherlich nicht kalorienbewußten Herren von Stand keine Höchstgeschwindigkeiten aus ihren Rennern herausholen würden (außerdem machte ihnen das Wetten und Zuschauen mehr Spaß). Die Jockeys unserer Tage sind erwachsene Federgewichte. Durch ein kompliziertes Berechnungssystem, das Siege und Plätze und Alter der Pferde berücksichtigt, wird alljährlich neu festgelegt, wieviel Gewicht jedes Rennpferd tragen muß, um unter stets gleichen Bedingungen gegen die anderen anzutreten.
Die Jockeys tragen bunte Seidenjacken und Mützen in den Farben ihres Stalles. Schon die Römer teilten den Fahrern bei den Wagenrennen in der Arena sechs Farben zu, um die Position der Gespanne unterwegs besser verfolgen zu können: Grün, Rot, Weiß, Blau, Gelb und Purpur. Heute gibt es so viele Besitzer von Rennpferden, daß man mit reinen Farben längst nicht auskommt – es wurde eine flimmernde Vielfalt von Karos, Streifen, Punkten und Farbzusammenstellungen daraus. Die Farben alter oder sehr erfolgreicher Ställe zu tragen ist für jeden Jockey eine Auszeichnung.
Die Jockeys sind, wie die besten Pferde, heute in der ganzen Welt unterwegs. Es kann durchaus geschehen, daß ein bekannter Jockey aus den USA im ersten Rennen in Düsseldorf reitet, zum Flughafen eilt, die nächste Maschine nach Paris nimmt und das letzte Rennen in Longchamp gewinnt.
Es gibt auch Amateur- und Damenrennen; neuerdings starten auch schon weibliche Jockeys im gleichen Feld gegen die männliche Konkurrenz.
Außer den erwähnten Vollblütern gibt es noch eine eminent schnelle Rasse, die in den USA, Kanada und Australien hochdotierte, von enthusiastischen Fans bejubelte Blitzrennen läuft: *Quarter Horses* (**118**), mittelgroße Pferde mit wuchtiger Hinterhand, die – am mittleren Pferd gut zu erkennen – enorm weit untertritt und den stabilen Körper wie eine Rakete vorwärtsschleudert. Der Vergleich mit den Vollblütern auf dem See von Arosa (**119**) zeigt die Unterschiede in Körperbau und Laufweise. Wir begegneten diesem Quarter Horse schon bei der Arbeit mit den Käl-

121

bern (s. Seite 51), wo ihm ebenfalls die starke Hinterhand zu schnellen Spurts verhilft. Die Rasse ist, im Gegensatz zum Vollblut, mehr oder weniger ein Zufallsprodukt, zwar sorgfältig aus gutem Material, aber je nach wechselnden Anforderungen gezüchtet. Diese älteste Rasse der USA entstand in den britischen Kolonien des Ostens. Die ersten 100 Jahre nach der Entdeckung Amerikas waren nur die aus Spanien gebrachten Pferde miteinander gepaart worden, sie bildeten inzwischen eine bodenständig gewordene Rasse. Die Kolonisten an der Ostküste, stets in enger Verbindung mit dem Mutterland, importierten von dort schon früh erstklassige Hengste der im Entstehen begriffenen Rasse der Vollblüter, die mit den einheimischen Stuten ein schnelles, kräftiges Pferd für alle Bedürfnisse der Siedler brachten. Die angeborene britische Leidenschaft für den Rennsport brach auch in der Neuen Welt durch, nur hatten die Siedler weder Zeit noch Geld, teure Rennbahnen anzulegen und Sportpferde zu halten. Sie fanden einen Kompromiß: Sie ließen die Pferde, die sie alltags zu jeder Arbeit brauchten, sonntags über die schnurgerade, durch die Siedlungsdörfer führende, ungepflasterte Straße um die Wette laufen oder schlugen eine kurze Piste in die angrenzende Wildnis. Als praktische Länge erwiesen sich dabei 400 m – das Viertel einer Meile von 1600 m, also eine *quartermile*. In der Praxis stellte sich bald heraus, welcher Art die Pferde sein mußten, die auf dieser kurzen Strecke siegten. Sie mußten blitzschnell starten können, und dazu brauchten sie die muskelbepackte Hinterhand. Diese und einige weitere Charakteristika, auf die wir beim Rodeo (s. Seite 130) zu sprechen kommen, wurden Ziel der Zucht. Anfang des 19. Jahrhunderts war die fertige Rasse unter dem Namen *Famous and Celebrated Colonial Quarter Panther* bekannt, also als »Berühmter und gefeierter Viertelmeilen-Panther der Kolonien«. Bald wurde daraus das Quarter Horse, das die Pioniere in den Westen mitnahmen. Erst nach dem Zweiten Weltkrieg blühte in den westlichen Staaten der USA der Rennsport mit Quarter Horses im großen Stile wieder auf.

Heute gibt es viele 400-Meter-Bahnen, und die Rennen mit den Blitzstarts finden überwältigenden Zuspruch.

So kurze Distanzen gibt es bei Vollblutrennen nicht; sie sind eine einzigartige Spezialität der Quarter Horses. Im allgemeinen sind Flachrennen zwischen 1200 und 3800 m lang; Zweijährige laufen auch 900-1200 m; Pferde, deren Spezialität die kurzen, schnellen Strecken sind, heißen *Flieger*, diejenigen, die längere Strecken bevorzugen und darauf bessere Ergebnisse erzielen, sind *Steher*. Die »klassische« Distanz ist 2400 m: So lang ist die Bahn des *Derbys*, des berühmtesten der fünf *Zuchtrennen*,

122

die nur Stuten und Hengsten vorbehalten sind (in denen also keine Wallache starten). Die anderen vier (alle zwischen 1776 und 1814 in England entstanden und in der ganzen Welt gelaufen) sind: *St. Leger* (St. Leger) 2900 m; *Oaks* (Preis der Diana) 2400 m; *2000 Guineen* (Henckel-Rennen) 1600 m; *1000 Guineen* (Schwarzgold-Rennen) 1600 m. Die Namen in Klammern sind die Bezeichnungen in Deutschland.

Dem Derby haftet nahezu mythischer Ruhm an. Der Sieger ist absoluter König seines Jahrgangs – oder die Königin; nur dreijährige Pferde sind startberechtigt. In Deutschland wird dem Sieger oder der Siegerin ein Lorbeerkranz mit blauer Schleife umgehängt, weshalb hier das Derby auch als *Blaues Band des Turfs* bezeichnet wird.

Abgesehen von diesen klassischen Rennen, deren Bedingungen in allen Ländern gleich sind, entscheiden wieder einmal Temperament und Art der Völker über Einzelheiten bei der Durchführung dieses internationalen Sports. Die Franzosen bevorzugen Mitteldistanzen über mehr als 2000 m und lassen ihre Zweijährigen noch wenig laufen; die Amerikaner hingegen machen junge Pferde gern früh fit und schicken sie in spritzige, spannende Rennen über 900-1400 m. Der sehr frühe Gebrauch des Vollblüters hängt von vielen Voraussetzungen ab: jahrhundertelanger Auslese auf Frühreife, spezieller Fütterung, speziellem Training, sehr leichten Reitern und anderem mehr, und wird von den wirtschaftlichen Bedingungen einer zur Industrie gewordenen Pferdenutzung verlangt, der an Leistungen im Alter nichts liegt. Viele Vollblüter »brechen nieder«, das heißt, ihre Sehnen, Gelenke und Knochen halten die frühe Beanspruchung nicht aus. Kein normaler Reiter sollte ein Pferd vor dem vollendeten dritten Lebensjahr einreiten.

Pferde, die auf der flachen Bahn nicht schnell genug sind, aber gerne springen, können sich auf andere Weise im Wettkampf messen: in *Hindernisrennen*, unterteilt in *Hürdenrennen* und *Jagdrennen*. Bei ersteren geht es über Ginsterhürden, die gewischt, das heißt, mit den Hinterbeinen gestreift werden können (**121, 122**), bei letzteren über klobige Hecken, Zäune, Gräben. Während auf der Flachen die Geschwindigkeit durchgehalten werden muß, bringt der Flugmoment des Sprunges dem Pferd eine Atempause: Hindernisrennen sind nicht so anstrengend und deshalb auch länger – zwischen 3200 und 7500 m liegen die Distanzen. Die in weiten Achten und Bögen verlaufenden Bahnen mit den Sprüngen befinden sich meist in jenem Innenraum, den die Ovalbahn der Flachrennen umschließt (**121**), der Boden ist gepflegter Rasen. Auf dem Kon-

123

tinent wurden Hindernisrennen früher viel von Offizieren bestritten; die ganz große Begeisterung für sie ist wieder den Briten und Iren eigen. Große Hindernispferde genießen auf den Inseln den gleichen Ruf wie die Heroen der Flachrennbahn.
Daß sich der Rennsport in England so gründlich verbreitete, hat entscheidend damit zu tun, daß die Leidenschaft zu Spiel und Risiko und Wetten manchen Völkern im Blut liegt. Gewiß hat schon vor 1500 Jahren ein krummbeiniger, windgegerbter Reiter des Attila seinen hunnischen Freund gefragt: »Wetten, daß meine braune Stute schneller ist als dein Schimmel?«, worauf der – seinen Schimmel selbstverständlich für besser haltend als des anderen Stute – einschlug: »Angenommen. Meinen neuen Dolch gegen deine Satteldecke!« Und sicher fanden sich, ehe die beiden den Worten die Tat folgen lassen konnten, Anhänger der Stute, die eine Silbermünze auf sie setzten, und Freunde des Schimmelreiters, die ihr Geld dagegen riskierten. Doch das ist hier nicht gemeint: In England war es Leidenschaft eines ganzen Volkes, die bis auf den heutigen Tag die kuriosesten Wetten aufspringen läßt.
Rennen sind freilich auch wie kaum etwas anderes dazu geeignet, dem Wetten Hitze und Farbe zu geben. Edle, nervöse Pferde, elegante und tollkühne Reiter im Sattel, dazu eine Bahn, auf der man den Verlauf des Spiels verfolgen kann, steigende Spannung scharfer Endkämpfe, ständiger Wechsel der Positionen unterwegs – das alles bringt die Spannung auf den Siedepunkt. Und jede gewonnene Wette macht den Wetter mutiger, jede verlorene den Verlierer verzweifelter und rücksichtsloser.
Überdies spielte in den Anfängen des Rennsports das Prestige eine große Rolle. Er entstand am Hofe eines Königs – dort also, wo sich nicht nur Geld, sondern auch hohes Ansehen sammelte. So gehörten bald drei Dinge zusammen: das beste Pferd zu züchten, die Erregung des Rennens zu erleben und einander in schwindelerregenden Wetten zu übertrumpfen. Daraus ist heute die weltweite Faszination des Rennsports geworden; die meisten Besucher auf den Rennbahnen riskieren entweder ein paar Mark, um dem Zuschauen ein bißchen erregenden Pfeffer beizumischen, oder sie kommen geradezu wegen des Wettens hin. Der *Totalisator*, die Maschinerie, die beim Wetten den persönlichen Partner ersetzt, bietet eine Fülle von Möglichkeiten dazu an. Doch nicht sie interessieren hier, sondern das, was im wettenden Menschen vorgeht. Ein Beispiel könnte etwa so aussehen (und es paßt auf Flach- und Hindernisrennen, Quarter- und Trabrennen):

124

Der Wetter erwägt im Geiste, was er alles von den startenden Pferden und ihren Vorfahren weiß. Da rascheln die Sportzeitungen, die er eben erstanden hat, da wandert er zwischen *Führring* und Totalisator hin und her – ein letzter prüfender Blick auf die Pferde: Sieht die Erwählte so aus, als ob sie heute in Form sei? Glattes Fell? Pralle Muskeln? Waches Auge? »Alpenrose? Mensch, das ist doch die, die keinen tiefen Boden mag. Moment mal ... na ja, heute ist es trocken. Erinnere mich noch genau, wie ihr Vater Isidor vor Jahren in Hamburg mal 'ne Siegesstrippe hatte. Dürfte eigentlich nicht schiefgehen.« Und dann überlegt er, wer die Konkurrenten sind und ob der Jockey wohl richtig ist und ob sie nicht zuviel Gewicht aufgebrummt bekommen hat. Riskiert er dann wirklich 10 Mark, so stürzt er unverzüglich in bohrende Zweifel. »Kann ja nicht gutgehen. Hat nicht letzten Herbst mal jemand gemunkelt, sie sei sauer geworden?« Aber da ertönt die Startglocke, es ist zu spät – jetzt kann er nur noch den Feldstecher hochnehmen und sich einen bestimmten Punkt im Feld drüben aussuchen und sich dran festsaugen und hoffen, hoffen! Nur Alpenrose interessiert ihn jetzt noch – »Lauf, mein Pferdchen, lauf!« Nun bangt er um jeden Fuß, den die Erwählte zurückfällt, jauchzt, wenn sie die Nase vorstreckt, sich irgendwo durchzwängt, innen aufkommt – und schimpft auf »dieses Mistviech«, den großen Braunen, der ihr eben den Weg abgeschnitten hat! Und vergißt zwischen Bangen und Jubel minutenlang allen Alltagsärger. Viele Wetter meinen, dies allein sei ihnen das Wetten wert.

Manchmal gewinnen sie auch. Dann kommt zum Spiel etwas Köstliches hinzu – die Bestätigung der eigenen Intelligenz, die mit einer so kniffligen Lage fertig wurde, sie so genau voraussah!

Der Nase zu folgen oder ein System auszuarbeiten, genauer Kenner der Materie zu sein oder dem Glück zu vertrauen – alles das reizt zum Wetten, und das Wetten in Verbindung mit etwas so Lebendigem wie einem galoppierenden oder trabenden Pferd zieht Tausende von Besuchern auf die Rennbahnen in aller Welt. Was einst Könige faszinierte, begeistert nun Liebhaber quer durch alle Schichten der Bevölkerung.

Und wieder einer anderen Rasse schneller Pferde begegnen wir nun (**123-127**): Pferden nicht unter dem Reiter, sondern vor einem ganz leichten kleinen Wagen, dem *Sulky*. Es sind *Renntraber*, die gezüchtet wurden, nicht im Galopp, sondern im Trab ihre größte Schnelligkeit zu entwickeln.

Im 18. und frühen 19. Jahrhundert entstanden sie in drei verschiedenen Ländern fast zugleich: in Rußland, Nordamerika und Frankreich. Das

Netz der Straßen wurde hier enger, die Wagen wurden besser – wir hörten schon davon. Im Wagen statt im Sattel zu reisen wurde bequemer und damit populärer. Und schon machte man sich daran, konsequent bessere und schnellere Pferde für den Wagen zu züchten.
Für *Rußland* liegt der Zeitpunkt, als dies geschah, genau fest. Graf Alexej Grigorowitsch Orlow, Günstling der großen Zarin Katharina II., wurde zum Reiten zu dick. Um aber die riesigen Entfernungen zu seinen südrussischen Gütern komfortabel zurücklegen zu können, beschloß er, bessere Wagenpferde zu züchten. Er war ein kluger Mann mit züchterischem Fingerspitzengefühl, ein reicher Mann, der es sich leisten konnte, seine Beauftragten auf der Suche nach einem passenden orientalischen Hengst bis nach Griechenland zu schicken, wo sie 1775 den Schimmelhengst Smetanka kauften. Und er war kein weicher Höfling, sondern ein entschiedener Mann, der einen einmal gefaßten Entschluß nicht wieder aufgab. Smetanka, für den damals unerhörten Preis von 60 000 Rubel erworben, brachte mit einer dänischen Stute den Hengst Polkan I. Aus diesem und einer niederländischen Harddraver-Stute (s. Seite 96) zog er 1784 den Schimmel Bars I, der Stammvater aller nach dem Grafen benannten *Orlow-Traber* wurde. Er wird als großes, elegantes Pferd mit Feuer und hervorragender Trabaktion geschildert. Mit Stuten gleicher Art – also arabisch-dänisch-niederländischer Kreuzung – begründete er die damals schnellste Traberrasse der Welt. Graf Orlow war seiner Zeit in Rußland weit voraus. Er ließ die Mütter und Väter jener Tiere, die er nur für den schnellen Überlanddienst auf weiten und vielfach schlechten Wegen gebrauchen wollte, auf der Bahn trainieren und nahm nur die besten in die Zucht. In Moskau fanden dann aber 1799 doch die ersten Trabrennen statt, und zwar im Winter, vor leichten Schlitten (wie heute noch in Arosa und St. Moritz). Zu Beginn des 19. Jahrhunderts waren Orlow-Traber in aller Welt bekannt, und zwar sowohl als Kutsch- wie als Rennpferde. Sie werden heute noch in Rußland weitergezüchtet und zur Verbesserung von Landschlägen benutzt.

In *Nordamerika* entwickelte sich die Zucht von Renntrabern analog zu der der Quarter Horses (**118**). Als man auf den Dorfstraßen Neuenglands deren Vorfahren unter dem Sattel um die Wette rennen ließ, wurde auch in denen, die ihre Pferde im leichten Wagen zur Alltagsarbeit benutzten, der Wunsch nach Wettkampf, Aufregung und Sieg wach: sie *fuhren* also um die Wette.
Die schnellsten Gebrauchspferde des damaligen Amerika waren die mit importierten englischen Wagenpferden einheimisch gezüchteten *Narragansett-* und *Canadian-Pacers*, die vor dem Wagen Paß und unter dem Sattel einen gebrochenen Paß gingen. Zwei englische Vollbluthengste – Messenger, 1788 importiert, und sein Sohn Hambletonian – erbrachten mit Stuten dieser Schläge Traber, die ihre Zeiten ständig verbesserten und bald schon auf eigens angelegten Rennbahnen liefen. Um zugelassen zu werden, mußten unerprobte Wagenpferde sich einem Test unterziehen, der erweisen mußte, ob sie die Meile innerhalb eines festgelegten Standards – einer bestimmten Zeit also – zurücklegen konnten. Daher bekam die Rasse den Namen *Standardbred* (= auf einen Standard hin Gezüchtete). Die Standardbreds stammten also zur Hälfte von Paßgängern ab. Die Veranlagung zu dieser vierten Gangart, bei der jeweils die Beine einer Seite gleichzeitig aufsetzen und abheben (**126**), ist sehr stark erblich; sie setzt sich häufig gegen den Trab, bei dem jeweils die diagonalen Beine gleichzeitig aufsetzen und abfußen, durch (**125**). So entwickelten sich zwei Unterarten der Standardbreds: Paßgänger und Traber. Für beide gibt es in den USA getrennte Rennen. Manche Pferde können beide Gangarten im Renntempo laufen; sie können dann in beiden Rennarten starten, dürfen nur unterwegs die jeweilige Gangart nicht wechseln. Der Weltrekord für Paßgänger ist um Sekunden schneller als der für Traber. Das amerikanische Standardbred zeichnet sich durch einen bekannt gutartigen Charakter aus, ist durchschnittlich 155 cm groß, robust, muskulös, lang gebaut und kräftig.

▲ 125

◄ 126

In *Frankreich* erkannte man nun auch die Vorteile, die ein schnelles Wagenpferd auf allen Gebieten der Wirtschaft und des Militärs erbrachte. Doch erst 1835 beschloß man offiziell, es aus dem Normänner – dem französischen Allzweckpferd schlechthin – zu züchten. Dazu wurde zunächst ein *Norfolk-Trotter*, Hengst einer guten englischen Wagenpferdrasse, eingekreuzt. Englische Vollbluthengste brachten dann größere Schnelligkeit in die Rasse, und schließlich benutzte man auch importierte Standardbreds aus Amerika. 1937 wurde das Stutbuch geschlossen. Der französische Traber ist größer als seine Vettern, aber ebenso schnell. Frankreich ist heute eines der führenden Länder für Zucht und Gebrauch von Renntrabern. Auf den Pariser Bahnen werden die teuersten Trabrennen der Welt entschieden, die heute – per Jet – Teilnehmer aus den Traberländern der ganzen Erde anziehen. Nur in Frankreich werden gelegentlich auch Trabrennen unter dem Sattel gelaufen.

In den meisten Ländern hat sich das Blut der Gründerrassen mittlerweile zu einer Einheitsrasse vermischt, Deutschland, Holland, die Schweiz und Italien sind begeisterte Traberländer geworden, mit vielen kleineren und großen Bahnen, hochgezüchteten, durchtrainierten Pferden und einem genau reglementierten Rennsystem.
Bezeichnende Unterschiede zum Galopprennsport sind jedoch vorhanden. Traber werden vielfach noch auf dem Bauernhof gezüchtet, mit einer oder zwei Stuten, die früher alle Arbeit in der Landwirtschaft verrichteten und heute als Freizeitpferde unter dem Sattel gehen. Bis zum Zweiten Weltkrieg war es in den Großstädten des Ruhrgebietes, in Berlin, Hamburg und München ein gewohntes Bild, Traber vor dem Bäcker-, Metzger-, Gemüse- oder Kohlenwagen laufen zu sehen und ihnen sonntags auf der nächsten Bahn wieder zu begegnen. Außer Berufsfahrern und Trainern gibt es bei diesem Sport auch viele Amateure und Amateurfahrerinnen. Er ist, im Gegensatz zu den meisten anderen Sportarten, kaum an ein bestimmtes Alter, Körpergewicht oder besondere körperliche Kondition gebunden, der Sulky, der etwa 1,20 m breite, leichte Wagen, ist so gebaut, daß das Gewicht des Fahrers für die Rennleistung des Pferdes kaum von Bedeutung ist. Gesund muß man sein, Freude am Sport haben und natürlich ein Pferd besitzen.

Die Trabrennbahnen – immer dicht an den Ballungszentren der Industrie und den Großstädten gelegen – sind bei größter Modernität und Effizienz doch weniger vom Hauch der Welt der Könige berührt. Sie kultivieren bewußt ihre eigene Herkunft aus den Kreisen der Bauern und Gewerbetreibenden, die einst die Dorfstraßen säumten, um ihre Arbeitspferde siegen zu sehen. Eine behaglichere Atmosphäre herrscht dort; die Restaurants und Würstchenbuden werden auch dem kleineren Geldbeutel gerecht, der niedrigste Wetteinsatz beträgt ein paar Mark; es gibt beaufsichtigte Kinderspielplätze – kurz, Trabrennbahnen sind ideales Ziel von Familienausflügen.
Traber sind harte Burschen. Sie starten das ganze Jahr über, fast an jedem Wochentag wird irgendwo gerannt. Und sie verlassen die Bahn viel später als die Vollblüter: Stuten müssen mit Schluß des siebten, Hengste und Wallache nach Beendigung des zehnten Jahres abtreten. Die regelmäßigen Besucher kennen ihre Lieblinge also viel genauer und länger und feuern sie im Rennen enthusiastisch an. Um den Besuch auch an Wochentagen zu ermöglichen, finden viele Rennen nach Feierabend bei Flutlicht statt, und das scharfe Stakkato der im hämmernden Trabtakt aufsetzenden Hufe und die glitzernden Farben, vom grellen Lichtstrahl aus der Dunkelheit geschnitten, verströmen ein erregendes Fluidum ganz besonderer Art.
Aber auch bei Tage geht von einem gut besetzten Trabrennen eine Atmosphäre eigener Art aus (**123, 124, 127**). Die Optik des von vorn aufgenommenen Feldes verzerrt zwar die Wirklichkeit etwas – ganz so nah quetschen die Sulkys sich nicht ineinander –, doch wird deutlich, wie schwierig es bei stark aufgeschlossenem Feld für den einzelnen Fahrer ist, sein Gespann in eine zum Überholen passende Position zu bringen. Das erste Pferd trägt eine Fliegenmütze, die einzig und allein im Fahrsport zu tragen erlaubt ist, und zwar, wie wir schon sahen, im Turnier- wie im Rennsport.

Bis vor dem letzten Krieg wurden abtretende oder für die Bahn nicht geeignete Traber gern von Gewerbetreibenden für die Arbeit oder auch als Kutschpferde auf dem Lande gekauft. Diese Verwendung gibt es heute nicht mehr. Dafür stieß mich der Zufall auf eine spezielle neue Aufgabe für den Traber im Bereich des Freizeitreitens. Er läßt sich leicht zu jenem gebrochenen Paß umschulen, der vor zwei Jahrhunderten schon den Narragansett-Pacer zum begehrtesten Exportartikel der jungen amerikanischen Kolonien machte. Diese bei uns *Tölt* genannte Gangart ist in der ganzen Welt unter vielen Namen bekannt und immer hochgeschätzt: in den USA zum Beispiel als *Rack*, *Tennessee-Walk*, *Flatfoot*, *Singlefoot*. Ausführlicher komme ich im Kapitel »Freizeitvergnügen« (s. Seite 164) darauf zurück. Es ist eine Viertakt-Gangart, bei der die Füße im klaren 1-2-3-4-1-2-3-4-Takt einzeln hintereinander aufsetzen und die den Reiter ohne Stoß bequem im Sattel weiterträgt. Das paßgehende Standardbred-Pferd, dessen Blut heute in allen europäischen Traberrassen umläuft, gibt die Veranlagung dazu mit. Der einzigartig gutmütige Charakter des Trabers, seine hohe Unempfindlichkeit gegen Witterungseinflüsse, die starken, gesunden Knochen und die allgemeine Robustheit machen ihn zum idealen Freizeitkameraden. Sein typischer Körperbau mit der steilen Schulter und dem überlangen, etwas weichen Rücken erschwert es ihm, auf die in der Dressur erwünschte Weise die Hinterhand unterzusetzen und an den Zügel heranzutreten; deshalb war er in der herkömmlichen Reiterei als »unreitbar« verpönt. Anders geritten, ist vor allem der töltende Traber eines der besten, leichtfüßigsten und willigsten Reitpferde überhaupt.

Reiterspiele

Das Leben des Pferdes mit dem Menschen verläuft keineswegs nur in der Enge der Nutzbarkeit und streng reglementierten Sports. Seit altersher entfaltet es sich reich und schön im Spiel. Wir sprachen schon vom Hetzspiel der Jagd, nun wird die Rede sein vom Spiel der Hirten und der Soldaten, vom Spiel, das übersteigerten Mut erweisen soll, und vom heiligen Spiel strenger Zeremonie.

Die Grenzen zwischen Arbeit, Spiel und Sport sind nicht immer genau zu ziehen – spielerisch wird oft das, was man bei der Alltagsarbeit tut, ohne Notwendigkeit weitergetan: verwandelt, übersteigert, wird vor allem vor Zuschauern und mit Mitspielern getan. Und leicht wird dann, über den Ehrgeiz, Sport daraus – im besten Falle große Schau. Das Spiel dient keiner Zuchtauslese wie etwa die Rennen. Es ist, wenngleich in unendlich abgewandelten Formen, in der ganzen Welt zu Hause. Überwiegend geht es beim Spiel nicht um Geldgewinn, sondern um das Vergnügen, um die Selbstdarstellung oder – wie z.B. in Japan – um höhere Selbstverwirklichung. Viele Spiele haben sich aus ehemals heiligem Brauch entwickelt und im Laufe der Zeit ihren eigentlichen Sinn verloren, sind zum Beiwerk von Fest und Schau geworden. Bei allen Spielen aber gilt es, Ehre einzulegen mit sich und seinem Pferd. Und alle sind bunt und aufregend und lassen Mitspieler und Zuschauer die Sorgen des Alltags eine Weile vergessen.

Spiele als Vorbereitung zum Krieg hat es sicher bei allen Völkern gegeben. In Europa sind sie seit den Tagen der Römer in Wort und Bild belegt. Auf einer breiten Bahn inmitten der Soldatenlager war ein mannshoher Pfahl in die Erde gerammt, gegen den die Reiter in voller Karriere anritten in dem Versuch, ihn mit Schwert oder Spieß zu treffen wie einen lebendigen Gegner, ihn möglichst dicht zu umrunden und dabei verschiedene Markierungen genau zu treffen. Das machte Pferd und Reiter wendig; überdies beflügelte das Spiel die Phantasie bald schon kam es dem Reiter vor, als galoppiere er wirklich gegen einen Feind an! Weshalb denn auch das Reiten gegen diesen *palus* der Römer das ganze Mittelalter hindurch beibehalten wurde zur Übung der nur im Kriegsfall aufgestellten und deshalb kaum geschulten Heere – auch der Bauer begriff den Sinn solcher Übung, der vorgestern noch mit seinem Pferd den Acker bestellte! Im Laufe der Zeit wurde aus dem Pfahl ein »richtiger« Gegner: eine Holzfigur mit buntem Anzug, die auf einem Zapfen angebracht war, ein Schwarzer oder ein Türke mit Schild und Schwert. Auf den Schild zielte der Angaloppierende, und wenn er sein Ziel nicht exakt traf, drehte der hölzerne Gegner sich auf seinem Zapfen herum und schlug den Enteilenden mit dem Schwert. Noch im Barock verband man die Hohe Schule und das Kriegsspiel miteinander; auf perfekt geschultem Pferd ritten die Herren in Pirouetten und Galoppwechseln zwischen zahlreichenFeindfiguren hin und her und attackierten sie mit Lanze, Schwert und Pistole – je nach Erfolg oder Mißerfolg begleitet vom Beifall oder Spott des zuschauenden Hofes. Ludwig XIV. von Frankreich, der Sonnenkönig, nahm 1662 vor 15 000 Zuschauern an einem solchen *Carrousel* teil, im Kostüm eines römischen Imperators, und traf »mit einer Grazie, die alle Welt bezauberte«, 16 hölzerne Türkenköpfe. Daß bei so erlauchter Teilnahme die Spiele im Glanz höfischer Pracht stattfanden und gekonnt gespielt wurden, läßt sich leicht vorstellen.

Die Offiziere der berittenen britischen Regimenter in Indien pflegten ihre Geschicklichkeit mit Schwert und Lanze zu erproben, indem sie im Vorbeireiten im Galopp die Pflöcke aus dem Boden stachen, die an den Zelten ihrer Kameraden die Schnüre hielten. Da das dem Lagerfrieden auf die Dauer nicht so recht zuträglich war, steckte man später eigens Pflöcke ein Stück von den Zelten entfernt in den Boden und versuchte sie im Galopp aufzuspießen. *Gymkhana* nannten die Hindustani diese und andere Spiele zu Pferd; und als Gymkhanas wurden und werden sie in allen Teilen der Welt – mit besonderer Begeisterung etwa bei den Buren Südafrikas – von alt und jung gespielt.

Als Kriegsvorbereitung und Schulung kämpferischer Geschicklichkeit zu Pferde können auch die afrikanischen *Fantasias* gelten (s. Seite 136). Doch wenden wir uns zunächst friedlicherem Spiel zu.

Das Zürcher *Sechseläuten* (**128**) geht auf uraltes Brauchtum zurück. Der Winter wird vertrieben, der Frühling begrüßt. In vielen Religionen wird dieser Anlaß festlich gefeiert: Es sei erinnert an die Marsspiele der Römer, das Ostarafest der germanischen Frühlingsgöttin, um nur wenige zu nennen. Will der Winter nicht weichen, so wird er gezwungen – wird auf einen Holzstoß gepflanzt und mit dröhnenden Schüssen, ohrenbetäubendem Geknalle in den Tod gejagt. Reiter, die mit verhängten Zügeln ihre Rosse um den schwarzen Qualm des Feuers jagen, helfen dem symbolisch nach. So nennen frühe Berichte das Fest denn auch eine »heidnische Abgötterei«. Doch der so eindrückliche Feuerzauber hielt christlichem Verdammungseifer auch dann stand, als das Fest nach 1336 einen bürgerlichen Sinn bekam. Handwerk und Handel mittelalterlicher

◄ **127**

128 ►
Ritt um schwarzloderndes Feuer, auf dem der Winter knallend und zischend verbrennt, um endgültig dem Frühling Platz zu machen – Höhepunkt des Sechseläutens in Zürich, eines Festes, bei dem auch die Pferde seit altersher nicht fehlen dürfen.
Hier reiten »Beduinen« der Zunft »Zum Kämbel« – Zum Kamel also – mit flatterndem Burnus um den lohenden Feuerstoß – Volksbrauch und Reiterspiel in einem ...

129

Städte waren in Zünften organisiert. Im Winter wurde bei spärlichem Licht bis um fünf Uhr nachmittags gearbeitet; um die Frühjahrs-Tagundnachtgleiche läutete die Glocke des Großmünsters erstmalig wieder den Feierabend um sechs Uhr ein – der Frühling war da, die Tage wurden länger, vergessen waren Funzel und Kienspan. Heute wird dieses Sechseläuten Ende April gefeiert. Veranstalter sind immer noch die Zünfte, denen jetzt auserwählte Nachfahren jener mittelalterlichen Handwerker und Gewerbetreibenden angehören. Farbenprächtige Umzüge in historischen Gewändern finden statt, deren Mittelpunkt der *Böögg* ist, eine riesige Schneemann-Figur, die den Winter symbolisiert. Am Ende wird sie – wie eben Brauch seit altersher – auf einen gewaltigen Scheiterhaufen gesteckt. Und während das Holz brennt und alle Kirchenglocken läuten, umrunden auch heute noch Reiter der Zünfte ihn, bis der mit Feuerwerkskörpern gefüllte Böögg knatternd und funkensprühend zerrissen wird.
Die Zunft »Zum Kämbel«, die auf unserem Bild gerade reitet, umfaßte früher die »Öler, Grempler, Habermähler, Salzknechte, Wein-Zieher und Gärtner« – also nichts, was die Kostümierung als wilde Beduinen rechtfertigte. Doch sie bewohnte ein Zunfthaus, das »Zum Kämbel« hieß – und vom Kamel ist es ja wirklich nicht weit bis zum Beduinen hoch zu Roß, die Fahne des Propheten in der Hand.

Hirten haben stets begierig Gelegenheiten zu gemeinsamem Spiel ergriffen. Von der Einsamkeit der Gardians in der Camargue, der Cowboys Nordamerikas, der Gauchos Südamerikas, der Csikós in Ungarn und all der anderen können wir uns heute keine Vorstellung mehr machen. Die Pferde blieben sommers wie winters draußen, die Hirten schliefen neben der verglimmenden Asche des Feuers, ihre Hütepferde gehobbelt oder angebunden in der Nähe, vielleicht auch freilaufend, wenn große Vertrautheit sie verband. Sie lebten mit den Hirten irgendwo, wo Raum war für viele Rinder, Schafe, Stiere, Pferde – weit weg also von jeglicher Zivilisation und Nachbarschaft. Traf man sich dann sehr gelegentlich zu einer Arbeit, die nur gemeinsam durchgeführt werden konnte, so war Gelegenheit gegeben, einander zu zeigen, was man im Jahresablauf an Geschicklichkeit gewonnen, seinen Pferden beigebracht hatte.
In der Camargue, im Süden Frankreichs, wird so die *Ferrade* gefeiert: das Brennen der Jährlingskälber. Dabei werden von den geschickten Cowboys der Provence, den *Gardians*, die Jährlinge einzeln von der Herde abgetrennt und in wilder Verfolgungsjagd möglichst dicht an die Stelle herangetrieben, wo man das Feuer das Brenneisen (*le fer* – daher ferrade) rotglühend macht. Der Stier wird sodann »bei den Hörnern gepackt« – unsere Rodeo-Bilder zeigen die Technik – und durch eine Drehung des Halses zu Boden geworfen.
In der flimmernden Weite der Pußta ist das Pferd mit seinem Reiter Wächter, Wegweiser und Hüter der Herden, teilt mit ihm die träge dahinfließenden Stunden des Nichtstuns und die Minuten äußerster Wachsamkeit, wenn Unruhe in die Herde fährt, ein paar Ausreißer zu galoppieren anfangen. Da sah ich sie sekundenschnell reagieren: War der Hirt aus der Hocke in den Sattel gesprungen, galoppierte sein Brauner schon im genau richtigen Winkel davon, knallte die Peitsche und trieben sie beide die Davonlaufenden zum Rudel zurück und dieses ein Stück weiter weg, in Kurven und Wendungen die Herde dirigierend. Das Pferd lief mit hoch aufgeworfenem Kopf; fast ohne Zügelhilfe wußte es, was es tun sollte.
Aus der Gemeinschaft wuchs Vertrauen, aus dem Nichtstun wuchs das Spiel, dem sich beide Partner zu aller Zeit freudig hingaben. Die Csikós

130

zeigten uns, was sie in den Stunden einsamen Hutens geübt hatten. Die Pferde stiegen oder falteten sich zusammen wie Gummitiere, blieben ausgestreckt am Boden liegen, indes der Hirt, auf ihnen stehend, die *Karikás* schwingt, die bis zu drei Meter lange Hirtenpeitsche aus geflochtenem Leder, deren 50 cm langer Stiel mit höchst kunstvoller Einlegearbeit verziert ist. Im Gebrauch dieser Karikás ist der Csikós unerreichter Virtuose – ihr weithin tönendes Geknall findet jubelnden Widerhall in seinem Herzen. Und die Pferde kennen die Bedeutung jedes unterschiedlichen Knalles genau.

Was man den Pferden an den verschiedenen Zipfeln der Erde jeweils beibringt, ist eingebunden in alte Tradition. Nur so kann man ja, trifft man sich beim dörflichen Fest oder an den Höhepunkten des Hirtenlebens – Brennen, Fangen, Sortieren –, beim Vorzeigen gleicher Künste mit denen wetteifern, die das Jahr über anderswo lebten. Die Formen also sind bekannt – es gilt, sie zu übersteigern. Ungarische Spezialität ist die *Ungarische Post* mit zwei oder fünf Pferden. Auf zwei blinkenden Füchsen steht der Csikós in der Festtagstracht der *Burgac*-Pußta: weißem Hemd mit weiten Ärmeln, schwarzer Weste mit Goldknöpfen, flatterndem weißem Rock und schwarzem Hut (**129**). Er steht auf den Kruppen, je einen Fuß auf einem Pferd. Wippt federnd in den Knien, geht weich in jeder Bewegung der trabenden oder galoppierenden Pferde mit, die gelernt haben, im Gleichschritt zu treten. Auch sie wissen – wiederum Folge von Vertrauen, Aufmerksamkeit und viel Geduld –, was von ihnen erwartet wird. Im Hintergrund bilden die seit Jahrhunderten in der Pußta beheimateten weißgrauen Steppenrinder, die *szürke-marha*, mit den malerischen, weitausladenden Hörnern, eine Mauer gleichmütigen Zuschauens. Alle, Mensch und Pferde und Rinder, kennen sich seit langer Zeit; was hier abläuft, gehört – wenn auch nicht im Festgewand – zu den Mußestunden schläfriger Sommertage, zur Kurzweil im Herbst, wenn alle satt sind und zufrieden von der Fülle guter Nahrung.

Krönung des Spiels dann die Ungarische Post mit fünf sprühend lebendigen Araberhengsten (**130**). Sie quirlen über die Bahn, nur auf die Stimme ihres Lehrers Bela Lenard hörend, der sie für internationale Schauen vorbereitet – in der Festkleidung der *Hortobagy*-Pußta: reich gefältelter blauer Bluse und ebensolchem Rock, die den Körper im Sommer kühl umflattern, im Winter an Armen und Stiefeln wärmend zusammengebunden werden, schwarzer Weste und schwarzem Hut. So steht er auf den beiden hinteren Pferden, hält die Hengste mit leichter Hand, wendet sie, läßt sie wieder angaloppieren, Pferde, flüchtig und von betorender Anmut, silbern auftauchend aus dem rosigen Staub, der alle Herden der großen Tiefebene ein Leben lang umgibt. Zwecklos ist, was sie tun, und gerade deshalb so verzaubernd in unserer zweckmäßigen Welt.

Das Einfangen eines Kalbes bei der Alltagsarbeit auf einer kanadischen Rinderfarm (s. Seite 51) begegnet uns nun beim Rodeo als Schau-Spiel wieder: *Calf Roping*. Man mag es eher für einen rauhen Sport als für ein Spiel halten, doch die Grenzen verlaufen fließend. Es gehört weithin noch zur Arbeit des Hirten, wurde und wird Anlaß, das eigene Können prahlerisch zu beweisen, wenn sich die *Outfits* beim Brennen treffen oder vor der Bar des Dorfes nach der Saison, wenn das Geld in der Tasche juckte, die Stimmung nicht besser sein konnte und die Burschen sich nach der Arbeit langer Monate topfit fühlten. Ein paar spitze Bemerkungen, ein herausforderndes Lachen – Wetten wurden geboten, Pferd und Kalb gebracht – hier und da packte es einen, er schlug ein, wollte sich gegen die anderen durchsetzen und kämpfte mit allem, was er an Geschicklichkeit und Zähigkeit nur hatte. Draußen – und in der Arena.

131 **132**

1885 fand das erste bekannte *Rodeo* statt; heute gibt es eine *Rodeo Cowboys Association* in Denver/Colorado, die offizielle Veranstaltungen durchführt. Nur wenige Teilnehmer leben vom Rodeo; viele sind Pferdezüchter, Farmer, einfache Cowboys, Kaufleute und Angestellte und was sonst noch alles. Welchen Beruf sie auch haben, sie alle sind Männer, so wie der Westen sie sich vorstellt: hart, zäh, erfahren, fair, blendend konditioniert. Die wilden Spiele zwischen Mann und Pferd enden unverhältnismäßig selten im schweren Unfall. So merkwürdig es klingt: Die wenigsten Unfälle passieren beim Reiten ungesattelter Buckler (**140**), etwas mehr bei gesattelten Bucklern (**137-139**); am gefährlichsten ist das Reiten der wilden Brahma-Bullen. Stierringen und Kälberfang können Verletzungen von Knie und Knöcheln zur Folge haben, doch sind gerade hier die Reiter meist sehr erfahren.
Als Sport hat das Rodeo-Reiten nur im Westen der USA, in Kanada und Mexiko Bedeutung. Der Rodeo-Reiter ist absoluter Einzelgänger; es gibt weder Nationalspieler noch -teams, keine Trainer und Spezialärzte, keine staatlichen Zuschüsse oder was dergleichen die erfolgreichen Spitzensportler anderer Disziplinen alles erwarten können.

Statt der Weide auf der Farm hier die Arena. Am einen Schmalende steht in der Startbox ein ziemlich ausgewachsenes Kalb. Sowie sich der Verschluß automatisch öffnet, rennt es los, so schnell es kann. Hat es eine bestimmte Markierungslinie gekreuzt, setzt ihm aus einer anderen Box ein Pferd, das den Vorgang so gespannt beobachtete wie sein Reiter, mit gewaltigen Sätzen nach. Aus untergezogener, muskelbepackter Hinterhand losschießen zu können wie der von der Sehne geschnellte Pfeil ist die eine der von ihm verlangten Qualitäten, die andere ist es, dem Reiter von sich aus das Kalb richtig vors Lasso zu bringen. Das heißt, sein durch Training geschulter Instinkt läßt es jede Bewegung des durch die Arena wirbelnden Kalbes richtig vorausahnen: Es schätzt die Geschwindigkeit ab und bringt den Reiter in die richtige Position knapp seitlich hinter das Kalb. Dabei hält es den Zwischenraum gleichmäßig groß, wie auch immer das Kalb im Zickzack zu entrinnen sucht. Der Reiter konzentriert sich nur auf den Wurf. Schon ist die Schlinge gebildet (**131**). Sie legt sich präzise um den Hals des Kalbes (**132**), der Reiter läßt das am Sattelknopf befestigte Seil los und springt zu Boden, während das Pferd bereits von sich aus zum gleitenden Stopp ansetzt und die Hinterhufe bremsend durch den aufwölkenden Staub der Arena unter den Leib zieht, dabei das Lasso straffend. Es weiß genau, was es tun muß – es muß die Leine, an der entlang der Reiter auf das Kalb zusprintet, festhalten, damit dieses nicht weiterlaufen kann, keinesfalls darf es seinerseits ziehen, es muß *halten* – unverrückbar dastehen, wie wild auch immer die 400 Pfund am anderen Lassoende ziehen und zerren (**133**). Der Reiter hat das Kalb auf den Rücken gelegt, reißt das Bindeseil zwischen den Zähnen weg, wirbelt den Faden um ein Vorderbein, schnappt sich die ausschlagenden Hinterfüße, dreht das Seil dreimal darum herum, macht einen Knoten, wirft die Hände in die Luft. Dann geht er zu seinem Pferd zurück, das den Vorgängen aufmerksam – die Ohren gespitzt – zusah (**134**), und löst das Lasso vom Sattel. Das Kalb muß fünf Sekunden liegenbleiben, sonst gilt der Fang nicht. Sieger des Wettbewerbs ist, wer in der kürzesten Zeit dies alles erledigt.
Sein Pferd ist gleichwertiger Partner bei diesem Spiel. In der Weite des Farmlandes könnte kein Rind gebrannt oder verarztet werden ohne das Pferd, das es am Lasso festhält. In langem Training wird dem wichtigsten Helfer des Hirten beigebracht, wie es das machen muß. Mit Schlägen und Ungeduld richtet man dabei nichts aus, sondern nur mit Geschick und Geduld und täglichem Training und tätigem Mittun des Pferdes, das im allgemeinen erstaunlich schnell begreift, was von ihm erwartet wird. In der Arena kommt der Zeitfaktor hinzu, der absolute Präzision verlangt und das Spiel spannender gestaltet. Draußen ist es egal, ob es ein bißchen länger dauert – hier kostet es den Sieg. Überrennt das Pferd das Kalb, hält es den Abstand nicht exakt ein, verliert es Zeit; hält es nach dem Wurf zu langsam an, verliert der Reiter, der dann aus toter Position los-

133

134

rennen muß, wiederum Zeit. Ein zu plötzlicher Stopp schleudert ihn auf die Nase; läßt das Pferd das Lasso durchhängen, kostet die Jagd auf das dann wild herumzerrende Kalb ebenfalls Sekunden. Selbstverständlich muß der Reiter seinen Teil genau so perfekt beherrschen. Lassowerfer üben unermüdlich und werfen nach allem, was ihnen gerade in den Weg kommt: nach Hühnern und Hunden im Hof, nach Stühlen und Weidepfosten – sie sind der Schrecken ihrer Familien und Freunde, denn natürlich sind auch menschliche Ziele willkommen ...

Eine spannende Variante des Kälberfangs ist das *Steer Wrestling*, der Ringkampf mit dem Stier. Die Aufgabe lautet: einen 700 Pfund schweren, sehr schnellen Jungstier vom Pferd aus bei den Hörnern zu packen und vorschriftsmäßig zu Boden zu werfen – wie üblich in wenigen Sekunden. Der Stier befindet sich wieder in der Startbox am Schmalende der langen Arena, diesmal auf beiden Seiten von Reitern flankiert. Beim Öffnen der Startbox rennt er los, und die blendend trainierten Pferde schießen ihm nach (**135**). Der Reiter rechts vom Stier muß ihn am Abbiegen hindern und auf möglichst gerader Lauflinie halten, sein Kollege links konzentriert sich auf den Stier – ihm fällt die eigentliche Arbeit zu: Kann er die Hand auf die Flanke des Tieres legen, läßt er sich in einem Winkel von 45 Grad aus dem Sattel auf den Hals des Rindes fallen und ergreift die Hörner (**136**), während die Vorwärtsbewegung seines weiterrennenden Pferdes ihm die Beine nach vorn zieht, so daß er sie vor dem Kopf des Stieres in den Sand rammen kann, um ihn zu stoppen. Das Geheimnis des nun folgenden Hinwerfens besteht darin, den Stier schon im eigenen Fall aus dem Gleichgewicht zu bringen und ihn zu werfen, ehe er sich davon wieder erholt. Dazu muß der Mann selbst in perfekter Balance sein und sich genau ausrechnen können, wie er Gewicht, Gleichgewicht und Vorwärtsbewegung des Stieres zu seinem Vorteil ausnutzen kann.

Auf dem Bild läßt sich der Reiter im haargenau richtigen Sekundenbruchteil auf den Stier fallen. Sein Pferd läuft geradeaus weiter. Deutlich sieht man, wie es sich nach rechts legt, um es dem fallenden Reiter leicht zu machen, den linken Fuß über den Sattel zu ziehen. Mit fast menschlicher Intelligenz spielt hier das Pferd das Spiel des Reiters mit. Dieser versucht nun, den Kopf des Stieres zu sich hin zu drehen und ihn, mit dem Körpergewicht seine Schulter gegen den Stier drückend, zu Boden zu werfen. Das alles muß nach strengen Regeln geschehen – die Aufgabe muß nicht nur gelöst, sie muß korrekt und schön gelöst werden. Jeder Fehler kann ihm das Geld wieder nehmen. Auch der Stier kann einen Strich durch die Rechnung machen, indem er vielleicht einfach stehenbleibt oder sich rechts oder links den Pferden vor die Beine wirft. Dennoch gelingt es Meistern dieses Sports, innerhalb von vier Sekunden den Stier einzuholen, zu werfen und sauber so auf die Seite zu legen, daß er alle viere von sich streckt.

Die eigentlichen Künstler sind aber die Pferde! Sie müssen ihre Reiter blitzschnell exakt neben den Stier bringen, sich seiner Geschwindigkeit anpassen, das Tempo von sich aus drosseln, jede Bewegung des Reiters erspüren und schnurgerade weiterlaufen, wenn dieser sich aus dem Sattel löst. Beim Stierringen gibt es Pferdechampions, die ihre Arbeit so gut können und so vollendet erledigen, daß der Trainer sie an beliebige weitere Reiter ausleihen kann. Berühmte vierbeinige Meister haben zahllosen Reitern zu Geld und Ehren verholfen – ohne sich dabei schinden zu müssen wie andere Pferde bei manchem internationalen Reitsport. Stierringen ist eines der faszinierendsten Spiele beim Rodeo – es verlangt superlative Körperbeherrschung und den kühlsten Kopf, geschmeidige Kraft und Nerven von Stahl.

Wenn außerhalb Amerikas das Wort Rodeo fällt, bringt man es mit dem spektakulärsten Ereignis in Verbindung: mit dem Reiten wild buckelnder Tiere, den *Bucking Contests*, von denen es drei gibt: auf gesatteltem (**137-139**) und ungesatteltem Pferd (**140**) und auf den noch gefährlicheren Brahma-Bullen. Erschauernd stellt sich der Normalreiter vor, er selber säße auf so einem explodierenden Teufel!

◀ 135

◀ 136

137 ▶

138

139

140

Das stellten sich natürlich auch die Cowboys von jeher vor – nur nicht erschauernd. Sie wissen, daß auch für Millionen Amerikaner Rodeo und *Bronc*-Reiten gleichbedeutend sind: Der buckelnde Wildling mit den zurückgelegten Ohren, aufwiegender Mähne und peitschendem Schweif und der Cowboy, der ihn reitet, sind das klassische Symbol für die Eroberung des Wilden Westens. Und so steigen sie auf 1000 Pfund ungezähmter Wildheit – ohne Nerven, aber mit untrüglichem Instinkt für den Ablauf jeder Bewegung unter sich, mit phantastischem Koordinationsvermögen und in unübertrefflicher Balance. Sie wissen, daß sie die Lieblinge der vielen tausend Zuschauer sind.

In jenen Zeiten, in denen sich im wirklich noch wilden Westen der USA jene Lebensumstände zu konsolidieren begannen, in denen der Cowboy dann einen so wichtigen Platz einnahm, waren auf den riesigen Farmen nicht nur die Rinder halbwild, sondern auch die Pferde. Sie wurden den Indianern abgekauft oder irgendwo in der eigenen Herde wild geboren, wuchsen im Gras mit den Rindern auf, ohne daß sich jemand um sie kümmerte. Irgendwann mußten sie für die Arbeit eingebrochen werden – viel Zeit zu gemächlichem Einreiten gab es nicht, zu knapp waren die Menschen in der Einsamkeit der *Cattle-Ranches*. Männer, die sich genug Können zutrauten und mutig waren und Geld brauchten, wanderten als Spezialisten für das Einbrechen umher, den Sattel auf dem Rücken, und verdingten sich, wo immer eine Gruppe Wildlinge an den Sattel zu gewöhnen war. Sie setzten sich auf alles, was vier Beine hatte, und begannen den Kampf, der dem Tier beweisen mußte, daß der Reiter ihm überlegen war.

Natürlich gab es unter den Pferden genauso rauhe Burschen wie unter den Reitern – was den Ehrgeiz der letzteren nur noch mehr anstachelte zu tollkühnem Wagemut. Sie versuchten, einander zu übertreffen. So entstand das *Bronc-Riding* beim Rodeo.

Auch hier sind genaue Regeln festgesetzt. Das ungesattelte Pferd trägt einen Bauchgurt mit einem Handgriff über dem Widerrist, an dem sich der Reiter mit einer Hand festhalten muß. Der andere Arm muß frei in der Luft wedeln und darf weder das Pferd noch den Körper des Reiters noch den Gurt berühren. Kopfstück und Zügel fehlen, auch Bügel gibt es nicht.

Das gesattelte Pferd trägt ein Halfter, an dem ein rauhes Leitseil befestigt ist, sowie einen standardisierten Sattel; das heißt, das Modell ist bei allen Rodeos das gleiche. Der Reiter kann das Leitseil mit einer Hand fassen, die er nicht wechseln darf. Beim ungesattelten und gesattelten Pferd genügt es nicht, nur oben zu bleiben – die Reiter müssen die Beine rhythmisch vor- und zurückschwingen und das Pferd an Schulter und Flanke spornieren. Hören sie damit auf, sind sie disqualifiziert. Die Sporen sind stumpf; scharfe Sporen würden den Buckler entmutigen, doch kann gerade das dem Reiter nicht passen: Zur Bewertung braucht er ein sozusagen aus vollem Herzen buckelndes Pferd, denn nicht nur das Obenbleiben und die fehlerfreie Haltung des Reiters wird bewertet, sondern auch der Stil des Pferdes. Gute, wild und energisch buckelnde Pferde sind rar und den Fans in Rodeo-Land namentlich so gut bekannt, wie anderswo berühmte Renn- oder Springpferde. Sie bekommen oft mehr Applaus als die tollkühnen Reiter.

»Aber ist es nicht grausam?« bin ich oft gefragt worden. Gewiß ist es das – für den Reiter, der Kopf und Kragen und sämtliche Knochen riskiert, doch das ist seine Sache. Die Pferde buckeln allerhöchstens acht Sekunden – wenn der Reiter nicht schon vorher im Sand liegt. Und das ist nicht etwa ihre tägliche Leistung, sondern die Hälfte ihrer Arbeit in vierzehn Tagen! Zweimal die Woche dürfen sie eingesetzt werden, dann haben sie eine Woche Pause. So verlangen es die Regeln der Vereinigung. Zum Buckeln kann man nur Pferde verwenden, die von Natur aus widerspenstig und nie durch ein Reitpferdetraining davon kuriert worden sind. Im Gegenteil: Hat man einen Buckler, so rührt man ihn möglichst wenig an, um ihn nicht zahmer zu machen. Früher war es nicht schwierig, jede Menge wüster Broncs zu finden, heute, wo Pferdezucht systematisch so betrieben wird, daß jede schlechte Eigenschaft schon über die Elterntiere ausgemerzt wird, sind *böse* Pferde mit Gold nicht zu bezahlen. Dies, und

nicht etwa der Mangel an tollkühnen Reitern, bedroht denn auch den Fortbestand der *Bucking Contests*.
Um dem Buckeln dieser allzu Friedlichen mehr *Pep* zu geben, schnallt man ihnen um die Lenden einen Gurt, der sie durch Zwang zu doppelter Leistung anspornen soll. Ich stand einmal eine Stunde an den Startboxen und sah einen Buckler nach dem anderen hinausschieben. Es verlief immer so: Das Pferd stand ruhig im engen Käfig; Sattel oder Gurt und Lendenriemen wurden angelegt, der Reiter stand breitbeinig über dem Pferd auf den Sprossen der Box, ohne den Pferderücken zu berühren. Auf ein Signal hin geschieht gleichzeitig viererlei: Der Reiter läßt sich auf den Pferderücken fallen, der Helfer zieht den Riemen an, das Tor fliegt auf und das Pferd schießt buckelnd in die Arena, wobei die Füße des Cowboys bereits vorn an den Schultern Sporenhilfe geben müssen. Spätestens acht Sekunden danach liegt der Reiter im Sand. Ist er nicht vorher abgeworfen worden, muß er sich beim Abpfeifen fallen lassen oder wird auf den Rücken eines dicht an den Buckler galoppierenden, eigens dazu trainierten *Pick-up*-Pferdes hinübergezogen, während auf einem zweiten Pick-up-Pferd ein Reiter herangaloppiert und mit einem Ruck den Riemen löst. Der erfahrene Bronc trabt daraufhin zum Ausgang – in der Illusion, immer der Überlegene zu sein. Er weiß, tüchtiges Buckeln befreit ihn von der Last.
Das Pferd, das der Reiter durch das Los zugeteilt bekommt, wird ebenso gründlich geprüft wie der Reiter. Stürmt es wild in der Arena herum oder ist es faul, benimmt es sich bösartig oder launisch, so bekommt es wesentlich weniger Punkte, als wenn es ehrlich, hart und heftig buckelt. Dazu soll es entweder die Vorderfüße unter den Bauch nehmen und mit rundem Rücken buckeln (**137-139**) oder den Kopf in die Luft werfen und aus strammem Rücken die Beine hart auf den Boden knallen lassen; natürlich kann es sich »unterwegs« auch noch winden wie ein Aal (**140**). Daß, wie anfangs gesagt, das Reiten mit Sattel zu mehr Unfällen führt als das sattellose, liegt am Bügel, der zwar mehr Halt gibt, bei einem Sturz aber leicht zur Falle für den Reiterfuß wird.
Bei diesem Spiel hat das Pferd eindeutig die besseren Chancen als der Reiter – verletzte Pferde kommen so gut wie gar nicht vor. Der zunehmende Brauch, in den Lendengurt eine kleine elektrische Apparatur einzubauen, um den immer ruhiger werdenden Pferden unserer Tage mehr Pfeffer zu geben, ist abzulehnen – nicht, weil er in acht Sekunden dem Pferd auch nur einen Bruchteil dessen antut, was Pferde anderswo allzuoft unter mißgeleiteten Turnier-Ambitionierten jahrelang erdulden müssen, sondern weil im Prinzip beim sportlichen Spiel keinerlei schmerzhafte Manipulationen geduldet werden können. Sie sind immer und überall der Anfang vom Ende.
Abgesehen davon tun die Pferde beim Rodeo nichts, was ihrer Natur zuwider ist. Sie rennen kurze Strecken und setzen ihr Training ganz selbständig ein, oder sie buckeln den Reiter in den Sand. So scheint mir das Rodeo zu den Betätigungen des Pferdes zu gehören, die noch dicht beim Ursprung sind.

Das Quarter Horse, von dessen rassenmäßigem Entstehen wir schon sprachen, erlebte im Westen der USA seine zweite Hochblüte. Während im Osten die wohlhabender werdenden Händler Neuenglands sich zunehmend Vollblüter aus dem Mutterland beschafften, die das Viertelmeilenpferd überflüssig machten, wurde es dem westwärts wandernden Pionier unentbehrlich. Im Dienst der Siedler begann die Karriere, um derentwillen es heute berühmt ist – es wurde *das* Cowpony schlechthin. Die Cowboys hatten sich in den ersten Dezennien der Entwicklung der Rinderzucht in den weiten Prärien auf den vorhandenen indianischen Mustangs beritten gemacht. Doch waren diese verwilderten Pferde durch das rauhe Leben in der freien Natur leichter und kleiner geworden und bald nicht mehr in der Lage, die durch Zuchtauswahl immer schwereren Rinder am Lasso festzuhalten. Die schnellen, kompakten Quarters hingegen konnten das Rind nicht nur halten, sondern das einzufangende Rind auch infolge ihrer mächtigen Hinterhandmuskulatur in abrupten Stopps und Wendungen am Weglaufen hindern oder ihm nachsetzen, wenn es sich zu weit entfernte. Kurz, das Quarter Horse war der ideale Partner für den Cowboy und ist es bis heute geblieben.
Die Vernunft und die Gelassenheit, die die Quarters dabei zeigten, die Leichtigkeit, mit der sie sich halten und wenden und wieder anreiten lassen, brachte ihnen schließlich den nachhaltigsten Triumph: Das Quarter Horse wurde für Millionen von Amerikanern geliebtes Freizeitpferd, Kamerad für den pferdebesessenen Laien. Die Situation ist dabei nicht unähnlich der vor 100 Jahren. Auch damals waren die Siedler keine gelernten Reiter. Doch die erwähnten Vorzüge der Pionierpferde sowie die bewährte Methode, ihnen einen schweren Sattel zu geben (in dem der Reiter unverrückbar fest sitzt, ohne das Pferd zu stören) und sie mit scharfem Mundstück zu lenken, dessen Zügel nur mit zwei Fingern gehalten werden, machten es möglich, daß ein Kontinent erobert und besiedelt wurde – zu Pferd. Heute ist das Stutbuch für Quarter Horses das größte der Welt: mit über drei Millionen eingetragener Pferde!

Was wären Veranstaltungen ohne Teilnahme der *Damen*? Das *Barrel Racing* ist ein Rennen um drei im Dreieck aufgestellte Tonnen. Es ist eine Domäne junger Mädchen und Frauen geworden. Sie reiten rasant nach rechts, umrunden die erste Tonne in unvorstellbar knapper Rechtskurve (**141**), galoppieren so schnell wie möglich zur zweiten Tonne, die sie von links umrunden müssen, reiten auf die Spitze des Dreiecks zu, wo die letzte Tonne wieder von rechts genommen wird, ehe sie in gestrecktem Galopp zurück über die Ziellinie reiten. Eine Sekundensache, in der sich das Pferd in höchstmöglicher Geschwindigkeit zweimal zur anderen Seite herumwerfen und sein Gleichgewicht dabei, schräg liegend, bewahren und möglichst immer noch schneller werden muß! Die Trittsicherheit der Pferde, die in solchen Kurven die Balance nicht verlieren, ist ebenso erstaunlich wie der verwegene Mut der jungen Reiterinnen. Sicheres Gefühl für Balance, tiefes Vertrauen zueinander und die Tollkühnheit der Pioniere machen auch dieses Spiel wieder zu einer typischen Angelegenheit des amerikanischen Westens.
Im Hintergrund sind gut die Boxen zu erkennen, aus denen bei den beschriebenen Wettkämpfen Pferde und Rinder hervorschießen. Beim Rodeo ist alles fest: Eisen und Eisenrohre bilden Begrenzungen und Boxen. Auch das ist ein Zeichen für die Ungezähmtheit mancher dieser Cowboyspiele.

Eine Wüstenstadt im Tschad – 45 Grad im Schatten – wo ist Schatten außer an dem schmalen Stück entlang der sonnengebackenen Mauer, das kein Lufthauch mehr erreicht (**142**)? Braunverbrannt und ausgedörrt die Straße, dunkelbraun der Staub unter den kleinen Hufen der Pferde, die fast erdrückt werden vom Silberschmuck und den vielfach übereinandergelegten Schabracken und Fellen. Die Reiter mit den kahlgeschorenen Köpfen, dicht vermummt in Festtagsgewänder, von Schals umflattert, haben mitten im schnellsten Galopp den Degen gezogen, halten staubwölkend an und salutieren vor dem Sultan, der inmitten seines Gefolges unter einem Baldachin hoheitsvoll zu Pferde sitzt. Eine leise Bewegung seiner Hand hat die dörflichen Gaffer beiseitegescheucht. Nur jauchzen dürfen sie laut und schrill, wenn die Reiter Trupp um Trupp heranpreschen, winzig klein am anderen Ende der schnurgeraden langen Straße, größer werdend, groß und gewaltig sodann auf Pferden, die sich bäumen im jähen Stopp, mit der Hinterhand durch den Sand rutschen, einen halben Meter vor dem Sultan stehenbleiben ... Krieger zu Pferd.
143: Wie angenagelt sitzt der junge Fulani auf seinem Rappen, läßt ihn wieder und wieder steigen im Bergland von Kamerun, unendlich weit entfernt von jenen Weisen des Reitens, die sich in Westeuropa entwikkelten. Die kostbar bestickte Djellabah trägt er zu Ehren seines Königs, des Arbu Amaru vom Volke der Fulani. Der Arbu hat Geburtstag. Sitzt mitten im Grün seines Weidelandes da, umringt von Frauen und zahllosen Kindern und seiner Dienerschaft, und läßt stoisch Trupp um Trupp entfesselter Reiter auf sich zupreschen, einen Nachmittag der Fantasia als passende Geburtstagsgabe entgegennehmend.
Das Gras ist hoch, die Regenzeit hat – der bedeckte Himmel zeigt es – voll eingesetzt. Hier ritt ich meine erste Fantasia, unerfahren noch in dieser Reitweise. Ritt mitten in der Viererreihe auf einem Sattel, den ein Bindfaden hielt, schwankend, brüchige Zügel in der Hand, die zu einem »Gebiß« aus Draht führten. Den Zügel hielt ich lose in der Hand, wie man mir gezeigt hatte, gefährlich lose, dachte ich damals. Bis sich im Galopp eine schwarze Hand sacht auf meine legte, zwei Finger meine Zügelfaust öffneten: »Nicht festhalten«, lächelte mein Nachbar, »Pferde

141

haben das nicht gern.« Bestürzt ließ ich den Zügel ganz fahren, hilflos fremden Gewalten ausgesetzt, bis mein Pferd mit den anderen zu freiwilligem Halt kam.
Nie werde ich es vergessen. Was wissen wir Grobfäustigen schon von der Leichtigkeit der Naturreiter? Was ist schon ein Stück Draht im Maul, wenn es nicht angefaßt wird? Ist ein Arsenal von Hilfszügeln, mit denen wir unseren Pferden die Freiheit nehmen, nicht schlimmer?
Grünbraune Ebene in Marokko, darin ein kreisrund getretener Sandplatz: Standplatz eines Berberhengstes, wohlgenährt, mit prallen Muskeln und langem Behang, dichtem Schweif (**145**). An drei Beinen gefesselt, an einen Pflock gebunden. Ist er unglücklich? Es sieht nicht so aus. Gleich neben ihm befinden sich die schwarzen Zelte der Nomaden. Er lebt im unmittelbaren Umkreis der Familie, sieht alles, hört alles; Kinder umtollen ihn, die jüngste Frau bringt ihm zu essen, abends sitzen die Männer dicht bei ihm am Feuer – und sie sprechen von ihm: Wird er sich bei der nächsten Fantasia hervortun? Am schnellsten laufen, am knappsten stoppen? Hat er auch genug zu essen, damit er schnell laufen kann? Das ist heute ihre Sorge. Sehr selten reitet sein Herr ihn zum Markt, meist steht er angebunden, wenn ihn die Kinder nicht zur Tränke galoppieren. Er dreht sich auf seinen kräftigen Beinen, um allem Geschehen aufmerkend zu folgen, ist in steter leiser Bewegung – die Muskeln sind gesund – ich ritt ihn in der Fantasia.
Zu großen Festen werden Festzelt und Gerätschaft mitgenommen. Alles hat seinen Platz bei den wandergewohnten Nomaden. Am wichtigsten ist der kostbar geschmückte Sattel aus bestickter gelber und weißer Seide,

142 ▶
Die Straße leergefegt von Leben. Ein paar Jungen nur drücken sich, vor der Gewalt des Anritts zurückweichend, an die Häuserwand, voll Sehnsucht, so zu reiten wie ein Krieger!
Krieger können sie – die Geschehnisse in Afrika zeigen es jeden Tag – sofort wieder werden: voll von der Wildheit der Fantasia, die ihrem Lebensgefühl so tief entspricht.
So ritten ihre Vorfahren einst unter der Fahne des Propheten: »Auf mageren Rossen edler Art, die Reiter leicht wie Falkenbrut, herjagend durch geteilten Staub ...«

144

das mit Silber beschlagene Fantasia-Gewehr, nicht eben lebensgefährlich, aber zum Abfeuern von knallendem Pulver höchst effektvoll; sodann der perlmutt-eingelegte Teetisch – unentbehrlichstes Mobiliar im weiß-schwarzen Zelt; die Silberbecher für den übersüßen Pfefferminztee stehen darauf, der jedem Gast in Mengen angeboten wird (**146**).
Damit ihr nichts geschehe, der schnellen Stute, der klugen, dem Schatz des Zeltes mit dem Fohlen bei Fuß, wird ihr vorsorglich die *Hand der Fatima* auf die Brust gedrückt in rotem Henna (**147**). Fatima beschütze sie! Und mögen alle Festteilnehmer sehen, wie wir sie schätzen, die Unvergleichliche ... Wenige Stuten nur nehmen an den Fantasias teil, und um ihretwillen erfüllt schrilles Schreien der angehobbelten Hengste die Luft, die ohnehin Tag und Nacht prickelnd erfüllt ist vom beißenden Pulverdampf, vom süßen Duft gebratenen Hammels von den Feuern.
Am Abend bricht nach einem Wolkenbruch die Sonne noch einmal durch und taucht die Szene in unwirkliches Licht (**148**). Wie aus schimmerndem Silber ist der herrliche Schimmel im Vordergrund. Auch er steht sonst angehobbelt vorm Zelt, aber wer hielte ihn deshalb für einen Knecht? Auf die Silberornamente der Flinten scheint die Sonne, auf die ruhig dastehenden Pferde, die gleich lospreschen werden in rasenden Sätzen. Die Reiter warten. Die Bügel sind kurz geschnallt, wie schon zu Zeiten Mohammeds, wie auch im Reiche der Mongolen. Sie reiten mit hochgezogenem Unterschenkel, den Rücken gegen den hohen hölzernen Hinterzwiesel gedrückt, den Oberkörper vorgebeugt.
Vier Tage dauert alljährlich das Fest der Thronbesteigung in Marokko. Große schwarzweiße Festzelte sind so um einen weiten Platz gestellt, daß an der Schmalseite die vornehmsten Gäste wohnen und nacheinander in Fantasias angeritten werden. An der einen Längsseite drängt sich die Bevölkerung, in bunteste, leuchtendste Gewänder gehüllt (**149**), drängt zum Geschehen, hält aber vorbildlich Disziplin – niemand rennt auf das Feld, obwohl kein Zaun, nicht einmal eine trennende Schnur gespannt ist.
Wo immer ich rund um die Sahara Fantasias erlebte, gehörten zu ihnen die Edlen als ihr Ziel – der König und seine Familie in Kamerun (**143, 144**), die Sultane und Lamidos im Tschad (**142**), die Emire und Kaids in Marokko (**148-150**) –, die Scharen der Reiter, in farbiger, exaltierter Selbstdarstellung, und viel Volk als Zuschauer. Daß viele Menschen da sind, die bewundern, auf die der Funke der eigenen Begeisterung überspringt und die ihn zurückspringen lassen als Ansporn für die Reitenden und die »Attackierten«, das ist eine der wichtigsten Voraussetzungen für viele Spiele – bei der Fantasia ist sie unerläßlich. Der eigentliche Ritt ist

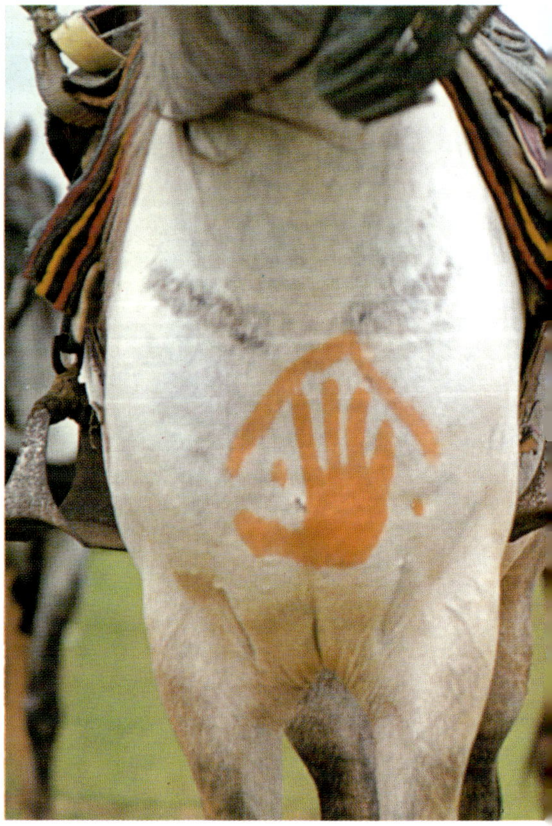

▲ 145

146

147

148

Immer Teil einer übergeordneten Zeremonie; Fantasia ist ohne ihre »Mitspieler« nicht denkbar.
Aber was ist denn nun Fantasia eigentlich? Es ist ein Phantasiegefecht, ein Scheinangriff – ein immerwährender Traum von Völkern, in deren Überlieferung weder die heiligen Kriege noch die Raubüberfälle der Vergangenheit je aufgehört haben zu leben. In der Fantasia ist der wichtigste Teil davon Gegenwart geblieben: der blitzschnelle Angriff. Dafür hielten sich jahrhundertelang bis in unsere Zeit hinein selbst die überwiegend auf Kamelen berittenen Stämme Nordafrikas und des Vorderen Orients Pferde beim Zelt – Pferde, die auf langem Marsch das Reisekamel frei begleiteten und die erst bestiegen wurden, wenn es zu kurzem Überfall und Angriff kam. Ein eigentliches Gefecht gibt es bei der Fantasia nicht mehr. Die Waffen haben nur noch symbolische Bedeutung, erweisen allenfalls noch die Geschicklichkeit des einzelnen oder die Disziplin der Gruppe – und erhöhen die ohnehin latente Gefahr. Eine Fantasia wird immer – je nach Breite des zur Verfügung stehenden Anritt Raumes – zu mehreren geritten, die möglichst dicht nebeneinander bleiben müssen. Ich sah durch eine schmale Gasse in einem Meer von Menschen drei Reiter, von allen Seiten angespornt zu immer wilderem Galopp, auf eine Mauer singender Mädchen zureiten, die eingehakt dastanden und lächelten – sah, wie die Schwerter aus der Scheide gerissen und hochgehalten wurden, wie die Pferde, den Wüstensand pflügend, sich bäumend bremsten, und wie mit ihren Vorderbeinen zugleich sich die Schwerter senkten, leicht die Schultern der Mädchen berührten. Sah aber auch, wie ein Pferd nicht anhalten konnte und in die Menge sprang, zwei Männer niederreißend, und im Gewühl der Erschrockenen, zur Seite Springenden und Schreienden schaumbedeckt immer wieder stieg ... Ich kniete mit der Kamera vor der heranpreschenden Schar, und ich weiß, wie das

149

Herz hoch im Halse klopft, wenn die Hufe näher trommeln im heißen Lauf, wie alle Instinkte schreien: Weg!, und welcher Selbstüberwindung es bedarf, jenen Mut zu beweisen, der dem heroischen Mut des Angreifers entgegensieht: den stoischen Mut des Attackierten. Sie gehören unabdingbar zusammen, machen gemeinsam den Sinn der Fantasia aus – Gefühle, die einst absolutes Vorbild waren im kriegsbestimmten Leben und heute eine letzte verbliebene Möglichkeit vorgaukeln, über sich hinauszuwachsen im kühnen, alltagsübersteigernden Tun.
Denn ob Schwert oder Degen gezogen und unter spitzem, grellem Geschrei über den Kopf geschwungen und in beherrschter Kurvatur gesenkt werden, ob langläufige alte Musketen Pulver verschießen unter ohrenbetäubendem Geknall, ob die Pferde noch so gekonnt ihren Part mitspielen – immer ist eine Erregung um das Spiel, die jeden Augenblick die Beherrschung durchbrechen und das kalkulierte Risiko zum echten werden lassen kann. Ungefährlich ist eine Fantasia nie – das macht für die Nachfahren von Kriegern Reiz und Herausforderung aus.
Hunderte von Pferden, Dutzende riesiger Zelte voller Teppiche, wimmelnde Menschenmengen drinnen und draußen, die Pferde kreuz und quer angepflockt unter dem bunten Sattel, Hengste, die sich bäumten, um von der Fessel loszukommen, die sie hinderte, einen Rivalen um zwei Stuten anzufallen – das Bild orientalischer Pracht und ungebunden-naturnahen Lebens verschlägt einem manchmal die Sprache. Üppig verziert die Sättel mit seidenen und samtenen Schabracken, pfundschwer mit Silber besetzt, mit Goldfäden bestickt, versilberte Bügelschuhe mit geschwungener Sohle, um die Pferdehälse an bestickten Bändern kleine Lederschatullen mit Amuletten. Die Reiter, malerisch in vielfarbige Djellabahs gehüllt, füllen die langen Läufe der Flinten mit Pulver und Magnesium und reihen sich, Zügel locker überm Handgelenk, zur breiten Front auf, die geschlossen gegen das Zelt des *Kaid* angaloppiert. Wie mit einem Satz springen 20 Pferde in den Galopp, strecken die Leiber lang und flach aus, indes die Reiter hauptsächlich mit der Flinte beschäftigt sind und erst im letzten Augenblick durch einen kurzen Ruck am Zügel fußbreit vor dem Zelt des Fürsten die Pferde zu gemeinsamem Stillstand bringen. Musketen knallen, Pulverdampf steigt in den Himmel – ein herrlicher Männerspaß mit tieferer Bedeutung.
Scharfe Ringkandaren tragen in Marokko die Pferde, werden angetrieben mit einer Ecke des Bügelschuhs. Losstürzen und Stillstand – jäher Start und jäher Halt: Wieviel Tierquälerei steckt darin? Die Frage wird von allen Europäern gestellt; sie kann nur im Sattel beantwortet werden. Die Kenntnis der eigenen Reitweise genügt nicht vor fremder Weise; man muß hochspezialisierte Pferde vom Rücken aus beurteilen, die Füße in die fremden Bügel stecken, die Zügel des scharfen Gebisses selbst in die Hand nehmen, um ihre Wirkung zu fühlen. Sagte ich »Hand«? Schon falsch. Zwei Finger genügen. Im Schritt reitet man zum Start, rangiert sich lachend ein, drückt auf ein Zeichen des Anführers kurz mit der flachen Bügelseite zu, wird vom plötzlichen Ansprung gegen die hölzerne Sattelkante geschleudert, zieht ganz von selbst die Unterschenkel nach hinten hoch, schiebt die Knie spitz in die Bewegung und *fliegt*. Schwebt in sicherer Balance über dem Pferd, nichts in der Hand, vergißt alles außer diesem knappen, rauschhaften Galopp. Schreit beim *chok*, dem letzten Teil der Attacke, von der Spannung mitgerissen gellend *ßii-ßiii*! – nimmt instinktiv die Zügel vor dem bedrohlich näherkommenden Zelt mit knapper Bewegung zurück, wird vom steigenden, rutschenden Pferd wieder gegen den Sattelrand geschleudert – und *steht*.

150

Kein einziges Mal mußte ich ein Fantasia-Pferd wirklich treiben, wirklich halten. Die Pferde sind allzu gierig, loszurennen, wissen genau, wo sie stoppen müssen. Daß sie es unter einem guten Reiter besser tun, ist hier wie überall selbstverständlich: Perfekter als der gleitende Halt auf der Hinterhand, den der Schimmel des linken Reiters (**150**) vollzieht, brächte ihn auch kein jahrelang darauf geschultes Quarter Horse fertig. Der Reiter hebt sich im Sattel, um den Rücken zu entlasten, und gibt mit der Hand leicht nach, während er mit der anderen die Flinte abschießt. Diese Reiter sind Naturtalente. Die besten unter ihnen sind von Natur aus Meister.

Auf der *Finca*, dem Landgut eines andalusischen Stierzüchters, der zugleich einer der berühmtesten *Rejoneadores* seines Landes ist, ein Stierkämpfer zu Pferd also, begegnen wir einem völlig anderen Spiel, das harte Arbeit mit der Schulung junger Pferde verbindet. Bei der *Tienta*, die alljährlich im Frühling in der Arena beim Haus stattfindet, werden die Jährlingskühe darauf geprüft, ob sie wild genug und beherzt genug sind, Mütter künftiger Kampfstiere zu werden, oder ob sie in die Mastherde kommen. Der Schimmel, den Don Alvaro Domecq reitet, ist noch sehr jung, aber ganz aufmerksam. Der Reiter beginnt ihn im sehr kleinen Raum scharf und kühn zu tummeln: übt Stehenbleiben, Wenden, Angaloppieren, wirft ihn in knappste Kehren und Volten, zuerst mit, dann ohne Zügel. Er beugt sich in Haarnadelkurven tief aus dem Sattel, lockt mit der Kappe in der Hand die *vacca*, die kleine Kuh, höhnend heran, reizt sie. Ein leichter Zügeldruck läßt das Pferd abrupt zum Stand kommen, gleich schnellt es sich weit ab, als die Hörner der vacca zu nahe kommen, entgeht ihnen um Haaresbreite. Konzentriert, gehorsam, herrlich durchtrainiert, gehen Don Alvaros Pferde stets stolz und leicht (**151**). Der Reiter trägt die Lederschürze über den Jeans und steckt die Füße in den kurzen andalusischen Stiefeln bis zum Spann in die Bügel. In der Rechten hält er die *banderilla*, die jeder Jungkuh während der Erprobung einmal in den Nackenspeck gesteckt wird. In der Loge sitzen der *majoral* und der *veterinario*, Gestütsleiter und Tierarzt, und beobachten jede Reaktion der vacca. Es geht hier nicht um den Stierkampf, sondern um Pferd und Reiten – und schwer nur läßt sich die Anmut der Pferde wiedergeben, die eins nach dem anderen in diesen Tagen in der Arena vor uns arbeiten. Kein Bild vermag die Biegsamkeit ihres Galopps wiederzugeben, wenn sie vor der dumpf brüllenden Kuh eine Pirouette drehen, ihr vor der Nase herumzutanzen scheinen. Der Reiter schreit die Zornige herausfordernd an, hetzt sie mit Stimme und Geste, drückt das Pferd weg in schwebender Traversale, dreht eine hurtige Volte rund um die kleine Kuh. Man gerät unwillkürlich in den Bann dieser Pferde, die unter dem sehr ruhigen Reiter der Gefahr mit jener Leichtigkeit – fast möchte man sagen Heiterkeit – begegnen, die aus der vollendeten Körperbeherrschung kommt. Hier wird ein Spiel gespielt, in dem die Anspannung mitreißt, das in der Entspannung tief beruhigt: ein unblutiges Spiel, Erinnerung an jene absolute Männerwelt, in der jede Tätigkeit des Mannes mit Mut und Wagnis verbunden war, mit Anstrengung und Selbstbestätigung und persönlichem Triumph.

Die Rejoneadores sind meist Angehörige der reichen Stierzüchterfamilien Andalusiens, die wiederum verwandt und verschwägert oder auch identisch sind mit jenen Sherryfürsten, von denen im Kapitel »Fahren« schon die Rede war. Das Pferd ist hier noch eingebunden in uralten Feudalismus, wie er einem kaum anderswo begegnet. Als sei die Welt seit den ruhmreichen Tagen der spanischen Habsburger stehengeblieben, reiten die Herren ihre Pferde (**152**). »*El Blanco*«, sagt Don Alvaro von seinem

151

152 ▶

legendären Stierpferd, »ist der Typ des *Españolen*, des Andalusiers klassischer Prägung, wie Züchter und Reiter ihn sich ersehnen, aber viel zu selten mehr finden. Er vereinigt alles in sich, was Noblesse, Charme und Kraft seiner uralten Rasse ausmacht. Er ist ebenso gehorsam wie feurig und überaus biegsam. Er liebt es, sich vor dem Stier zu produzieren. Er ist einer von uns – er hat ein großes Herz.«
Eine Bewegung schließt Pferd und Reiter in einen Kreis anmutiger Gesinnung ein, als sie vor roten Bougainvilleas und Geranien und maurischen Fenstergittern auf uns zureiten: adliger Reiter auf adligem Pferd.

Weltenweit entfernt von all diesen Kriegs-, Hirten- und Stierspielen dann Japans *Yabusame*, nicht nur geographisch durch Erdteile getrennt, sondern vom Sinn her völlig anders motiviert. Reiten ist hier weder Sport noch tägliche Arbeit, sondern heiliges Tun: eingebettet in eine alte religiöse Zeremonie und betrieben als Teil intensivster Selbstverwirklichung des Menschen im Zen-Buddhismus.
Vom Pferd den Bogen abzuschießen auf den Feind, ist eine uralte Kampfmethode innerasiatischer Reitervölker – der Mongolen und Turkmenen, der Skythen und Hunnen und Magyaren; sie alle beherrschten die Taktik des »Siegens im Fliehen«; gleich nach dem Angriff führten sie durch blitzschnelle Scheinflucht eine Auflösung der gepanzerten, schwerfälligen europäischen Ritterheere herbei und schossen im vollen Galopp, sich rückwärts wendend, mit tödlicher Sicherheit ihre Pfeile ab. Das ist nur möglich, wenn Pferd und Reiter zu einem leichtfüßigen, wendigen Zentauren zusammenwachsen.
Die Japaner aber waren nie ein zentaurisch-instinktiv reitendes Volk; nie führten sie gewaltige Eroberungszüge oder Angriffskriege zu Pferde durch. Und doch wird man schwerlich einen Reiter finden, der in so schwebender Leichtigkeit auf galoppierendem Pferd sitzt wie dieser japanische Bogenschütze (**153**) – so, als habe er seinen Körper und den des Pferdes vergessen und werde auf Luft dahingetragen, einzig und allein konzentriert auf den riesigen schwarz-gold lackierten Bogen, den Pfeil und das Ziel.
Er nimmt teil am Yabusame, am »Pfeile abschießen von rennendem Pferd«, einer Zeremonie, die im Jahre 1096 vom Kaiser Shirakawa eingeführt worden sein soll und sich die Jahrhunderte hindurch wechselnder, aber nie ganz unterbrochener Beliebtheit erfreute. Um sie zu verstehen, muß man die Bedeutung kennen, die das Bogenschießen, eine früher sicher rein militärische Übung, in der Verquickung und engen Verbindung mit dem Zen-Buddhismus gewann. Lange schon dient es keinem nützlichen Zweck mehr und ist erst recht nicht nur ästhetisches Vergnügen oder Sport. »Es soll in der Ausübung das Bewußtsein dem Unbewußten harmonisch angleichen. Schütze und Scheibe sind nicht zwei entgegengesetzte Dinge, sondern eine einzige Wirklichkeit. Der Bogenschütze muß von seinem Selbst völlig frei und gelöst sein, eins werden mit der Vollkommenheit technischer Geschicklichkeit« (Daisetz Suzuki). Erst wenn er vergißt, daß er schießt, daß es Pfeil und Ziel gibt, wird sein Pfeil das Ziel mit unfehlbarer Sicherheit treffen.
Diese durch strenge Übung erreichte Selbstvergessenheit ist uns Menschen des Westens sehr fremd. Sehen wir uns also erst einmal den Verlauf des Yabusame an, wie ihn Augenzeugen schildern:
Dieses zeremoniöse Bogenschießen findet stets in der Nähe großer Tempel statt; Zeremonienmeister ist der Hohepriester des jeweiligen Schreins. Alle Teilnehmer knien vor Beginn nieder und nippen an kleinen Schalen mit heiligem Wein, die ihnen die Priester reichen. Das Ritual wird umständlich-genau begangen, jeder Reiter legt die Falten seines

153

Gewandes korrekt zurecht und gibt seinen Schwertern die richtige Lage, ehe die Pfeile und Bogen und Pferde gesegnet werden. Dann geht es – der Hohepriester auf weißem Roß voran – in feierlicher Prozession zum Yabusame-Kurs. Die Bahn ist 218 m (140 *ken*) lang und etwa 2,50 m breit; sie wird auf beiden Seiten von Seilen begrenzt. Entlang der linken Seite sind in Abständen drei quadratische Zielscheiben mit einer Seitenlänge von 1,80 m aufgestellt (**154**).
Die Teilnehmer sind in klassische *Samurai*-Kostüme des 15. Jahrhunderts gehüllt, die in den einzelnen Familien gehütet werden als kostbarer Schatz und von Generation zu Generation weitergereicht werden. Ist es erforderlich, ein neues herzustellen, so wird es bis ins Detail dem klassischen Vorbild nachgeahmt. Reittiere sind einheimische Hengste; jeder Reiter ist ausgerüstet mit einem 2,20 m großen Bogen, einem Köcher mit Pfeilen, den er auf dem Rücken trägt, und zwei Samurai-Schwertern, die ihm rechts und links im seidenen Gürtel hängen. Über den schweren Seidengewändern trägt er eine leichte, aus lackiertem Holz bestehende Panzerweste. Auch die Hengste sind prächtig und bunt mit seidenen Borten und Fransen, wollenen Troddeln geschmückt. Das Kopfstück besteht aus bestickter Borte; daran ist eine Trense mit Knebelscheiben befestigt, wie sie bereits im 6. Jahrhundert – rechteckig, oval und rund, aus vergoldeter Bronze oder Eisen – in Gebrauch waren. Der Sattel hat einen schmalen Sitz aus Lack und besticktem Leder; die Füße des Reiters stecken in *Shitanagas*, kleinen lackierten Holzkörbchen. Stolz und erregt paradieren die Hengste im Schmuck der Schabracken und Verzierungen. Plötzlich Stille – der erste Teilnehmer reitet zum Start. Sein aufgeregt schnaubender Hengst wird von zwei Helfern festgehalten, während der Reiter den Zügel über den Sattelknauf wirft. Beim Ton eines Gongs wird der Hengst losgelassen, schießt wie ein Geschoß die enge Röhre der Bahn entlang, Sandklumpen unter den Hufen wegschleudernd, Kopf und Hals weit vorgereckt. Der Schütze muß indes so schnell wie möglich den Pfeil auflegen und aufs vorüberhuschende Ziel abschießen. Man bedenke, welch präzisester, sicherster Schnelligkeit es bedarf, dreimal auf der kurzen Strecke über die Schulter nach hinten zu greifen, einen Pfeil aus dem Köcher zu ziehen, ihn nach vorn zu holen, auf die Bogensehne zu legen, exakt im richtigen Sekundenbruchteil loszulassen – und dabei auf verwegen nach vorn polternden tausend Pfund Hengst zu sitzen!
Jedesmal fahren die Zuschauermengen zurück, wenn ein Hengst vorüberdonnert, um sich gleich wieder vorzubeugen, damit sie einen Schimmer des enteilenden Paares erhaschen. Wie ein hastig davonflatternder Schmetterling zuckt der Reiter durch Sonnenschein und Blätterschatten davon, bis er den dritten Pfeil verschossen und den Kurs beendet hat. Jeder Reiter absolviert fünf solcher Runden. Der Sieger erhält als traditionellen Preis eine weiße Chrysantheme.
Auf unseren Bildern ist viel mehr zu sehen als der bloße Spielverlauf. Das Bild des Anritts (**153**) ist ganz auf seinen Kern zu fotografiert – alles ist unscharf (da unwesentlich) bis auf Bogen und Pfeil. Und alle Bewegung ist nach vorn gerichtet, aller Ausdruck auch: der Lauf des gestreckt und flach galoppierenden Pferdes, seine Augen und die gespitzten Ohren, der Oberkörper des Reiters, die Hände, die wie eine Verlängerung der Schultern sind und den riesigen Bogen vor sich tragen, um den Pfeil fliegen zu lassen im rechten Augenblick – unabgestützt durch einen Sattel mit hohen Hinterzwieseln, der einen Rückstoß des Körpers abfangen könnte. Nichts erleichtert dem Reiter die Aufgabe. Im Gegenteil – hier wird absichtlich extrem Schwieriges verlangt: Der Ritt auf einem sich schnell und kraftvoll bewegenden Pferd erschwert das Schießen. Gelingt es dem Schützen nicht, so leicht zu sitzen, daß weder die Schnelligkeit noch die

154

kraftvollen Bewegungen des Tierkörpers ihn im geringsten betreffen, erschüttern, ablenken, dann kann er nicht ins Schwarze treffen. Er muß also nicht nur sich selbst und die Hemmnisse seines eigenen Körpers überwinden, sondern auch noch eine zweite, entgegengesetzte Kraft – muß doppelt vergessen: sich und das Pferd, bis zwar ein Mensch vom Pferd aus schießt, in Wirklichkeit aber *es* aus ihm herausschießt – eine Kraftentladung seines Innern den Pfeil vom Bogen losläßt, so richtig, so ohne Zutun von außen, daß der Pfeil ins Ziel treffen muß (**154**).
Zen bedeutet Meditation. Es nahm während der Kamakura-Periode (1185-1333) einen gewaltigen Aufschwung. Dem damals herrschenden Kriegerstand entsprachen die klaren und unkomplizierten Regeln dieser Denkweise besonders gut. Der Pfeil und Zen sind eins – für den Schützen existiert nur der Bogen, den er hält, und der Pfeil, den er abschießt. Sein ganzes Sein, körperlich wie geistig, ist nur darauf gerichtet, die Scheibe zu treffen – diese Konzentration ist reines Zen – alle anderen Gedanken sind fort. Die Bogenschützen der Vergangenheit erzogen in solch strenger Meditation und Übung Körper und Geist so, daß sie eine Fliege im Flug treffen konnten. Von einem Meister unserer Zeit wird berichtet, daß er einen Pfeil im Dunkeln mitten ins Ziel schoß und mit dem zweiten Pfeil den ersten in der Mitte spaltete (Herriegel). Was dort die Dunkelheit ist, ist hier das sich bewegende Pferd. Auge und Hand, Bogen und Pfeil, geleitet von Atmung und Meditation, gelangen in der völligen Lösung vom Bewußtsein zur Harmonie und treffen ins Ziel.
So fliegt der Pfeil genau ins Ziel. Wir sehen ihn fliegen, und er wird den Punkt treffen, den der Schütze vor seinem inneren Auge sah, als er sein Pferd am Anfang der Bahn in Galopp versetzte.
Doch seinen Richtern genugt auch das noch nicht. Ins Ziel zu treffen, ist nicht genug – es muß von vollendeter Schönheit der Bewegung begleitet sein. Die Durchrittgeschwindigkeit des Pferdes und die Haltung von Pferd und Reiter werden erwogen und geprüft, ehe die weiße Chrysantheme den Sieger schmückt.
Der Pfeil ist abgeschossen (**155**). Der Abschuß hat den Schützen nicht erschüttert, da er ohne Kraftanstrengung erfolgte – der Körper vollendet eine große Geste, die Arme sind frei abgewinkelt, starr stehen die Seidengewänder vom Leib ab, der sich schwebend leicht über dem Sattel hält. Ich kann mich nicht erinnern, je Reiten gesehen zu haben, das so im vollendeten Vergessen der Körperlichkeit, in solchem Selbst-Vergessen gipfelt. Ein Ideal, wie es sich krasser nicht vom Ideal der Hirten und Cowboys und ihrer prallen Diesseitigkeit und Vitalität abheben konnte, grundsätzlich verschieden von der kriegerischen Fantasia, bei der es stets darum geht, zu zeigen, wie jeder individuelle Reiter angreift, vorprescht, der Gefahr ins Gesicht sieht, verwegen sein Pferd reitet. In Japan kommt es auf diesen einen gar nicht an, je weniger er an *seinen* Erfolg denkt, um so gewisser ist er ihm.

So bleibt am Ende dieser Betrachtungen die Frage, wie es denn dem *Pferd* beim Spiel ergeht, das des Menschen Herz so offensichtlich erfreut. Nun, in allen Spielen, einschließlich des für den Menschen oft recht rauhen Rodeos, wird das Pferd niemals an die Grenzen seiner Möglichkeiten gebracht, schon gar nicht über sie hinausgezwungen wie bei schärfsten sportlichen Wettkämpfen des Springens und der Military. In den weitaus meisten Fällen ist es ein Spezialist, der gelernt hat, seine einfachen und natürlichen Fähigkeiten auf immer dieselbe Weise einzusetzen und so ganz folgerichtig darin immer besser zu werden.
Es ist denn auch kein Zufall, daß unnatürlich früher Verschleiß von Pferden im weiten Umkreis des Spiels nirgends gefunden wird.

Polo

Polo ist eines der ältesten Mannschaftsspiele zu Pferd. Der Name soll vom tibetanischen *pulu* stammen, was Ball bedeutet. Das Polospiel ist in den innerasiatischen Hochebenen schon in grauer Vorzeit gespielt worden. Jahrhunderte vor unserer Zeitrechnung kannten die Chinesen schon ein Ballspiel zu Pferd, das sie von den Mongolen gelernt hatten; um die gleiche Zeit spielten es Meder und Perser auch. Von Persien gelangte es nach Kleinasien. Von dort ist die erste Anekdote überliefert, die von Alexander dem Großen (356-323 v. Chr.) erzählt und in der Polo eine Rolle spielt. Sie berichtet, daß er, als er den Thron seines Vaters bestieg, den allmächtigen König Darius III. von Persien wissen ließ, er werde ihm künftig keinen Tribut mehr zahlen und jeder Eintreibung mit Waffengewalt widerstehen. Darius soll darauf dem Jüngling einen Polostock mit Ball geschickt und ihn verhöhnt haben: Das Spiel stünde seiner Unerfahrenheit wohl besser an als der Krieg! Worauf Alexander dankte: Er nehme das Geschenk als Gleichnis und betrachte sich selber als den Stock, den Ball aber als die Erde!

Nach den Hetz-, Greif- und Fangspielen, mit denen sich die asiatischen Reitervölker vergnügten, solange sie überhaupt zu Pferde saßen, war Polo das erste Spiel mit festen Regeln und als solches fair und gesittet genug, um auch von den Fürsten gespielt zu werden. Im 3. nachchristlichen Jahrhundert wurden in Persien die Regeln aufgezeichnet, im 5. Jahrhundert spielte es der Kaiser von Byzanz: Zwischen 400 und 450 erbaute Theodosius II. dort eine gedeckte Polohalle, um bei jeder Witterung spielen zu können. Über Indien verbreitete es sich im 7. und 8. Jahrhundert nach China und Japan. Pferde und Gerätschaften wurden lange Zeit aus Turkestan eingeführt; und das noble, feurige, anstrengende und gefährliche Spiel faszinierte nicht nur die Männer von Rang, sondern auch ihre hochgestellten Damen. »Siebzig Mädchen«, schreibt der persische Dichter Nisami (1140-1202), »ritten wie Löwinnen in flammendem Eifer vor ihrer Königin aufs Feld. An Mut glich jede dem Isfandiar, in der Kunst des Bogens waren sie den Rittern ebenbürtig, und sie spielten Polo so gut, daß sie den Ball der kreisenden Erde mausten ... Sie spielten, wie wenn die Sonne aufgeht und ein Falke auf ein Rebhuhn niederschießt.« In Persien war es auch, wo um ein Polofeld im 16. Jahrhundert eine ganze Stadt errichtet wurde: Isfahan.

Jahrtausendelang blieb diese Form reiterlichen Wettstreits Asien vorbehalten; erst Mitte des 19. Jahrhunderts lernten die Engländer das Spiel in Indien kennen. 1859 wurde dort der erste britische Poloklub gegründet. 1863 griff die schnell entflammte Spielleidenschaft nach England über; 1874 wurde auch in Südafrika Polo gespielt; heute gehören England, Argentinien und Südafrika an die Spitze aller polospielenden Länder der Welt.

Am Beispiel Südafrikas (**158**) machen wir uns Regeln und Voraussetzungen des Spieles klar. Dem burisch-britischen Charakter wohnt die Begeisterung für Ball- und Mannschaftsspiele ohnehin inne. Daneben sind es die Regeln, die das Spiel so popular machen. Es wird von zwei Teams zu je vier Spielern auf einem etwa 250 m langen, 150 m breiten Platz gespielt. Jedes Team muß den Ball so oft wie möglich ins eigene Tor aus zwei weidengeflochtenen Pfosten treiben und wird von der Gegenseite daran gehindert. Jedes Spiel ist in eine variable Zahl *Chukker* genannter Phasen von je rund 7 1/2 Minuten Dauer eingeteilt; der Seitenwechsel erfolgt entweder nach jedem Chukker oder nach jedem Tor. Der holzgeschnitzte Ball hat einen Durchmesser von 8 cm; er wird mit einem *Hammer*, einem Stock mit Handschlaufe am einen und Querholz (Hammer) am anderen Ende, geschlagen.

Stellt man sich einen mit voller Wucht geschlagenen Holzball als Maßstab der Geschwindigkeit vor, so kann man leicht ausrechnen, welche Anforderungen an Gesundheit, Schnelligkeit, Wendigkeit und Spieleifer der Pferde gestellt werden! Volle 7 1/2 Minuten muß das Polopony rennen, stoppen, sich herumwerfen, knappste Kehren und Wendungen in rasantem Lauf vollziehen, anderen Pferden ausweichen (oder in sie hin-

◄ **155**
Der Pfeil ist abgeschossen, der Schütze sieht ihn ins Ziel fliegen – er hält den riesigen Bogen aus goldlackiertem Holz in der Linken, als sei es ein Ding ganz ohne Gewicht, die Rechte fährt leicht zurück und macht eine schöne, freie Geste, als sei der Pfeil nur eine Feder gewesen, die von selbst von der Sehne abschnellte – als gehöre nicht unerhörteste Kraft dazu, den Bogen zu spannen.
Zen-Bogenschießen – gipfelnd in vollendetem Vergessen aller Körperlichkeit ...

156

einkrachen), die Augen wie festgesaugt am Ball, ihm ohne Verschnaufer im höchsten Tempo folgen! Nach jedem Chukker werden die Ponys gewechselt; für jedes Spiel sind deswegen mehrere Tiere erforderlich – mindestens vier. Diese vier (oder mehr) Ponys benötigen jedes eine gut sitzende Ausrüstung aus Sattel, Bandagen, Glocken, Kopfstücken und Hammer, dessen Länge sich individuell nach der Höhe des Pferdes richtet. Sie benötigen Stallungen und reichlichen Auslauf, Personal, das sie wartet, trainiert und täglich bewegt. So konnten sich früher nur die Fürsten, dann das Militär und später nur Millionäre das Spiel leisten. Außer in Asien – und Südafrika.

Dort ist Polo das Spiel der Farmer – ein schnelles Spiel für kräftige Männer, die von Jugend an exzellente Reiter sind. Sie haben Platz und haben Personal, haben von der täglichen Arbeit im Sattel her genügend Sattelzeug und haben preiswerte Pferde, die sie selber zureiten.

Polo»ponys« waren ursprünglich klein und drahtig, wie alle eingeborenen Pferde Asiens: so, wie wir sie auf den Bildern aus Abadan/Iran (**156**) und Gilgit/Pakistan (**157**) heute noch sehen – kleine Pferde, schweißglänzend, die Ohren vor- oder zurückgenommen in der lebendigen Anteilnahme am Spielgeschehen, in verrückter Kurvatur sich drehend oder mit hochgenommenem Kopf wegschießend in knappem Bogen, die Augen dahin gerichtet, wo der kleine weiße Ball rollt, dahin, wo auch die Reiter fasziniert hinschauen, um ihn in die gewünschte Richtung schlagen oder andere am Schlag hindern zu können. Polo im Ursprungsgebiet ist kein Sport der Reichen und der Snobs, hier wird noch mit struppigen Bergponys oder auch edlen Blutponys gespielt. Spiel bedeutet einfach: mehr Leben, mehr Aufregung, bedeutet Selbstbestätigung. Wie oft fanden wir das schon? Zauber der Pferde – auch wenn es Ponys sind, die sich ihr Futter in den Bergen selber suchen, keinen noblen Stammbaum haben und niemanden, der sie bedient wie ihre Vettern.

Anfänglich durften alle Poloponys nicht über 140 cm groß sein. Die Briten übernahmen mit den Regeln des Spiels auch die Größenabmessungen der indischen Ponys. 1890 gab man 5 cm zu und setzte die Begrenzung 1895 auf 150 cm hinauf. Doch im Laufe der Zeit wurden die Anforderungen höher, das Spiel schneller. Nach dem Ersten Weltkrieg entfielen Größenbegrenzungen ganz; man hielt aber 150 cm weiterhin für das ideale Maß. Zudem fanden die Spieler, daß man von einem Pony mit kurzen, schnellen Bewegungen den Ball besser treffen und sich besser mit ihm herumschleudern könne als mit einem Pony im Rennpferdetyp mit langen, weiten Bewegungen. Unabdingbare Voraussetzungen für ein Polopony waren und sind: Geschwindigkeit, Mut, Ausdauer, sicheres Gleichgewicht, Spielfreude und ein Temperament, das weder zu träge noch zu erregbar ist. Um 1930 beherrschte das argentinische Polopony die Szene: ein Vollblüter, der auf den Rinderfarmen des Landes zäher geworden war und wesentlich bessere Knochen aufwies. Heute ist dieses mittlerweile um 158 cm große »Pony« ein begehrter Ausfuhrartikel Argentiniens.

In Südafrika reitet man die Vollblüter des eigenen Landes. Als bestes Nachwuchspony gilt ein vier- bis fünfjähriger Vollblüter, für die Bahn nicht schnell genug, aber mit unverbrauchten Beinen; er bringt mit einiger Sicherheit die für das Polospiel erforderliche Konstitution mit. Man erprobt dann eine Weile seine Intelligenz und Wendigkeit. Stellt man fest, daß er sowohl Begabung als auch Interesse für das Spiel zeigt, hat man einen Schatz gefunden. Die Besten gewöhnen sich schnell an den Ball und den weitgeschwungenen Hammer, erraten bald aus dem Lauf des Balles und dem Armschwung des Reiters die nächste Position und machen begeistert mit.

157

Nun erzählt einem jeder Anhänger eines Wettsports oder Reiterspiels, daß die Pferde *gern* mitmachen. Beim Polospiel sieht man aufgerissene Pferdemauler; die Pferde sind mit viel Leder behängt, fast alle tragen ein *stehendes Martingal*, einen Riemen, der vom Bauchgurt zwischen den Vorderbeinen hindurch bis zum Nasenriemen führt. Die Antwort auf solche Bedenken heißt: »Sie sind erfahren. Sie sperren das Maul auf, ehe die Reiterhand ihnen weh tun kann – und kein Sperriemen hindert sie daran, wie bei fast allem anderen sportlichen Reiten. Und das Martingal? Nun, sie schlagen beim schnellen Spurt gern den Kopf hoch – der Reiter aber beugt sich nach unten, um den Ball zu schlagen – was meinen Sie, wie viele Zähne es kosten würde, wenn wir den Pferdekopf nicht halbwegs arretierten?« Es klingt plausibel.
Doch wir schauten uns die Männer und ihre muskelbepackten Ponys künftig genauer an und erkennen tatsächlich die wild ansteckende Begeisterung, die beide packt! Sehen, wie einer der Reiter im schnellen Galopp sein Pony mit zwei Fingern einer Hand und einer Gewichtsverlagerung in Kurzkehre wendet und dem Ball nachgaloppiert, wie bei einem Rückwärtsschlag – also von vorn nach hinten – das Pony sich, während die Reiterhand den Hammer in umgekehrter Richtung schwingt, unter der gedrehten Schulter des Reiters auf der Hinterhand von selbst mitdreht und beim Ausschwung bereits in der neuen Richtung losrennt! Von Tag zu Tag wird dem Zuschauer die faszinierende Gemeinsamkeit zwischen spielerfahrenem Reiter und spielerfahrenem Pferd offenkundiger. Auch grobe Reiter mit groben Händen gibt es – wie wäre es anders möglich? Doch wenn Polo so unversnobt und mit so viel Spaß gespielt wird wie in Südafrika, mit so viel natürlicher Hingabe wie in Vorderasien, ist es mit kaum einer anderen Verwendung des Pferdes zu vergleichen: nicht mit dem kurzen Geradeausrennen auf der Bahn, nicht mit dem übertriebenen Springen auf den Turnieren, nicht mit der mathematischen Genauigkeit der Dressur. Beim Polo befindet sich das Pferd seiner Art gemäß in Gesellschaft, läuft es, dreht es sich wirbelnd um sich selbst und kommt es zu plötzlichem Halt, wie es das in der freien Natur, beim Spiel in der Herde, auch tut.
Auf die Frage, wie sehr denn das Spiel die Tiere verschleißt, erhalte ich erstaunliche Auskunft. »Es dauert lange, ein Polopferd auszubilden. Wir setzen es zu Anfang vorsichtig ein. Mit jedem Jahr gewinnt es an Erfahrung, wird es wertvoller, lernt es seine Kräfte schonen, wird es behender auf den Beinen. Haben seine Kameraden auf der Rennbahn mit sechs Jahren ihre Karriere beendet, beginnt die seine erst. Das beste Spielalter liegt zwischen acht und 16 Jahren, viele Ponys spielen bedeutend länger. Auch der Reiter spielt lange und wird – im Gegensatz zu vielen anderen Sportarten – mit wachsender Erfahrung dann besser. Auch er lernt, durch Geschick und Erfahrung die schiere Kraft der Jugend zu kompensieren. Polo ist ein Spiel, an dem man lange Freude hat.«
Ich prüfte es und fand es bestätigt: Von 22 Pferden waren 16 über 14 Jahre alt, zwei über 18. Und ich fand einen Spieler von 70 Jahren, der ein Pony ritt, das 29 Jahre alt war.

Skikijöring

Skijöring – Skikijöring – Skikikjöring: ein Spiel, das nicht einmal einen eindeutigen Namen hat – wo immer man davon hört, hört man's anders. Vielleicht liegt es daran, daß es so überaus selten ist. Als Sportart wird es ausschließlich auf der Seebahn im schweizerischen St. Moritz veranstaltet: das Lenken eines galoppierenden Pferdes vom nachfahrenden Skiläufer aus (**160-163**). Es ist nicht zu verwechseln mit jenem Skijöring, bei dem ein Skiläufer sich an ein gerittenes Pferd anhängt und von diesem über den Schnee gezogen wird; das ist ein Spaß, der überall betrieben wird, wo im Winter viel Schnee liegt und die Straßen und Wege schön gerade sind. Der Gezogene hat dabei nichts weiter zu tun, als auf den Brettern zu bleiben, um das Pferd kümmert sich der Reiter. Beim Skikijöring (wie wir es nennen wollen) muß sich der Läufer an zwei Strängen festhalten, die zum Brustgeschirr des Pferdes führen, und er muß das Pferd lenken mit Zügeln, die an der Trense befestigt sind. Damit nicht genug, muß er all dies im Renntempo und im Pulk der anderen Teilnehmer tun, denn Skikijöring wird als Rennen gelaufen. 1923 fand es erstmals Aufnahme ins offizielle Winterprogramm von St. Moritz; heute finden solche Rennen zweimal im Februar statt.

Anstelle der feschen bunten Jockeys sehen wir hier vermummte Gestalten in bunten Skianzügen, die ihre Vierbeiner an sehr langen Leinen zum Start bugsieren. Das ist eine überaus kitzlige Sache. Denn der Fahrer, der ein vollblütiges Pferd, einen Renner mit Pep im Temperament, halten soll, steht selbst auf leicht gleitenden Skiern auf schierem Eis! Wenn das Pferd vorn unprogrammgemäß zu laufen beschließt, gibt es nichts, was er als Bremse benutzen kann. Weshalb denn auch ein Teil dieser Rennen schon vor dem Ertönen der Startglocke gelaufen wird – im Alleingang vor höchst amüsiertem Publikum ... Zudem gehört es »bei diesem weltexklusiven Spektakel zur genüßlich geduldeten Regel, daß nicht immer alle Fahrer mit dem Pferd einkommen! Am langen Zügel auf Skiern in einer Staubwolke hinter trappelnden Hufen die Tradition hochzuhalten, ist nicht jedermanns Sache: Die hochfliegenden Schnee- und Eisklumpen machen nämlich den Skikijöring-Fahrern noch weit mehr zu schaffen als den (höher sitzenden) Reitern in den Galopprennen, und blutende Münder und Nasen gehörten selbstverständlich zur Schau, bis die verwegenen Pferdeskifahrer den Helm mit dem gesichtsschützenden Visier für sich entdeckten« (Leon R. Berger).

Aber ein Mordsspaß ist es schon. Da hängen sie weit hinter den Pferden, damit nicht versehentlich ein Huf am weitreichenden Hinterfuß sie mit naßharten Schneeklumpen trifft oder auf die vorragenden Spitzen der Skier tritt! Können sie sich davor durch die Länge der Leinen und eigene Laufgeschicklichkeit einigermaßen schützen, so sind sie nie sicher vor den Pferden der Konkurrenten. Zwangsläufig wird nicht nur gerannt, sondern auch gerempelt – wie will man's verhindern bei der geringen Einwirkungsmöglichkeit des Fahrers auf sein Pferd? Jeden Moment kann ein von hinten aufkommendes Pferd auf die Skier eines vorderen Fahrers treten, sich zwischen Pferd und Fahrer drängen wie auf unserem Bild (**163**): Ein Pferd hat seinen Fahrer verloren, ein zweites verfängt sich mit den Hinterbeinen in den schlaff hängenden freien Leinen und springt mit allen Vieren in die Luft, rutscht aus ... Gespensterhaft sieht es aus in der Dunkelheit des frühen Winterabends, im nebligen Dunst des Pulverschnees.
Freilich: Wann immer auf gleitendem weißem Schnee gerannt wird, entzückt der Zauber des Anblicks das Herz der Betrachter. Bunt heben sich die Farben von Pferden, Fahrern und Geschirren, märchenhaft in wirbelnde weiße Flocken (und Brocken) gehüllt, ab in der kalten, klaren Luft des Hochgebirges. Und ein bißchen Gefahr ist auch dabei – was will man als Wintergast in St. Moritz schon mehr an einem Feriennachmittag?

160 – 163 ►

◄ 159
Polopferde beim Spiel – vorüberstiebend, einander bekämpfend in schnellen Galopps auf knapper Fläche, in blitzschnellen Wendungen und plötzlichen Paraden – immer dicht am Ball, der rollt, wohin er will – eine kleine verhexte Kugel aus Bambusholz ...

INRI

165

Freizeit-vergnügen

◀ 164

Zauber der Pferde in unseren Tagen: Erstmals seit Jahrtausenden können sie – wenn wir das wünschen – einem jeden von uns *gehören*. Nach einem Rundgang durch die vielfältige, farbenprächtige Welt der Pferde muß nun niemand dieses Buch seufzend beiseite legen – »Wer kann denn schon reiten und sich Pferde halten?« –, sondern jeder kann genau das Gegenteil tun: genüßlich eine Fülle von Möglichkeiten erwägen, die eben dieses doch gestatten.

Denn die Situation des Pferdes hat sich in den letzten Jahrzehnten gründlicher geändert als jemals zuvor: Es wird nicht mehr *gebraucht* – weder zur Arbeit, noch als wichtigstes menschliches Statussymbol, als Denkmalssockel unserer Eitelkeit. Das aber ändert unser Verhältnis zu ihm von Grund auf. Zum erstenmal in der langen Geschichte der Gemeinsamkeit von Mensch und Pferd ist die Wahl eines Pferdes gänzlich frei vom Zwang irgendwelcher Notwendigkeit: Wir *müssen* uns nicht für einen Kaltblüter entscheiden, weil nun einmal schwere Land- oder Transportarbeit zu verrichten ist, wir *müssen* kein nervöses, schnelles Wagenpferd kaufen, weil nun einmal lange Strecken im Wagen zurückzulegen sind, wir *brauchen* kein wuchtiges Soldatenpferd mehr, das Mann und Ausrüstung in den Krieg tragen muß; nicht einmal für ein elegantes, teures Reitpferd *müssen* wir uns entscheiden, um standesgemäß beritten zu sein, denn es gibt keinen Stand mehr, der gültig festlegt, wie man beritten sein muß. Dieser Wegfall des Zwanges aber hat entscheidende Konsequenzen für jeden von uns, der nur zu seinem Vergnügen reiten möchte.

Denn nun können wir ganz nach Belieben einen kostspieligen heimischen Warmblüter in unsere Familie nehmen oder auch ein Shetlandpony, ein gutmütiges Fjordpferd, einen bequemen Paso Fino, ein Camarguepferd aus Südfrankreich, einen Cob aus England, einen anspruchs-

167

losen, zähen Polen oder ein ausgedientes Rennpferd. Zum erstenmal ist in unserer Zeit, die das Pferd nirgendwo mehr *braucht*, dieses Pferd zum frei gewählten Gefährten eines freieren Lebens geworden. Wir allein entscheiden heute, ganz nach Lust und persönlicher Neigung, ob unser Pferd groß oder klein, dick oder dünn sein soll, ob es einen langen, erlauchten Stammbaum mitbringen muß oder auch eine Zufallskreuzung sein darf. Und wir allein entscheiden, was wir dann zum gemeinsamen Spaß, zur gesunden Erholung vom Streß unseres Alltags mit ihm anfangen, ob wir Sport oder Spiel betreiben wollen.
Unsere Zeit hat uns mehr Muße beschert, als die Menschheit allgemein sie jemals hatte; und noch nie war unsere Welt jedermann so bekannt wie heute. Film und Fernsehen, Bücher und Illustrierte bringen uns auch die Pferde der Erde nah und machen uns mit fremden Weisen des Reitens vertraut. Wer früher zu seinem Vergnugen Pferde halten und reiten wollte, mußte entweder sehr viel Geld haben oder einen Beruf ergreifen, der mit ihnen zu tun hatte. Das ist gründlich anders geworden: Angestellter oder Chefarzt, Hausfrau, Beamter oder Maurermeister, Lehrer oder Schülerin, Rentner oder Manager – sie alle können sich auf die eine oder andere Weise ihren Wunsch nach Pferden erfüllen, sei es, indem sie aus der großen Zahl heute bekannter Pferde und Ponys das kaufen, was zu ihrem Geschmack und ihrem Geldbeutel paßt, sei es, daß sie im nächsten Verein reiten, sei es, daß sie im Urlaub irgendwohin fahren, wo sie gerne reiten möchten.
Bis vor kurzem züchtete man in jedem Zipfel der Erde eigene Pferde und ritt sie nach eigenen Methoden; in abgeschlossener Ferne entwickelten auch die Traditionen des Reitens sich abgeschlossen weiter, von anderem als jeweils üblichem Reiten konnte man – so man davon wußte – nur träumen; heute können wir die meisten solcher Träume für uns selbst verwirklichen. Das gab es noch nie.
Sehen wir uns in diesem Kapitel an, wie es in der Praxis funktioniert. Ein alter Bauer und sein Pferd (**164**) – was hat sich da denn geändert?

◄ **166**
Hui – ist das schön! Ein kühnes kleines Roß mit tiefschwarzen Augen und geblähten Nüstern rennt durchs Gras; die Reiterin sitzt perfekt – in jenem Gleichgewicht, das nur die Naturvölker und die Kinder haben. Ohne sich anzuklammern, hält sie die Balance auf dem nackten, runden, warmen Shettyrücken. Ein bißchen Anstrengung ist schon dabei, aber das gibt dem Erlebnis erst die herzjagende Würze ...

168

Eine ganze Menge. Zwar lebt der Tiroler Züchter noch hoch in den Bergen. Er ritt seine Haflingerstute zwei Stunden ins Tal hinunter, um sie auf der alljährlichen Zuchtschau vorzustellen – und erhielt einen Preis. Doch zur Arbeit braucht auch er sie nicht mehr – dafür gibt es Maschinen. Sie bringt ihm Fohlen, hübsche Fuchsfohlen, die wie die schöne Mutter langes weißes Haar in Schweif und Mähne haben und begehrt sind in der ganzen Welt – als Freizeitpferde. In Österreich wurde in knapp 20 Jahren die Zucht der schweren Arbeits-Haflinger durch geschickte Auswahl der Elterntiere und konsequentes Ausscheiden unerwünschter Typen umgestellt auf einen eleganteren, leichteren Schlag, der die Gesundheit, Trittsicherheit und Gutmütigkeit seiner Rasse mit mehr Temperament und schöneren, längeren Bewegungen verbindet. Und diese neuen Haflinger wiederum erfüllen die Träume neuer Reiter: Sie sind leichter zu halten als das Sportpferd in der Box, fügen sich problemlos dem Familienleben ein, das sie auch in den Bergen beim Züchter schon teilten, schenken dem Reiter, wenn er so manchen Abend verärgert und erschöpft von der Arbeit kommt, noch eine Stunde behaglich-unkomplizierter Entspannung im Sattel.
Das gilt für fast alle der schon erwähnten kleineren und mittleren Freizeitrassen, die zu nichts anderem gebraucht werden als zu Freude und Erholung ihrer Reiter und Besitzer. Die Palomino-Stute mit dem verständigen Blick (**165**) gehört einer jungen Lehrerin – das Glück von Kind und Hund und Fohlen ist augenscheinlich vollkommen. Reiten ist hier sichtbar nur ein Teil dessen, was vom Pferd erwartet wird. Wichtiger ist es, sein ganzes Leben dem eigenen zuzugesellen, es anzufassen, auf die Weide zu bringen und zurückzuholen, es zu putzen und zu streicheln, das Kind auf seinen Rücken zu setzen und, von Fohlen und Hund umtollt, lange Spaziergänge durch Feld und Wald mit ihm zu machen.
Dieses selbstverständliche Miteinander von Tier und Mensch war bis vor kurzem nur auf dem Bauernhof möglich, aber welcher Bauer hält heute noch Pferde? Daß sich dennoch auf vielen Bauernweiden heute wieder Pferde tummeln, liegt an einer kuriosen Umkehr jahrtausendealter Verhältnisse. Der Mensch brauchte das Pferd vornehmlich, um seinen Standort zu verlassen und bequem und schnell woanders hinzukommen. Es mußte also »zur Hand« sein, in dichter Nähe beim Haus. Dort steht heute das Auto – das der Mensch nun benutzt, um zu seinem Pferd zu kommen. Mit dem Auto aber ist es egal, ob er ein paar Kilometer weiterfährt: statt zum nächsten Reitstall also zum Bauern aufs Land! Dort kann er sein Pferd dann selbst pflegen, reiten, kann sogar mit ihm züchten.

169

Mädchen in der Reitschule (**167**). Sonne fällt durch die Fenster auf den Sand, sie sind konzentriert, lernen auf willigen, starken Schulpferden, sich im Schritt, Trab und Galopp zu halten, auf das Pferd einzuwirken mit den Hilfen von Schenkel, Hand und Gewicht. In den Reitschulen wimmelt es von jungen Mädchen: eine Konsequenz unserer gewandelten Welt. »Die grüne Wiese macht Hochhäusern Platz, wo ein Weidenbaum am Bach stand, steht nun eine Straßenlaterne auf Asphalt. Wir sehen keine Horizonte mehr. Für viele von uns geht die Sonne nicht mehr im Osten auf, sondern drüben beim Hinterhaus mit den Garagen. Sie geht nicht mehr im Westen unter, sondern bei den Fabrikschornsteinen da hinten. Der Wind heult nicht mehr durch Birken, sondern durchs Treppenhaus. Wir leben in einer Umwelt voll technischem Komfort, ohne Verbindung zu unserem natürlichen Lebensgrund. Das suchen wir zu kompensieren: mit einem Hund, einer Katze, einem Wellensittich, einem Blumenkasten auf dem Balkon – im sechsten Stock. Wir möchten neben Technik aus Chrom und Stahl ein bißchen Lebendiges spüren, nicht nur das seelenlose Leben aus zweiter Hand auf dem Fernsehschirm«, las ich kürzlich (H. Kingmanns). Ein Pferd füllt diese große Unerfülltheit auch groß aus – ein lebendiges Pferd, das mächtig ist, schnell ist, ja, unberechenbar ist, mit dem man sich vertraut machen kann, das einem Freund wird. Das an eine ganze Skala von Gefühlen appelliert ...

So suchen die Mädchen zwischen zehn und 20 die nächste Reitschule auf, schnuppern sehnsüchtig den Geruch warmer Pferdeleiber, den herben Geruch von Leder, reichen mit der Hand zur Pferdenase hoch, streicheln über glattes Fell – und träumen ... Gewiß reiten sie auch, aber die meisten möchten mehr. Sie wählen sich ein Lieblingspferd, das sie gerne putzen, füttern, tränken, von dem sie daheim und den Freundinnen erzählen möchten. In den Jahren, in denen sie dem Leben entgegenwachsen, ziehen sie sich – anders als die gleichaltrigen Jungen – in sich zurück; so sehr, daß Eltern und Lehrer sie häufig als unaufmerksam schelten, verträumt, ja, faul. Sie aber suchen nur sich selber zu finden. Mannigfach sind die Wege dazu – einer davon ist die leidenschaftliche Hingabe an das Pferd, das sie aus dem Bereich der »normalen« Dinge fortzieht, geheimnisvolle Tiefen anrührt in seiner sanften Mächtigkeit, die Phantasie weckt, die sich in diesen Jahren ungeheuer auszubreiten beginnt, »die ewig bewegliche, immer neue, tausendfarbig wie Abend und Morgen, immer wechselnd wie Mondesblicke« (Goethe). Wie sehr diese Überflutung mit Innerlichkeit oft an wenige Jahre gebunden ist, bezeugt die Tatsache, daß viele Mädchen ihre ausschließliche Hinnei-

170

gung zum Pferd in jenen Jahren wieder vergessen, in denen sie Arbeit und Liebe tätig erleben. Wenn es darauf ankommt, mit 20 Wettkampfsport zu betreiben, haben viele von ihnen andere Interessen: Sie erlernen einen Beruf, der richtige Mann tritt in ihr Leben, jahrelang sind sie nun Hausfrau und Mutter; bis vor kurzem gab es dann kaum mehr eine Rückkehr zum Pferd. Auch das hat sich mit dem reichhaltigen Angebot an unkomplizierten Pferden – wie wir noch sehen werden – gründlich gewandelt. Die meisten Jungen beginnen dagegen erst später mit dem Reiten und sind dann intensiver vom Gedanken an den Wettkampf gepackt: Mit 20 möchten sie sich im Sattel gegen Konkurrenten beweisen. Das ist ebenfalls sehr natürlich und erklärt, weshalb auf dem Turnierplatz relativ viele junge Männer aktiv reitend zu finden sind. Freilich hören auch diese auf, wenn es mit Beruf und Ehe ernst wird. Früher hörten sie dann ganz auf; heute erwägen sie nach ein paar Jahren, ein »Pony für die Kinder zu kaufen«, dem oft in nicht allzu langer Zeit ein größeres Pony für die Eltern folgt – oder auch zwei. Aus dem Reiten auf Leihpferden in der Halle ist dann ganz natürlich und folgerichtig das Reiten auf eigenen Pferden mit der Familie geworden. Träume haben sich erfüllt.

Ich weiß genau, wann ich jenen Traum träumte, der – ohne daß ich es damals ahnte – mein ganzes Leben entschied. Ich war sieben Jahre alt und las ein Buch, in dem etwas kaum Glaubliches, etwas unerhört Wundervolles stand. Die Geschichte ereignete sich auf einer fernen Insel namens Island; zwei kleine Buben, die Nonni und Manni hießen, lebten in den einsamen Bergen des Landesinneren in einem Haus, das in die Erde gegraben war und ein Dach aus Gras hatte. Auf diesem Grasdach sonnten die beiden sich an einem Sommertag, als Nonni plötzlich sagte: »Komm, Manni, *wir holen uns ein Pferd!*« Sie nahmen einen langen Strick und marschierten los und fanden die Pferdeherde, schlichen sich an eine fromme Stute heran – und kamen zurück mit einem Pferd an der Leine! Sie putzten es und setzten sich auf seinen breiten Rücken und ritten miteinander davon...

Die Vorstellung, hinauszugehen in eine Landschaft ohne Zäune, fortzugehen von dem Haus, in dem Alltag geschieht, und aus der Weite zurückzukommen mit einem Pferd an der Hand – so, wie es die beiden isländischen Buben von heute tun (**168**) –, sie hat mich während meiner ganzen Kindheit nicht verlassen und mich später dazu gebracht, selbst nach Island zu reisen und Pferde zu holen.

Vorher ritt und hielt ich große Pferde, ritt sie auf dem Viereck, hielt sie im Stall – anderes war mir in der engen Welt von damals nicht vertraut. Doch der Traum war stärker als die Tradition. Der Gedanke, Pferden die Freiheit der Weiden ganzjährig zurückzugeben, sie Wind und Wetter wieder nach eigenem Belieben erleben zu lassen, ihnen zum Schutz nur eine zugfreie Hütte zu bauen, die sie aufsuchen konnten oder auch nicht, die Tür der Boxen zu öffnen auf immer, hielt mich in seinem Bann – und auch der Gedanke, daß Pferde solcher Freiheit auch die Freiheit von Luft und Weite beim Reiten brauchen, nicht aber die Enge der Halle.

So holten wir sie auf den Kontinent und lernten mit ihnen und von ihnen andere Weisen der Pferdehaltung und des Reitens. Erstmals brachen nun die Mittelgroßen in die Domäne der Reitpferde ein, die bis dahin allein von hier gezüchteten großen Rassen besetzt gewesen war, und es geschah so nachdrücklich, daß bald robuste Freiluftpferde mittlerer Größen von überallher kamen: Bosniaken und Lipizzaner aus Bosnien und Slowenien, Fjordpferde aus Norwegen und Dänemark, Welshponys, Cobs und New Forestponys aus England, Connemaras aus Irland, Camarguepferde aus der Provence; es folgten Tausende handlicher Pferde aus Polen, aus

Tschechien, der Slowakei und Ungarn; Haflinger kamen aus Österreich und Italien, Quarter Horses aus den USA, Paso Finos aus Lateinamerika. Die Palette der Rassen ist in wenigen Jahren um ein vielfaches bunter geworden; die meisten werden inzwischen in den Ländern Westeuropas gezüchtet, haben endgültig eine neue Heimat gefunden.
Sie waren von Anfang an faszinierend anders: naturnah im Aussehen – struppiger im Winter, mit langem, oft zottigem Haar, wuscheliger Mähne, blitzblank im Sommer, vom Regen gewaschen, vom Wind getrocknet; staunend sahen die Menschen, die das einheitlich kurzhaarige Pferd im Einheitsklima des Stalles gewohnt waren, diesen urwüchsigen Wandel im Laufe der Jahreszeiten. So viel Natur hatten sich die meisten nicht vorgestellt – es verzauberte sie. Aus einem solchen Robusten wurden im Handumdrehen zwei und drei, denn »eins allein grämt sich«, hieß es bald von diesen im Verband großer Herden aufgewachsenen Geschöpfen (H. Berzau).

Im gesamten deutschsprachigen Raum, in Skandinavien, den Niederlanden, Belgien, Frankreich, Italien begann man, Reiten auch anders als herkömmlich zu sehen; überall wuchs ja die Kenntnis der Welt und damit die Kenntnis fremder Reitweisen. Man beobachtete mit wachem Interesse, wie man anderswo ritt, versuchte, es nachzumachen. Man erfuhr – und versuchte es dann selber auszuprobieren –, daß beileibe nicht nur Ponys »robust« zu halten waren, sondern daß Pferde aller Rassen gesünder sind, wenn sie naturnah im offenen Stall gehalten werden, sich im Winter einen Pelz zulegen dürfen, Temperaturschwankungen durch die Jahreszeiten hindurch und im Wechsel von Tag und Nacht so wieder mitmachen können, wie sie es als Geschöpfe der windgepeitschten, sonnenüberschütteten, extrem heißen, extrem kalten innerasiatischen Steppen von Natur aus gewöhnt sind.
Für viele entwickelte sich das Leben mit Pferden zu einer Partnerschaft, die weit befriedigender war, als es das nur stundenweise Reiten in der Bahn je sein konnte. Es erforderte mehr Arbeit, sich selber um Pferde zu kümmern, ihnen Ställe zu bauen, Weiden einzuzäunen, sie zu verpflegen, ihre Gesundheit zu beobachten und die Kranken zu umsorgen, doch gerade das scheint mehr und mehr Menschen so erstrebenswert zu sein, daß sie um dessentwillen an den Stadtrand oder gar aufs Land ziehen, sich in kleine Orte versetzen lassen, um ihre Pferde zu beobachten, Feierabend und Wochenende mit ihnen zu verbringen. Inmitten der technischen Abläufe unserer Zeit, bedrängt von der steten Forderung nach Leistungssteigerung im Beruf, möchten sie zurück zum Handwerklichen, zum Selbermachen – möchten den Rhythmus des Tierlebens mit Geburt und Tod, Hunger und Durst und Bewegungsdrang miterleben, möchten mit ihren Kindern darüber sprechen, ihnen einen dichteren Bezug zum natürlichen Lebensgrund schenken.
Viele, viele tausend Pferde haben seit dem Ende des Zweiten Weltkrieges in Westeuropa Einzug in die Familie gehalten. Kinderreiche Mütter erzählen beglückt, daß die Haltung mittelgroßer, gesunder Pferde beim Haus viel weniger Arbeit macht, als sie anfangs dachten, denn »wenn die Kinder die Pferde lieben, entwickeln sie aus diesem Gefühl heraus – natürlich unterstützt von den Eltern – ein ganz neues Pflichtbewußtsein, ein Pflichtgefühl, das sie ihre ganze Kindheit hindurch für die Pferde sorgen ließ. Sie brachten sie umschichtig auf die Weide, holten sie zum Füttern in den Unterstand, säuberten Weide und Stall, ritten zum Schmied und freuten sich unbändig auf die gemeinsamen Wochenenden im Freien, auf die Ferien im Hochgebirge, wo wir gemeinsam hoch über der Baumgrenze durch Geröllfelder kletterten (**169**). Wir hatten nie Probleme mit den Heranwachsenden. Sie hatten eine große, sinnvolle Aufgabe, die sie ausfüllte – und die ganze Familie teilte die Freuden und die Sorgen um diese faszinierenden »Familienmitglieder« (Issenmann).
Aus dem Reitsport, den vielleicht früher ein Mitglied der Familie kostenaufwendig allein betrieb, wird hier eine ausfüllende Beschäftigung für alle. Denn mit der Zeit setzt sich immer stärker und nachhaltiger das Wissen darum durch, wie kräftig auch mittlere Pferde sind, wie gehwillig und angenehm von Temperament. Immer mehr Erwachsene reiten heute in den Ländern Westeuropas auf Pferden bis zu 150 cm – die in der ganzen übrigen Welt sowieso das Gros der Pferde bilden. Beim Hause lebend, von jung und alt geliebt, wachsen sie viel enger, als wir es uns früher je hätten träumen lassen, mit uns zusammen. Alle ihre Regungen sind uns vertraut, sie dulden zärtlich-ungeschickte Kinderhände, erwidern die poltrige Kameradschaft rauhbautziger Jungen und Mädchen, schenken den Erwachsenen Entspannung beim erfrischenden Ritt durch die Natur. An ihrer Mähne weint sich Kinderkummer aus; auf ihrem Rücken vergißt man Büro und Haushaltssorgen; sie stehen einem im Wege, wo immer es geht, und stibitzen die Brötchen vom Frühstückstisch.

Als vor rund 40 Jahren die ersten Isländer wieder auf den Kontinent kamen, den ihre Vorfahren vor über tausend Jahren in den Langschiffen der Wikinger in Richtung Norden verlassen hatten, brachten sie außer den erwähnten Eigenschaften ihres untersetzten, stämmigen Körpers mit der urigen Anpassung an jedes Klima reiterlich die größte Überraschung mit – sie gingen außer den uns bekannten Gangarten Schritt, Trab und Galopp zwei weitere: *Paß* (**126**) und *Tölt* (**171**).
Den Paß besprachen wir schon als eine Gangart des Standardbred in den USA (**126**): Die beiden gleichseitigen Beine setzen gleichzeitig auf – also die beiden rechten, dann die beiden linken Beine, im Zweitakt 1-2-1-2-1-2. Dieser Paß ist eine *Grundgangart* und vielen Rassen dieser Erde angeboren; er ersetzt oder ergänzt den Trab. Was aber war der Tölt?
Es ereignete sich unter dem Reiter ein Wunder: Wurden die Pferd aus dem Schritt schneller, so stieß der Rücken den Reiter nicht, wie beim Trab, unsanft nach oben, sondern er wiegte ihn sanft rotierend und muldete sich unter dem Gewicht leicht nach unten. Erschütterungsfrei trugen die kompakten Burschen seit tausend Jahren schwergewichtige Wikinger und ihre im Laufe der Zeit nicht leichter gewordenen isländischen Nachfahren durch Schneesturm und Regen der arktischen Insel, über Lava und Geröll und Hänge, durch endlose Täler. Nun waren sie bei uns – und die dem Auge wie dem Gefühl gleich fremde Gangart gab Rätsel um Rätsel auf. Das Ohr vernahm einen deutlichen Viertakt, also wurden die Beine einzeln hintereinander aufgesetzt: 1-2-3-4-1-2-3-4 – aber wie? Jahrelang studierten wir daran herum – mit Hilfe von Filmen, Zeitlupenaufnahmen und Fotos; es ergab sich, daß diese merkwürdige Gangart ein gebrochener Paß war: Die Beine der gleichen Seite setzten nicht gleichzeitig, sondern kurz hintereinander auf. In Island gibt es dafür eigene Gangartenprüfungen, die bald auch auf dem Kontinent übernommen wurden; unser Bild (**171**) zeigt eine Teilnehmerin an Europameisterschaften im Tölt.
Nun galt die Gangart lange Jahre als eine Spezialität des Isländers, erklärt durch den sumpfigen Boden der Insel, auf dem die Pferde lernten, die Füße schnell einzeln hintereinander aufzusetzen, um nicht einzusinken. Doch auf weiten Reisen in vier Kontinenten begegnete sie mir später immer öfter, und es stellte sich schließlich heraus, daß in Amerika, Afrika und Asien 60 Prozent aller Rassen tölten können! Das brachte die Forschung in Gang, heute werden zum Thema Doktorarbeiten und Habilitationsschriften geschrieben.
Und nachdem einmal die Augen dafür aufgegangen waren, sah man den Tölt überall. Auf mittelalterlichen Holzschnitten töltete es so klar wie in den frühesten klassischen Reitlehren bis zum 17. Jahrhundert; in mittelalterlichen Texten ist überschwenglich von etwas die Rede, das *zelt* genannt wird: »Isôten pferd gieng schône in zelt«, schreibt um 1210 Gottfried von Straßburg, und sein Zeitgenosse Wolfram von Eschenbach sagt: »Santtecliche und doch im vollen zelt, kom si rîtende über velt.« Gleich erinnern wir uns nun an den *Zelter*, der als mittelalterliches Reitpferd vornehmer Damen galt und den man bisher für einen Paßgänger hielt. Doch aus dem isländischen Tölt war auf dem Kontinent im Hochdeutschen zelt geworden (aus T wurde Z). Sicher war die gleiche Gangart gemeint, denn der Paß ist, im Gegensatz zum Tölt, weder *sanftecliche* noch *schône*, sondern meist recht unkomfortabel. Außerdem ergab intensiveres Studium früher Texte, daß sich beileibe nicht nur die Damen des töltenden Zelters bedienten, sondern daß er bis ins hohe 17. Jahrhundert hinein das bequeme Reitpferd für jedermann war. Selbst die streitbaren Herren des Mittelalters bedienten sich seiner unterwegs und ließen den trabenden Kampfhengst als Handpferd des Knappen mitführen.

171

Weshalb aber wurde dies alles im westlichen Europa vergessen?
In der tonangebenden höfischen Reiterei hatte sich die Hohe Schule durchgesetzt (s. Seite 83) und blieb über die Zeiten des Feudalismus und der Kleinstaaterei bis in unser Jahrhundert geschmackbildend. Die Kavallerie entwickelte das Reiten in geschlossener Formation, das exakt im taktmäßigen Gleichschritt (trab)gehende Pferde brauchte. Und mit der Entwicklung des Vollblüters (s. Seite 119) wurde innerhalb kurzer Zeit das Tempo jeglicher Reiterei schneller – auf der Rennbahn wie bei der Jagd blieb jede Behaglichkeit auf der Strecke; Reiten entwickelte sich zum *Sport*. Zwischen dem 17. und 19. Jahrhundert wurde zudem das Straßennetz im westlichen Europa grundlegend verbessert; die besser gefederte Kutsche machte den Gebrauch bequem gehender Pferde überflüssig, denn in ihren Polstern saß der Reisende noch bequemer. All dies kam zusammen, um den Zeitgeschmack zu ändern – das trabende und galoppierende Pferd ersetzte das töltende.
Und weshalb hatte sich dann diese bei uns nahezu verschwundene Gangart auf den anderen Kontinenten erhalten – und zwar gleich in großer Menge und hochgeschätzt? Auch das ist im nachhinein erklärbar. Die Siedler, die im 16. und 17. Jahrhundert aus Westeuropa nach Nord-, Latein- und Südamerika sowie nach Südafrika auswanderten, hatten für höfisches Reiten keinen Sinn; sie kämpften weiterhin in lockeren Scharmützeln, erkundeten und besiedelten riesige Landstriche zu Pferd und brauchten zum Bau eines einigermaßen engmaschigen Straßennetzes über 200 Jahre. Sie nahmen die besten Pferde ihrer Zeit in die Kolonien mit: bequeme Pferde, die sie bis heute fachkundig weiterzüchteten. In den Sezessionskriegen zwischen den Nord- und den Südstaaten Amerikas (1861-1865) rief es im Süden noch schallendes Gelächter hervor, daß sich die Soldaten des Nordens ständig im Sattel auf- und abwerfen ließen!
In den Südstaaten – Virginia, Kentucky, Tennessee, Missouri – wurden und werden elegante, große, feurige Rassen mit herrlich bequemen Gangarten gezüchtet, in deren Sattel sich der spanisch-französisch-kreolische Plantagenbesitzer als wahrer *Herr* fühlen konnte. Tennessee Walker, American Saddlebred Horses (**21**) und andere mehr. Ihre dem Tölt verwandten Gangarten werden besonders teuer bezahlt.
Vom *Walk* des Tennessee Walkers heißt es: »Nichts hat je einen ängstlichen, zögernden Reiter schneller beruhigt und wieder zuversichtlich gemacht als der Ritt auf einem Walker; keine Gangart hat der Pferdewelt eine größere Zahl treuer Bekehrter zugeführt als diese. Ängstliche Neulinge oder Reiter, die im Banne unglücklicher früherer Erlebnisse eine

172

Scheu vor Pferden haben, oder auch geübte, erfahrene Reiter, die vielleicht einen gefährlichen Sturz erlebten oder infolge von Krankheiten nicht mehr reiten mochten oder die es infolge fortschreitenden Alters nicht mehr zu können glauben: sie alle erleben zunächst ein Gefühl wundervoller Sicherheit und bald auch das wiedererwachende Vergnügen an einem Sport, den viele schon verzweifelt und entmutigt aufgegeben hatten. Und das alles wegen der flüssigen Bewegung und des stoßfreien Rittes, den der Walker ihnen schenkt.« Dasselbe gilt uneingeschränkt für alle Tölter, also beispielsweise vom Islander, vom töltenden Traber (s. Seite 125) oder den Paso Finos und Paso Peruanos.

Und diese beruhigende, sichere Gangart ist dabei ein exquisites reiterliches Vergnügen. Ihr Rhythmus ist sowohl erregend als auch – in der gleitenden, anmutigen Wiederholung – entspannend. Je nach Größe, Temperament und Veranlagung des Pferdes bietet der Tölt eine Fülle feinster Unterschiede, die herauszureiten mit wachsendem Können eine reizvolle reiterliche Aufgabe ist. Immer aber sollte ein guter Tölt ein Lächeln ins Gesicht des Reiters zaubern.

Alle töltgehenden Pferde der Erde bieten dem an bisheriger europäischer Reitweise geschulten Auge einen eher befremdlichen Anblick: Der Kopf ist hochgeworfen, der Unterhals leicht herausgedrückt, der Rücken nach unten weggewölbt. Die Beine zucken kraftvoll hoch, der Kopf nickt, die Vibration, die durch das ganze Pferd läuft und dem durchgerittenen Tölter die sprühende Leichtigkeit gibt, setzt sich fort in den bewegten Wellen des Schweifes.

Der Tölt ist unter zahlreichen Namen bei vielen Rassen der Erde bekannt. Den Übergang vom Schritt zum Tölt zeigt der Schimmel in der Mongolei (**6**). Dort ist ein Pferd, das einen geschulten Tölt geht, dreimal soviel wert wie eines, das nur trabt, und ein Naturtölter, der die Gangart ohne Beeinflussung durch den Reiter stundenlang durchhält, achtmal soviel. In Rußland heißt der Tölt *Perestrup*; vor allem die auf den uralten Turkmenen zurückgehenden Rassen beherrschen ihn. Außer im west-

173 ▶
Reiten durch einen Märchenwald, zwischen alten Bäumen, von deren Ästen Moosschleier herabhängen, wie grünschimmerndes Gold.
Weiße Pferde darin, deren Füße Goldstaub aufwirbeln, stille, sanfte Gefährten glücklicher Stunden: Nur-so-dahin-Reiten ohne Ehrgeiz, zurückfinden zur Qualität des Lebens, tief atmend die Stunde genießen…
»Trinkt, o Augen, was die Wimper hält, von dem goldnen Überfluß der Welt!«

174

lichen Europa, wo er systematisch verdrängt wurde und sich nur in der Abgeschiedenheit Islands und des baskischen Spaniens erhielt, gibt es kaum ein Land der Erde, das nicht eine Auswahl töltender Rassen hat. Vor einigen Jahren wurde mir ein Renntraber zur Korrektur anvertraut, der nach Beendigung seiner Bahnkarriere als Reitpferd verkauft worden war, jedoch unter dem Sattel hart trabte und beim Angaloppieren stark buckelte – also sein Unbehagen mit dieser Gangart kundtat. Ich ritt ihn sehr leicht am langen Zügel, und als ich den Schritt verstärkte, ging er einen unbeholfenen, aber klaren Tölt! Meine Überraschung hätte nicht größer sein können, bis mir beim Nachdenken die Zusammenhänge aufgingen – einer seiner Vorfahren mußte aus Amerika Pacer-Blut mitgebracht haben (**126**); bei der starken Einkreuzung erfolgreicher ausländischer Traber in hiesige Zuchten ein sicherlich häufiger Vorgang. Und daß jene Paßgänger in Amerika bei der Begründung der kostbaren Gangarten-Rassen der *Tennessee Walker* und *Saddlebreds* beteiligt waren, hörten wir ja schon.
Seit jener Zeit ist der Traber der Rennbahn als ein neues, köstliches Pferd für das Freizeitvergnügen entdeckt. Er verträgt es nicht, in der von der klassischen Reiterei hergeleiteten Form geritten und stark versammelt zu werden; sein Körperbau eignet sich nicht dazu: Nimmt man ihm die Nase herunter, verspannt sich der meist lange Rücken, und das Pferd empfindet Schmerzen. Läßt man ihm aber die Nase frei und darf er den Rücken weich nach unten durchmulden, dann geht er einen langen Schritt, einen brillanten Tölt und den allerbequemsten Galopp.
Er ist zudem ein ideales Robustpferd: ein Pferd also, das sich *robust* halten läßt – sommers wie winters draußen, mit einem frei begehbaren Stall, dessen Tür stets offen bleibt. Sein Haar wächst sich dann zu einem wolligen Pelz aus, er verliert das hektische Temperament des Rennpferdes und findet zu seinem natürlichen guten Charakter zurück, den ihm alle Kenner seiner Rasse im Übermaß zusprechen. Er braucht also mit seiner Rennkarriere nicht zugleich sein Leben zu beenden, sondern es ist ihm auf viele zusätzliche Jahre hin eine neue Aufgabe zugefallen, die er fröhlichen Mutes und gesund übernimmt.
Immer noch gibt es Snobs, die glauben, der Sinn des Reitens sei es, höher zu sitzen als die Mitmenschen. Weshalb auch nicht? Der menschliche Charakter hat sich in den paar tausend Jahren, seit der erste Reiter sich solcherart über die zu Fuß Gehenden erhoben fühlte, nicht grundlegend geändert.
Geändert aber hat sich unsere Welt und unser Lebensgefühl darin, und so weicht der Snobismus zunehmend einem Hunger nach *Natürlichkeit*.

175

Leise, aber anhaltend breitet sich der Wunsch nach Fröhlichkeit im Sattel aus. Vor allem die Jugend drängt es, mit dem Pferd Abenteuer des Lebens zu bestehen – und sei's nur, im sprühenden Gischt, den die lustvoll schlagenden Pferdehufe im Wasser erzeugen, herumzutoben (**174**). Was könnte es Herrlicheres geben, als Sonne, Wasser, Wind auf bloßer Haut zu spüren – und dann ein Pferd zu haben, das dampfend, naß, kraftvoll das sinnliche Erlebnis steigert? Denn – wir sagten es schon mehrfach – das Pferd spricht unmittelbar unsere *Sinne* an: Es riecht gut, faßt sich gut an, sieht gut aus – und paßt sich unserer ausgelassenen Stimmung an, galoppiert weitausholend, wenn wir weit über unsere eigenen kleinen Bewegungen hinausreichen möchten. Es befördert uns nicht nur, wie Auto oder Motorrad, von der Stelle, sondern fügt dem noch eigene Kraft, eigene Lust an der Bewegung hinzu. Es läßt uns nie vergessen, daß es ein Eigenleben hat, einen Eigenwillen, eine Eigenbeweglichkeit, der es sich anzupassen, die es zu verstehen, die es auszukosten gilt. So ist immer noch und immer wieder jedes neue Pferd eine neue Herausforderung an Intelligenz und Verständnis und Gefühl des Reiters, gibt ihm die Chance, über sich hinauszuwachsen. Unverändert wirkt dieser uralte Zauber des Pferdes weiter.

Das eigene Pferd teilt aber nicht nur unseren Sommer. Auch das eher abwartende Verhältnis des verstädterten Menschen von heute zu Nebel, Regen und Wind ändert es radikal. Pferde brauchen Bewegung – also reitet man sie bei jedem Wetter, um bald verwundert festzustellen, was man alles verpaßt, wenn man den Regen meidet – wie tief erfrischend es ist, gegen einen starken Wind anzureiten! Bald gibt es kein schlechtes Wetter mehr, nur anderes Wetter, für das man sich anders anziehen muß, um es voll zu genießen (**170**). Parka, Gummistiefel und Jeans sind überdies auch viel praktischer bei der täglichen Versorgung unserer Vierbeiner. Nebel und Schnee werden intensiv erlebt, der Tag wird in die Nacht hinein verlängert beim Ausritt auf trittsicheren Pferden, die ihren Weg im Dunkeln finden.

Unsere Welt funktioniert immer mehr auf Knopfdruck; die Beherrschung von zwei Programmen am Toaster, von fünf an der Waschmaschine enthebt uns eigenen Nachdenkens und eigener Arbeit, der neue Kühlschrank taut sich automatisch selber ab, der Grill reinigt sich ohne unser Zutun nach jedem Gebrauch; ganz selbstverständlich erwarten wir Sicherheit und problemloses Funktionieren im Umkreis unseres heutigen Lebens. Aber wir fühlen, daß uns das nicht nur reicher, sondern auch ärmer macht – ärmer an Harmonie mit Mensch und Tier, mit Mit-

176

Geschöpfen aus Fleisch und Blut, die nicht automatisch »funktionieren«.
In Kalifornien fand ich einen hinreißend schönen Hengst der Tennessee-Walker-Rasse (**175**), einen Palomino aus dem Bilderbuch, schimmernd wie ein frisch geprägtes Goldstück, mit schneeweißem Langhaar. Seine Besitzerin spielte mit ihm im Korral: Er griff sie an, ließ sich in die Flucht schlagen, stieg, legte sich hin – nicht flach andressiert, sondern mit funkelnder Begeisterung, immerzu den Kopf mit der aufschäumenden weißen Mähne schüttelnd und dazwischen sachte wiehernd oder einen schrillen Quietscher ausstoßend, als wolle er sein Vergnügen auch akustisch ausdrücken. (Sagte ich bei der Schilderung des Fohlenlebens warnend, daß Fohlen nicht mit Menschen spielen mögen, so war damit gemeint, daß die instinktiven Regungen und Bewegungen von Fohlen und Kind nicht aufeinander abgestimmt sind, nicht zueinander passen. Erst der Erwachsene kann mit dem heranwachsenden oder erwachsenen Pferd zu »spielen« beginnen: indem er das, was das Tier anbietet, ausformt, wiederholt.)
»Manchmal sitze ich in der wenigen freien Zeit, die mir bleibt, nur auf dem Zaun des Korrals oder dem Weidetor und schaue ihm zu«, erzählte seine Besitzerin, »wie er zu den Stuten hinüberblickt, wie er ruft und ungeduldig mit den Hufen scharrt – wie er böse wird, wenn ein Wallach zu nahe kommt. Manchmal läuft er von selbst auf mich zu, manchmal rufe ich ihn und springe in den Sand und knalle mit der Peitsche. Ich nehme mir nicht vor, ihm etwas beizubringen – es ergibt sich so wie im Spiel. Man lernt hinhorchen auf seine Regungen, und das entspannt so wunderbar – man sieht von sich selber weg. Und wenn ich ihn oder ein anderes meiner Pferde reite, kenne ich sie so viel besser vom Hinschauen und Beobachten. Wir sind so schrecklich umgeben von der Technik schematischer Abläufe. Bei meinen Pferden möchte ich Harmonie lernen, von mir wegsehen lernen, mich auf etwas konzentrieren, das ganz eigenen Lebensgesetzen gehorcht.«
Der Hengst schrie laut und grell. »Hören Sie? Da kommt eine Stute zu seinem Rivalen, das kann er nun gar nicht leiden. Wenn ich ihn in der Küche höre, weiß ich genau, was draußen vor sich geht. Pferde habe so viele Laute, um sich auszudrücken. Manchmal wiehert er ganz leise und brummend, aber er kann auch quieken wie ein Schwein! Oder alles wach machen mit triumphierendem Geschmetter am frühen Morgen, das dann Antwort wachruft von allen Weiden, aus allen Boxen. Und wenn ich mit einer Handvoll Melasse komme, die er besonders gern mag, dann schnaubt er erwartungsvoll und glücklich.«
Dieses reiche Tierleben erfährt man natürlich nicht, wenn man seinen Gefährten in die Box sperrt und 23 Stunden am Tag vergißt. Leben kann sich nur im Miteinander-Leben entfalten, und es ist ein Geschenk unserer Zeit, daß sie uns genügend Muße gibt und die finanzielle Unabhängigkeit, Pferde – je nach Geldbeutel reich sortiert – in unser Leben hineinzunehmen, als Gegengewicht gegen Blech und Chrom und Knopfdruck.
Daß das nicht nur nostalgisches Städter-Denken ist, erlebte ich kürzlich im Gespräch mit einem Bauern, Angehörigem eines Berufsstandes somit, dem eher Nüchternheit als Sentimentalität bescheinigt wird. Er besaß noch ein Pferd, und ich fragte ihn, was er denn damit anfange. Welche Arbeit es leiste. »Ach«, versicherte er eilig, »da ist noch so manches zu tun – leichte Arbeit, so nebenbei.« Und dann, ein wenig verlegen: »Na ja, brauchen tu ich's eigentlich nicht, und auch die leichten Arbeiten macht der Traktor schneller – nur, man braucht halt was zum Liebhaben. Ich kann doch nicht am Abend den Traktor vom Weidetor aus rufen, der

177

kommt ja nicht wie mein Max. Und ein Stück Zucker kann ich ihm auch nicht geben – aber der Max, der wartet drauf.« Es war kein reicher Bauer; das Pferd kostet ihn Geld; aber es tut auch etwas zu seinem Leben hinzu.

Groß und klein, Kinder und Erwachsene verbindet der freundliche Ausritt (**176**) – äonenweit entfernt von jenem Reiten, das einmal elitär war. Alle sitzen gut zu Pferd, alle Pferde sind leicht zu reiten – ein Basutopony geht vorn, mit nichts gelenkt als einem Ring um den Hals, in vollendetem Vertrauen zu seinem Reiter, der es täglich versorgt und füttert und reitet, der es nachts zu abenteuerlichem Ritt in Mondenschein und Wolkenschatten von der Weide holt, am Mittag in der Sonne neben ihm schläft; eine kleine Connemarastute dahinter mit gespitzten Ohren, weit ausschreitend am langen Zügel, der sacht ansteht, sie in keine bloße Form pressend; ein Traberwallach im Tölt, mit charakteristisch hochgeworfenem Kopf, nach einem Leben im harten Streß der Rennbahn nun des Spazierrittes sich freuend; ein Pole, auch er mit leichter Hand geritten. Sie sind alle Freizeitpferde bester Art, ganzjährig frei gehalten, alle entspannt und ohne Charakterfehler, alle tiefvertraut mit ihren Reitern, gerne in der Gemeinschaft anderer Pferde laufend.
Das Sportreiten, das in diesem Buch reichlich und ausführlich geschildert wird, ist *eine* Art des Reitens, das Freizeitreiten, das uns in diesem Kapitel beschäftigt, ist eine gleichwertige *andere*. Zu beiden muß man reiten lernen – freilich auf verschiedene Weise. Eine goldene Regel gilt aber: Je mehr Entspannung der Reiter beim Reiten sucht, um so entspannter sollte er seine Pferde halten! Die geschlossene Box mag für manche Sportpferde passend sein – das Freizeitpferd entfaltet seine Eigenschaften am reichsten, wenn wir die Tür seiner Boxe öffnen und ihm erlauben, in Gesellschaft von Artgenossen auf möglichst großen Weiden frei zu schweifen...
In vielen Ländern der Erde, die wir heute auf Geschäftsreisen und im Urlaub aufsuchen, ist solch natürliches Pferdeleben noch selbstverständlich – allen voran in den USA (**173, 178, 182**). Noch nie hatten so viele Menschen die Möglichkeit, sich in der Welt umzusehen. Die Mobilität im Beruf und in den Ferien ist geradezu ein Wahrzeichen unserer Zeit; sind wir Pferdefreunde, können wir sie nutzen, die Welt der Pferde kennenzulernen. Es gibt zahlreiche Spezialreisen, die kreuz und quer durch die Erdteile zu hippologischen Ereignissen wie berühmten Rennen und Turnieren, internationalen Versteigerungen und Auktionen führen, wir können Gestüte besichtigen, Pferdemuseen oder die Vorführungen der Lipizzaner in Wien. Im eigenen Lande können wir morgens früh, im Dunst des kühlen Nebels, den Rennpferden bei der Arbeit zusehen, am Nachmittag am Rande eines Vielseitigkeitswettbewerbes picknicken und dabei zuschauen, wie Pferd und Reiter sich halsbrecherisch-geschickt über eine schwierige Querfeldeinstrecke manövrieren, wir können an einem kalten Winterabend auf der Trabrennbahn, durch verglaste Tribünen vor Wind und Wetter geschützt, dem spannenden Endkampf eines

178 ▶
Zu Pferd fremde Landschaft genießen: eine beglückende Möglichkeit unserer Tage. Hier treffen sich Reiter aus Europa mit Freunden in Kalifornien, reiten auf ungarischen Pferden der Shagya-Rasse, in den USA gezüchtet, tagelang durch die goldenen Rinderweiden, die sich von Horizont zu Horizont endlos dehnen. Die Welt der Pferde und der Reiter ist wahrhaft international geworden.

179

Rennens zusehen. Und alles, was wir dabei sehen und erleben, wird in einer nie dagewesenen Fülle von Fachliteratur und Romanen in allen Weltsprachen erläutert und uns nahegebracht, wird vom Fernsehen in die Wohnzimmer geliefert, können wir in Reportagen des Radios im Auto anhören.

Überreich werden heute in allen nur möglichen Ländern Reiterferien in Hotels und Reitschulen und beim Bauern auf dem Lande offeriert, für Kinder gibt es Zeltlager mit Ponys und Pferden – besonders gut organisiert in den USA, in Holland und England. Tausende von Jugendlichen haben dort alljährlich ihre ersten Erlebnisse mit dem Pony in solchen Zelt- und Sommerlagern.

Viele Großstädter suchen die Gemächlichkeit im Pferdewagen: ziehen durch Irland und Holland und Frankreich im Planwagen, der Betten und Küche enthält und von einem braven Kaltblüter Feldwege und kleine, abseits gelegene Landstraßen entlanggezogen wird, und der die Beschaulichkeit wieder erlaubt, das langsame Betrachten der Blumen am Wegrand, der Wolken am Himmel – immer zum beruhigenden Plop-plop schwerer Hufe, der Zeit und Komfort vergessen läßt auf eine köstliche Weile.

Wir haben das *Wandern zu Pferde* (**179**) wiederentdeckt, die wohl befriedigendste Art, mit Pferden zusammenzusein: mit ihnen neue Landschaften zu genießen, das Abenteuer wechselnder Unterkünfte zu bestehen, Wege zu finden in fremder Umgebung, sich zu verirren und zurückzureiten, überraschend einen herrlichen Galoppweg zu entdecken, herzklopfend einen schmalen Pfad zwischen Berg und Abgrund und See entlangzutölten ... Abends gemeinsam ums Feuer zu sitzen und Würstchen zu braten und zunächst fassungslos zuzusehen, wie Pferde vergessen können, daß sie Pflanzenfresser sind und heiße Würstchen vom Grill klauen und sich die Lippen verbrennen und eine Cola drauf trinken ...

Allenthalben wächst der Reittourismus mit eigenen oder geliehen Pferden. Belgien und Luxemburg haben ein fantastisches Netz von Reitwegen mit Verleihställen und Gäste-Unterkünften, Frankreich hat Wege von den Pyrenäen bis zur holländischen Grenze, von Brest bis in die Provence ausgewiesen, kreuz und quer durch seine einsamen Mittelgebirge; Spanien bietet ein sehr kultiviertes Programm von Ritten in die wildschönen Sierren und entlang seiner südlichen Küsten an, in allen östlichen Ländern warten – wie auf unserem Bild in der ungarischen Hortobagy-Pußta (**177**) – Gestüte und Reiterhöfe auf Gäste; Italien erschließt die Abruzzen für Reiter; Marokko bietet Zehn-Tages-Touren durch den Atlas an. In Großbritannien und Irland gehört das *Trekking* seit Jahrzehnten zum Feriengeschehen für Tausende von Gästen, die aus den Großstädten in die Berge von Schottland, ins Exmoor und Dartmoor flüchten. Schon hat sich die Industrie darauf eingestellt und neue Wandersättel, neues Lederzeug für unterwegs, Packtaschen und Zelte entwickelt; neue Schutzhütten und Stallungen für den Gebrauch zu Hause entworfen, für Pferde, die den mobil gewordenen Menschen unserer Tage im Urlaub ins Abenteuer tragen sollen. Die Welt der Reiterei erlebt den größten Umbruch ihrer Geschichte: Reiten wird möglich für jedermann.

Und buchstäblich überall: an den tage- und wochenlangen Trailritten durch Kanada (**180**) nehmen immer häufiger Gäste aus überseeischen Ländern teil – manchmal in Verbindung mit einer Geschäftsreise, öfter indem sie einfach zu ungewöhnlichen Ferien hinüberfliegen. Auf Packpferden wird Proviant mitgenommen, unterwegs gibt es Hütten in den riesigen Nationalparks, oder es wird im Zelt kampiert. Die wenigen Reiter sind hier wirklich noch allein in einer gewaltigen Landschaft, in der

181

nur die Laute der Natur hineintropfen in eine Stille, die unseren Ohren fremd geworden ist. Wir fliegen in den Norden nach Kanada – oder in den Süden nach Lesotho, in jenes Bergland der »Indianer Afrikas«, von dem schon die Rede war. Wir sitzen auf dem Hochplateau des Mont aux Sources, direkt vor uns fällt das Bergmassiv 1000 Meter tief schroff ab – und drunten erstreckt sich vor uns eine Welt aus blauen Bergen, alle um 3000 Meter hoch, Hunderte von Kilometern weit... Es ist die absolute Natur: kein Haus, keine Hütte ist zu sehen. Wir waren wochenlang geritten, um dies zu genießen, um hier zu schweigen. Auch das ist heute möglich, auch dahin hat sich das entwickelt, was vor dem Krieg nur militärisch-einseitig betriebenes Sport- und Bahnreiten war. Heute gehört zum Reiten auch die Welt, das Erleben fremder und heimischer Natur, das Rasten und Ausruhen, die Gemächlichkeit. Die Pferde schlafen oder rupfen am Gras, während wir tief atmend die Unwirklichkeit einer ganz großen Welt-Schau erleben: Das Blau ist hier oben so dünn und zart, unten erstreckt es sich grün-blau, von den Schatten der segelnden Wolken besprenkelt, am Horizont dann eine »himmlische« Bläue, hell und verheißungsvoll (**181**).

Reiten, das heißt hier auch: fremde Menschen, fremde Reiter kennenlernen. Kaum erkennbar ziehen sich strichdünn Saumpfade durch Lesothos felsige Gebirgslandschaft. Lesothos Bewohner, die Basuto, benutzen sie, wenn es ihnen paßt. Lieber freilich reiten sie ihrer Nase nach. Ein britischer Polizeioffizier schildert, wie es dabei zugehen kann. In dringenden Geschäften hastete er in den vergangenen Tagen des britischen Protektorats von einem verlorenen Bergdörfchen zum nächsten. Hoch über ihm hockte reglos auf einer Klippe ein Basutohirt mit Pferd und Hund. »Morena (Herr)!« rief er schallend den Hang hinab. »Morena, du scheinst in großer Eile zu sein. Soll ich dir einen kürzeren Weg über die Berge zeigen?« Der Offizier ließ sich darauf ein und folgte dem Basuto. Aufwärts und aufwärts ging es und immer weiter aufwärts. Ohne je den flinken Tölt zu bremsen, führte der Hirt ihn quer über Felsen und runde Steinhaufen, rutschte Abhänge hinunter und kletterte jenseits wieder schwindelnde Höhen hinan – schnurgerade seiner Nase nach. Bei einem soliden Felsblock angekommen, der Hunderte von Metern steil abfiel, reichte es dem Polizisten; er saß ab und führte sein unwilliges Pferd vorsichtig den fußbreiten Pfad am Abhang entlang, während sein Führer munter weitertöltete, dem Pfad gar keinen Blick schenkend. Auf der anderen Seite wartete er geduldig. »Morena«, wollte er nur wissen »weshalb hast du das getan?« – »Weil ich, wenn das Pferd gerutscht wäre, doch...« – »Aber, Morena«, unterbrach ihn der andere kopfschüttelnd, »hast du nie darüber nachgedacht, daß ein Pferd vier Beine hat, du aber nur zwei hast?«

In dieser Landschaft, geführt von solchen Basutos, ritten wir viele Wochen lang und lernten sehr mühsam, einen Zipfel jenes Vertrauens zurückzugewinnen, das zwischen uns und den Tieren verlorengegangen ist – lernten, nicht nachzudenken, sondern einzuschwingen.

Wie in der Mongolei (**1-7**) ist auch hier noch ein Volk zu Pferd zu erleben – so ursprünglich, wie es sich nur an den entlegensten Enden der Erde erhalten konnte. In einer Handelsstation mitten im Land sah ich, wie Pünktchen die endlos weiten Hänge hinabrollten, größer wurden, zu Pferden mit Reitern oder Lasten auf dem Rücken wurden, in den Hof des Handelshauses einbogen. Tagtäglich standen hier Hunderte von Pferden herum, kreuz und quer, angepflockt oder lose, während ihre Reiter kauften, tauschten, handelten, palaverten oder Kaffernbier tranken. Hunderte von Reitern verstreuten sich nachmittags wieder in alle Winde... wie weit? Ein alter Mann, der seinem Sohn in den Minen von

182

Johannesburg vom Stand der Dinge daheim berichten wollte, kam 24 km weit bergauf und bergab geritten, um eine Pennymarke zu kaufen. Auf den Vorschlag, doch mehrere zu nehmen, schüttelte er den Kopf – er kam lieber wieder, in Regen, Schnee und Sonnenglut, 24 km weit.

In Deutschland wird seit vielen Jahren versucht, den Bürgern den *Urlaub auf dem Bauernhof* schmackhaft zu machen; dabei bemüht man sich auch um Programme für den Pferdefreund. Sehr gekonnt machen das schon lange die US-Amerikaner mit den *Dude Ranches*. Das sind Farmen, auf denen der Besucher so viel vom alten Ranch-Leben erfährt, wie gut für ihn ist. Hier wird er ins Cowboyleben eingeführt – von echten Cowboys, die ihre Arbeit verstehen und ernstnehmen. Manche Farmen dieser Art sind so groß, daß sie 100-150 Gäste aufnehmen und beritten machen können! In Gruppen holen die Stadtmenschen ihre Pferde von den Weiden, lernen, sie zu zäumen und zu satteln und zu reiten und den Führern hinaus zu folgen in die oft berückend schöne Landschaft. Viele der Gäste kommen aus übervölkerten Städten, sind vollgefüllt mit den Vorstellungen der Westernfilme, hungern nach naturnahem Leben. So wird der Gast auf ein friedliches Pferd gesetzt, in einen stabilen Westernsattel, macht lange Pack-Trips, übernachtet im Zelt. Meist wird Schritt geritten – und weshalb auch nicht? Ist es nicht eine großartige Sache, durch die Berge zu reiten, auf schmalem Pfad, hinunterzusehen auf See und Schlucht, hinaufzusehen auf die Gipfel, den Blick über endlose Ebenen schweifen zu lassen, in denen sich das Auge an nichts Engem stößt – unter sich ein lebendiges Wesen, stark und vertrauenswürdig, das uns Zielen zubewegt, das man absatteln, versorgen, anpflocken kann? In Wohnungen, in denen gerade noch ein Hamster geduldet wird, träumt man davon ein ganzes Jahr und kommt im nächsten Sommer wieder – dann vielleicht schon als Teilnehmer am sonntäglichen Ranch-Rodeo.

Rast in Rot und Gold: Cowboys in Amerika (**182**). Ruhige Menschen, ruhende, entspannte Tiere – ein Mann hockt am Boden und spielt mit seinem Hund. Sie haben zusammen gearbeitet, gleich werden sie durch die warme Nacht nach Hause reiten, im Schritt. Von diesem lebensnahen, praktischen Reiten lernen wir Freizeitreiter auch dies bei uns Vergessene wieder: daß zum sinnvollen Tun auch das Nicht-Tun gehört. Daß unser Jagen und Hetzen, unser stetes Verlangen nach Tätigkeit sich mit den Gesetzen der Natur, denen unser Pferd verbunden ist, nicht verträgt. Ein Pferd lernt langsam, und die meisten Menschen erlernen etwas so Fremdes wie den richtigen Umgang mit dem Pferd auch nicht so schnell, wie sie selber meinen. Die tiefe Gelassenheit dieser Meister im Sattel zeigt uns, wie wir es machen sollen: konzentriert üben, gelassen reiten, lange rasten. Hinhören auf die Pferde – auf ihr Schnauben, ihre Unruhe, ihre Bewegungen. Haben wir erst einmal gelernt, das alles zu verstehen, können wir im Einklang mit ihnen daran gehen, ihre Fähigkeiten zu entwickeln. Und haben auch uns selber Unbezahlbares hinzugewonnen – das Einschwingen in natürliche Rhythmen, das unserer Seele gut tut.

Touristenvergnügen in Rußland ist das *Troika-Fahren* (**183-185**) geworden. Im Ostankino-Park bei Moskau, der über 1000 ha groß ist, werden sie für in- und ausländische Gäste der Hauptstadt angespannt – die typischen russischen *Dreispänner*. Im Sommer gehen die Pferde vor vierrädrigen Kutschen, im Winter aber vor dem Schlitten. Die Kutscher und die Fahrgäste sind dann in schwere Fellmäntel gehüllt, die Schlitten farbenfroh gestrichen, Glocken klingeln am Geschirr – heiteres winterliches

183

Freizeitvergnügen, das keiner vergißt, der aus unseren gemäßigteren Breiten in den russischen Winter kommt und über endlose Schneeflächen auf dem Lande oder die breiten Schneisen im Park dahinfliegt. Langsam zu fahren ist im Winter nicht möglich: die Pferde würden dann frieren. So hält sie der Kutscher zumindest in eifrigem Trippeln, läßt sie aber lieber schnell laufen. Eine Eigenart der Troika ist es, daß das mittlere Pferd stets traben, die beiden seitlichen Pferde galoppieren sollen. Dazu läuft das Mittelpferd zwischen der Schere, wie bei uns der Einspänner (**102**); die beiden äußeren sind mit leichten Ledersträngen an den Schlitten gebunden und mit Lederriemchen ans Mittelpferd. Dieses ist das eigentliche Zugpferd; die beiden anderen helfen nur, wenn die Last sehr schwer ist. Über dem Mittelpferd spannt sich von einem Scherbaum zum anderen die *Duga*, ein hölzerner Bogen, der in den Ländern um die östliche Ostsee – Livland, Lettland, Polen – auch für den einfachen ländlichen Einspänner gebraucht wird. Sie ist breit und mit Metall beschlagen oder farbig bemalt und hält die Scherbäume zusammen.
Der Fahrstil paßt zu keiner der bisher erwähnten Fahr-Arten. Der Kutscher schlingt sich die Leinen um beide Hände – je eine zum Mittel- und zu den Seitenpferden führend – und fährt mit ausgestreckten Armen, die äußeren Zügel werden für gewöhnlich sehr kurz gehalten und ziehen den Kopf des Pferdes nach außen, um es im jeweils richtigen Galopp zu halten; nur wenn die Seitenpferde mitziehen sollen, verlängert der Kutscher ihre Zügel. Eine Peitsche braucht der Troika-Kutscher nicht, sie wäre ja auch nur schwer zu handhaben, wenn beide Hände Zügel halten.
Außer der Troika gibt es auch eine *Tatsjanka* genannte Art des russischen *Vierspänners*. Dabei traben zwei Mittelpferde – ohne Duga – wie bei uns die Zweispänner an der langen Mitteldeichsel, während rechts und links wiederum zwei leicht angebundene Außenpferde Galopp gehen.
In Moskau gibt es im Winter auch Troika-Rennen vor dem Schlitten auf der Rennbahn. Die Bilder unserer Folge wurden bei 30 Grad minus aufgenommen – die Pferde sind eingehüllt in den Dampf aus ihren Nüstern.

Zum Zauber der Pferde, die unsere Freizeit teilen, gehört ganz vordringlich auch dieses: daß sie in ihrer Vielfalt und vielfältigen Herkunft unsere *Phantasie* in Bewegung setzen und bereichern. Sie kommen aus fremden Ländern und bringen ihre eigene Geschichte mit. Ich werde nie vergessen, wie mich jahrelang neben dem Isländer ganz Island beschäftigte: »Pferde der Wikinger« von der »Feuerinsel im Nordmeer«. Ich las und betrachtete alles, was ich an Texten und Bildern finden konnte, ich fuhr

184

185 ▶

nach Island und durchritt die 600 km von Akureyri im Norden nach Reykjavik im Süden in fünf unvergeßlichen Tagen – 120 km am Tag; ich schrieb Bücher über das Pferd und seine Heimat, und alle die neuen Besitzer solcher Pferde lasen sie mit dem gleichen brennenden Interesse, das mich veranlaßt hatte, sie zu schreiben. Der Araber ist fast vom Augenblick seines Erscheinens in der Öffentlichkeit an, das mit den erobernden Heeren Mohammeds im 7. Jahrhundert zusammenfiel, umgeben von einem Gespinst von Geschichte, Märchen und Legenden; die Worte der Dichter wie der Züchter werden von seinen Besitzern gleichermaßen verschlungen. Norweger und Haflinger verkörpern nicht nur ganz bestimmte Arten von Freizeitpferden, sie verlocken ihre Freunde auch dazu, in die Fjorde Norwegens oder in die Alpen zu fahren, die Heimat ihrer geliebten Pferde kennenzulernen. Die Pferde des Ostens bringen einen Hauch von Steppe und Weite mit in die Enge unserer straßendurchzogenen Autowelt, ihre Geschichte ist eng verknüpft mit der ihrer Länder: mit Mongolen-, Tataren- und Türkenherrschaft auf dem Balkan, mit der österreichisch-ungarischen Monarchie und ihren engen Beziehungen zu Spanien – alles das ließ Spuren im Wesen der Pferde zurück. Das Quarter Horse bringt heute den amerikanischen Westen zu uns: sehr wach ist das Interesse an den Tagen der Pioniere, der frühen Cowboys, der endlosen Rindertrecks, des Pony-Expreß quer durch einen Kontinent. Das Camarguepferd aus dem moskitoverseuchten Rhone-Delta regt durch sein Alter und die seltsame Weise, in der es dem Gardian, dem Stierhirten der Provence, seit altersher hilft, die Neugier der Menschen an, es aufzusuchen, sich mit ihm zu beschäftigen, es mitzunehmen in ihre Heimat. Mehr und mehr Pferdefreunde zieht es an die Westküste Irlands, wo das Pferd herstammt, dem sie ihre Liebe schenkten: das Connemara-Pony. Die New Forest und Welsh, die Fell und Dales und wie sie alle heißen, die eingeborenen, seit Urzeiten dort lebenden Rassen Englands – sie veranlassen ihre Anhänger dazu, Freundschaft mit den britischen Züchtern zu schließen, Gestüte aufzusuchen. Die Welt hat sich uns aufgetan – an uns ist es, sie zu erforschen ...

Zirkus

Am 29. Januar 1914 fand in Dresden, als Clou der Wintersaison, ein Reiterfest der Gesellschaft statt – im steinernen Monumentalbau des Zirkus Sarrasani. Der König von Sachsen und drei Prinzen waren anwesend. Die equestrisch glanzvollste Leistung war eine Vorführung der Hohen Schule durch einen Ulanen-Major; ein Oberwachtmeister des königlichen Marstalls führte die Freiheitsdressuren vor; ein Leutnant brillierte als »Zirkusprinzessin« auf blankem Pferd. Die »Welt aus Flitter und Glanz« war absolut hoffähig geworden. – Dann fegte der Erste Weltkrieg die deutschen Höfe, bis hin zum Kaiserhof, hinweg. Der Zirkus überstand auch das Ende dieser Epoche wie so vieler anderer Zeiten.
Seine Bezeichnung ist lateinischen Ursprungs und bedeutet *Zirkel*, bedeutet mithin das, was den Kern des Zirkus ausmacht: die *Manege*. Um sie dreht sich alles – und es dreht sich alles in ihr. Am vielfältigsten drehen sich die Pferde darin: ihnen verdankt sie Größe, Form und Aufbau. Sie mißt knapp 13 m im Durchmesser und ist von einem niedrigen Mäuerchen begrenzt, der *Piste*. Seit den Anfängen des modernen Zirkus gegen Ende des 18. Jahrhunderts zeigen Artisten Kunststücke zu Pferd: jonglieren Flaschen, Teller, Ringe, Bälle und werfen sie einander von Pferd zu Pferd zu, machen den Salto vorwärts und rückwärts, springen von einem Pferd zum anderen, springen auf und ab im Galopp. Zu alledem brauchen sie das Pferd stets im gleichen Abstand von sich, in der gleichen Biegung unter sich, haarscharf auf der gleichen Spur: Das alles bietet ihnen die Rundform international einheitlicher Größe. Sie ist auch der Arbeit bei den *Freiheitsdressuren* am gemäßesten: Der Dirigentenstab des Dresseurs, die *Chambrière*, ist optimal 5,50 m lang – das ist der halbe Durchmesser der Manege abzüglich seiner Armlänge. Ist sie länger, läßt sie sich schwer handhaben; ist sie kürzer, muß er zuviel laufen. Er braucht sie ständig – eine leise Berührung, und die Pferde ändern Gangart oder Richtung, knien nieder oder heben sich auf die Hinterbeine. Mit der Chambrière »spricht« der Meister mit seinen Schülern so deutlich wie mit den Worten, die sein Mund formt. Das Geheimnis der Dressur liegt im Peitschenschlag, wissen die Kundigen, doch nur ein Könner beherrscht das wippende Instrument so, daß es nicht zum Prügelstab herabgewürdigt wird.
Den Maßen des Pferdes ist auch die Piste angemessen; sie soll so hoch sein, daß ein Pferd, während es mit den Vorderbeinen darauf steht, die Hinterbeine ungehindert in der Manege bewegen kann (**188**); sie muß so breit sein, daß ein geschicktes Pferd im Trab darauf laufen kann, ohne abzurutschen; so ist sie nun 50 cm hoch und 35 cm breit. Der Boden aus Sägemehl auf feinem Sand verleiht federnden Gang; zur Piste hin wird er etwas höher aufgeschüttet, damit die Pferde nicht gegen den Holzrand schlagen.

Als die Kaiser Roms dem Volk *panem et circenses* versprachen, Brot und Zirkus also, wurden im riesigen Rund römischer Arenen Gladiatoren und Stierkämpfe gezeigt, Wagenrennen, Boxer und Ringer, wilde Tiere... Reste davon erhielten sich als Volksbelustigung auf frühen Jahrmärkten: Seiltänzer und tanzende Bären, dressierte Affen und Hunde. Als aber 1772 der erste feste Zirkus in London eröffnet wurde, waren seine Stars ehemalige Offiziere, die ihre brillanten Künste im Sattel zeigten. Von nun an stand das Pferd im Mittelpunkt – hauptsächlich mit spektakulären Freiheitsdressuren, bei denen ungerittene Pferde Bewegungen und Kunststücke nur auf Anweisung durch Stimme, Handzeichen und das Berühren mit der Chambrière ausführen – sich totstellen, durch brennende Reifen springen, sich auf die Hinterhand heben und sich drehen und vorwärtsschreiten, im Takt der Musik tanzen, allein oder in Gruppen bis zu 30 Pferden. Um die Mitte des 19. Jahrhunderts begann die Hoch-Zeit der großen *Schulreiter* in der Manege, bei denen selbst die Offiziere der Kavallerie noch lernten. Namen wie Vater und Tochter Renz, Albert Schumann, Busch und viele andere faszinierten ein höchst sachverständiges Publikum. Sie verbanden Genie im Umgang mit Pferden mit überquellender Phantasie. Es entstanden Nummern wie die »Rappspringer«, bei der sechs Rappen erlesener Rassen zu zweit, zu dritt, zu viert und mehr nebeneinander und gegeneinander in immer wechselnden Schwenkungen und in unerhörtem Tempo über einen quer in der Manege stehenden Wall sprangen und dabei ständig die Positionen untereinander wechselten; oder es zeigten sechs Lipizzanerhengste schnelles Hinwerfen und Überspringen des liegenden Pferdes durch die anderen, wobei sich jedes Pferd hinfallen ließ, übersprungen wurde, selbst rasch wieder aufsprang und sich den anderen beim Springen anschloß.

Später regierte als »König der Pferdedressur« unbestritten Fredy Knie senior, der langjährige Chef des vor über 70 Jahren gegründeten schweizerischen Nationalzirkus. Er zeigte unter anderem eine *Fascination* genannte Nummer, in der 36 edelste Hengste im engen Rund der Manege in flottem Tempo Spiralen liefen – jede Spirale in entgegengesetzter Richtung, sich verengend und erweiternd – in der Mitte drei steigende Araber, und in ihrer Mitte wiederum der Dresseur, der mit leisem Anruf, geschicktem Antippen mit der Peitsche das flimmernde Spiel der Farben und der blanken Jacken und nickenden Köpfe lenkte. Das souveräne Können dieses Meisters sowohl der Chambrière als auch im Sattel befruchtet, wie jenes der Vorgänger, anderes Reiten: Die bekannte Schweizer Dressurreiterin Christine Stückelberger (**90**) hat bei ihm Dressurstunden genommen; ihr Lehrer, Georg Wahl, hat einige Jahre bei und mit Fredy Knie gearbeitet.
Die Knies der sechsten Generation arbeiten auf unseren Bildern mit den Pferden (**186-189**). Fredy Knie junior, zu dessen weltberühmten Nummern die Vorführung schwierigster Phasen der Hohen Schule auf seinem ungesattelten, ungezaumten andalusischen Hengst Parzi gehörte, reitet mit seiner Frau Mary-José den eleganten *Pas de deux* in strengem Schwarz-weiß, fast ohne jeden Flitter (**187**). Leidenschaft zum Beruf und Könnerschaft vererben sich unter Zirkusartisten häufiger als sonstwo: Zirkus ist ja nicht nur die Stunde der Schau, sondern der Zustand ihres Lebens – Kinder werden hineingeboren, leben darin, atmen seine Gerüche, erleben die Intensität des Übens, des Ausprobierens neuer Nummern, des steten Wettkampfs der Artisten untereinander – und werden angesteckt. Die latente Erregung packt auch – und immer, immer wieder – die Pferde: die über 100 Hengste – Achal-Tekkiner, deutsche, polnische, ungarische, russische Araber, Trakehner, Lipizzaner, Andalusier, Friesen, Tigerschecken, Shettys, Welshponys, Norweger, gefleckte Kladruber und schwere Brauereipferde –, die zwar alle Künstliches tun, jedoch selber lebendig-natürlich ihr Können präsentieren. Man muß sie einmal hinter dem Zelt erlebt haben, vor ihrem Auftritt, wenn sie angezogen werden und die Ohren dabei horchend spielen, auf den Einsatz *ihrer* Musik warten, wie sie beim ersten Takt unverzüglich in die Manege fegen und sich darbieten..., muß sie gesehen haben, wenn sie herauskommen, drangelnd wie Lausbuben, die Applaus bekommen haben für etwas, was sie nur allzu *gerne* tun... Alte Zirkuspferde öden sich auf den Pensionsweiden, vermissen die Aufregung des Lebens unterwegs, die anfeuernde Musik im Zelt: so bekommen sie bei Knie kein Gnadenbrot mehr, sondern leichte Aufgaben – laufen ein paar glückliche Minuten im Großen Karussell mit, schnuppern Publikum und hören den geliebten Applaus.

Schaum wölkt auf, weißer Nebel, rosig überhaucht vom Spiel der Lichter, zaubert rosigen Hauch auf das Fell der weißen Hengste (**189**), die ihm wie Fabelwesen entsteigen: Poseidons Rosse, aus den Wogenkronen griechischer Gewässer auftauchend! In dieser ganz zweckfreien, nur die Sinne des Schauens und Horchens anrührenden Entrückung in den Traum wird der Zauber der Pferde wohl einem jeden Menschen offenbar.

186 ▶

◀ 187
88 ▶
*empo – Musik – auf-
ölkender Staub des
ägemehls, flirrende
arbenpracht, Geruch
ach wilden Tieren,
Virbel, Brillanz – und
xakte Konzentration:
ier Achal-Tekkiner-
Iengste aus Rußland,
olden blinkende Palo-
inos mit weißem Lang-
aar und roten Banda-
en, wippenden roten
ederbüschen zwischen
en Ohren, stehen mit
en Vorderbeinen auf
er Piste, die Ohren nach
inten gedreht, um nur
keines der Worte ihres
Ieisters in der Mane-
enmitte zu verpassen:
gierige Partner im
roßen Spiel, die genau
issen, daß vor dem
pplaus die Aufmerk-
amkeit kommt, die genaue
rfüllung ihrer Aufgabe.*

89 ▶